U0939434

中国货币政策调控及金融风险防范研究：兼论金融市场发展

The Study on China's Monetary Policy Effectiveness and Appropiateness and Financial Risk Prevention: Concurrent Discussion of Financial Market Development

周晖 著

中国社会科学出版社

图书在版编目（CIP）数据

中国货币政策调控及金融风险防范研究：兼论金融市场发展/周晖著．—北京：中国社会科学出版社，2015.3

ISBN 978－7－5161－5794－7

Ⅰ.①中…　Ⅱ.①周…　Ⅲ.①货币政策—研究—中国 ②金融风险防范—研究—中国　Ⅳ.①F822.0 ②F832.1

中国版本图书馆 CIP 数据核字(2015)第 059017 号

出 版 人　赵剑英
选题策划　卢小生
责任编辑　刘晓红
责任校对　周　昊
责任印制　王　超

出　　版　中国社会科学出版社
社　　址　北京鼓楼西大街甲 158 号（邮编　100720）
网　　址　http：//www.csspw.cn
发 行 部　010－84083635
门 市 部　010－84029450
经　　销　新华书店及其他书店

印　　刷　北京君升印刷有限公司
装　　订　廊坊市广阳区广增装订厂
版　　次　2015 年 3 月第 1 版
印　　次　2015 年 3 月第 1 次印刷

开　　本　710×1000　1/16
印　　张　15.75
插　　页　2
字　　数　283 千字
定　　价　49.00 元

凡购买中国社会科学出版社图书，如有质量问题请与本社发行部联系调换
电话：010－84083683

国家社科基金后期资助项目

出 版 说 明

后期资助项目是国家社科基金设立的一类重要项目，旨在鼓励广大社科研究者潜心治学，支持基础研究多出优秀成果。它是经过严格评审，从接近完成的科研成果中遴选立项的。为扩大后期资助项目的影响，更好地推动学术发展，促进成果转化，全国哲学社会科学规划办公室按照“统一设计、统一标识、统一版式、形成系列”的总体要求，组织出版国家社科基金后期资助项目成果。

全国哲学社会科学规划办公室

内容摘要

金融危机后，全球各国都一致性地采取了凯恩斯主义的宏观调控政策。货币政策调控经济增长与通货膨胀的有效性、货币政策调控资产价格波动的适当性以及宏观审慎监管体系的构建成为了理论界和实务界关注的热点问题，对以上问题的研究具有重要意义。为此，本书将着重探讨以下问题：通过货币政策调控经济增长与通货膨胀是否有效？通过货币政策调控资产价格波动是否适当？如何防范系统性区域性风险？

本书首先总结拟求解三个问题的现有研究：在货币政策的有效性方面，各经济学流派对货币政策的有效性持有不同的观点，但从总体而言，他们都认为价格不能灵活调整，市场无法自动出清，产出和社会福利都低于潜在最优水平；且至少货币短期非中性。从理论上而言，货币当局有可能通过政策微调实现产出稳定目标，实现对经济增长与通货膨胀的有效控制。而本研究通过实证方法，验证了通过货币政策调控经济增长与通货膨胀的有效性，具有较高的理论价值与实际意义。在货币政策调控资产价格的适当性方面，目前研究结果主要分为两派，一类观点以本·伯南克和马克·戈特勒为代表，认为货币政策不应该关注资产价格或有条件关注资产价格；另一类观点以 Borio 和 Lowe 为代表，认为货币政策应该盯住资产价格。本书以此为基础，通过对货币政策与资产价格之间的相关性与波动性分析，得出了货币政策应该关注资产价格，但不宜直接调节而应通过其他具有针对性的手段进行调节的结论。在金融风险防范方面，本书在金融系统性风险预警基础上引入宏观审慎监管。对于宏观审慎监管，目前现有研究一般针对具体行业进行分析或是针对金融体系整体而缺乏微观基础，本书从金融体系中的银行、证券、保险和证投基金四大组成部分出发，对金融体系的顺周期性和缓释模型进行验证，并详细分析了我国宏观审慎监管体系的构建，同时探讨了区域性金融风险的防范。

全书分为九章，第一章为文献综述与研究框架，第二章至第五章分别研究货币政策调控经济增长与通货膨胀的有效性及货币政策调控房地产资产价格、股票资产价格、债券资产价格、期货资产价格的适当性。第六章讨论货币政策、影子银行与经济增长。第七章至第九章研究我国金融体系的系统性金融风险防范、金融监管理论与宏观审慎金融监管、区域性金融风险防范。

具体来说，由于货币政策存在较强的连续性，我们在分析其有效性之前，本书通过对我国历年货币政策进行梳理总结，将1984年中国人民银行独立行使中央银行的职能后，我国货币政策的发展分为：探索阶段、优化阶段和成熟阶段三个阶段。不同阶段，我国的货币政策呈现出不同的特点，货币供应量与经济增长和物价水平的关系表现出了不同的特点。随后通过论述我国货币政策中介目标的选择，指出利率和外汇目前还不是我国货币政策的理想中介目标。并且根据我国货币供给机构和层次的划分，进而明确对M2进行总量和结构的研究具有重要的现实意义。在对我国货币供应量与经济增长和物价水平关系的实证研究中，通过构建货币供应量（M2）、居民消费价格指数（CPI）、国内生产总值（GDP）的三元对角BEKK模型，选取1996年第一季度到2012年第四季度的M2、CPI和GDP的季度数据，得出货币供应量对GDP具有显著的正影响、货币供应量对通货膨胀有显著影响等结论，证明了我国采取货币供应量作为货币政策工具对经济增长与通货膨胀进行调控的有效性。

研究货币政策调控资产价格的适当性，本书主要关注房地产、股票、债券和期货四类主要资产。在房地产资产价格方面，通过对十多年来房地产政策与行业发展情况的分析，其结果源于中央银行的宏观经济目标下，中央政府与地方政府之间的理性选择；进而提出了房地产价格、货币供应量与经济增长之间存在相关性，且波动对经济增长率产生影响这一假设。运用BEKK模型、GARCH均值方程模型对该假设进行检验。结果表明，货币供应量与房价呈现正相关性，货币政策应关注房地产价格水平。但波动性分析表明货币供应量与房价的联动变化非常剧烈，且货币政策对不同城市的房价影响存在差异。故中央银行不宜用货币政策直接干预房地产价格。解决中央与地方财力的对称及采取土地、税收及信贷改革是提高房地产调控适当性的重要内容。

在股票资产价格方面，直接BEKK模型、GARCH均值方程模型来分析中国股票市场、货币政策与经济增长之间的波动关系。研究发现：股票资产价格可采取股票与资金供求关系及市场预期改变等量化股市政策进行适当调控；中央银行不宜直接干预股票市场，但可以影响经济增长，通过经济增长间接调控股票市场的资产价格。

在债券资产价格方面，仍借助 GARCH 均值方程模型和 BEKK 波动相关模型来分析货币政策与债券市场之间的波动关系。研究发现：货币政策与债券市场间存在着明显的相关性，货币政策应该要关注债券资产价格水平；国债指数的增长率有明显的波动溢出效应，国债指数波动对货币供应量、经济增长波动都有实质性的影响，但是两者联动性表现得不够稳定，变动较为剧烈，因此货币政策不需盯住债券资产价格的波动。

在期货市场资产价格方面，通过在总结近二十年期货市场发展的历程及货币政策的影响的基础上进行实证分析，模型估计结果表明，沪铜指数增长率和增长率对 GDP 增长率有显著影响，货币供应量和期货市场在经济快速发展过程中起到了非常大的作用。从波动性分析中我们发现沪铜指数和货币供应量的波动存在溢出效应，但是，两者联动性表现得不够稳定，变动较为剧烈，因此货币政策不需直接干预期货资产价格的波动。

影子银行是金融创新的产物，是社会融资的重要形式。影子银行弥补了金融体系的不足，对经济增长和利率市场化改革有推动作用，影子银行也存在风险。影子银行对货币政策执行效果有一定的影响，需要完善货币政策调控。

在我国金融监管体系构建方面，笔者认为，首先综述了有关系统性金融风险的研究文献，在全面综述国外系统性金融风险的测度以及预警模型，并借鉴国内外已有研究成果的基础上，应用 MS（3）—VAR（1）模型构建了货币危机、银行危机和资产泡沫危机三个系统性金融风险预警模型，用以描述我国近年来系统性金融风险变化的区制特点，研究结果表明将系统性风险等级划分为“低风险等级”、“中风险等级”和“高风险等级”比较符合我国经济情况。

在宏观审慎监管方面，本书在对金融监管理论与实践的梳理的基础上，详细分析宏观审慎监管的各要素，明确宏观审慎监管的内涵与目标：维护整个货币体系、金融体系、社会经济的稳定，防范金融体系的系统性风险。随后按照宏观审慎监管的分析逻辑，从顺周期性的证明出发，运用实证分析方法证明我国金融体系的四大组成部分（银行、证券公司、保险公司与证券投资基金）均存在明显的顺周期性，在顺周期性的基础上，运用缓释机制来降低我国金融机构的顺周期性，并通过实证检验确实有效地降低了上述四类金融机构的顺周期性，为我国实施宏观审慎监管提供了理论依据。

除了系统性风险防范外，区域性风险防范也十分重要，尤其是基于预算软约束的地方债务风险向金融风险的转化，本书阐述了预算软约束与金融风险的触发机制、传染机制；重点分析了地方债务风险并提出了防范区域性金融风险的对策建议。

总之，本书通过系统全面地分析货币政策调控的有效性、适当性和系统性区域性金融风险防范，得出对实践具有理论价值和指导意义的结论，具有一定的学术价值与创新性。

引　言

金融危机后，全球各国都一致性地采取了凯恩斯主义的宏观调控政策。在后金融危机时期，各国政府意识到宏观调控不论是在预防危机发生，还是在促进经济复苏方面均具有重要意义。货币政策作为宏观调控的重要手段，应具有针对性、灵活性和前瞻性。货币政策对调控经济增长、物价水平的有效性；对运用货币政策调节房地产、股票、债券和期货资产价格波动性的适当性；以及如何构建区域性系统性风险防范机制成为了理论界关注的重点与热点问题，对我国货币政策的制定与风险防范机制的建立具有重要意义。本书主要有以下四个方面的创新：(1）通过对货币政策的有效性进行实证分析，明确了其与经济增长与通货膨胀直接的关系，为我国货币政策的实施提供了理论基础与实践检验；(2）较全面地分析了货币政策对各类资产价格波动进行调节的适当性，认为货币政策虽然应该关注资产价格水平，但不需直接盯住资产价格波动，而应通过其他综合性手段进行调节；(3）构建我国系统性金融风险预警的压力指数，对货币危机、银行危机和资产泡沫危机进行预警，使所构建的金融监管体系更具可操作性；(4）在系统性风险测度基础上引入宏观审慎金融监管架构以防范系统性风险，并在验证银行、保险、证券和证投基金行业顺周期性的基础上，通过建立缓释模型验证了宏观审慎监管的效果，同时还讨论了基于预算软约束的地方债务风险向区域性金融风险转化与风险防范的对策建议。

目　　录

第一章 文献综述与研究框架

第一节 货币政策调控经济增长与通货膨胀有效性的研究综述

关于货币政策对经济增长和通货膨胀影响的研究，经历从古典经济学否认货币政策对经济增长与通货膨胀存在影响，至现代经济学界逐步肯定其影响五个发展阶段。

早期古典宏观经济学认为，要素具有弹性时，市场机制自动引导就业和生产朝均衡方向发展，实现市场出清，不需要政府对市场进行干预。在货币政策方面，古典宏观经济学认为，货币具有中性，作为一种媒介，只影响名义价格，而不会对资本化资产的生产、利率、供需产生长期影响。因此货币政策对经济增长与通货膨胀并无直接影响。

由经济危机催生的凯恩斯经济学认为货币非中性，市场机制本身难以实现均衡状态下的充分就业。而货币政策能通过生产发生实质性作用，比如通过实施廉价的货币政策以增加有效需求，促进充分就业。但货币政策对经济的作用是不确定的。经济繁荣时期货币需求旺盛，紧缩性货币政策必然有效抑制通货膨胀；当经济处于衰退期，扩张性货币政策能够较好地促进经济增长，但其效果取决于货币需求与投资需求的利率弹性；取决于公众灵活性偏好；取决于资本的边际效率以及货币速动率。也因此，当经济处于低谷时，这些因素的综合影响使扩张性货币政策难以产生积极影响，货币政策的边际效用接近零。财政政策的实施效果将优于货币政策。

滞胀背景下的货币主义学派认为，货币可能给经济带来波动，但货币政策能对稳定经济增长起到积极的效果。比如为约束货币自身，避免成为经济扰动源；为经济提供稳定的环境；抗衡其他经济波动风险。

新古典学派认为，货币政策能否有效地稳定经济增长有较严苛的条件，一是该政策不能被人们所预期。因为预期，人们而采取相应对策便使政策失去效用。二是采取货币政策的政府机构掌握了充分的信息，并把握住这些事务之间的变化机理。否则作为稳定经济而出台的货币政策极可能导致经济滞涨。因此货币政策不管在短期还是长期中都是无效的。

新凯恩斯主义经济学派虽未成完整体系，但都认为，一是货币至少短期内非中性，二是要素弹性不一，价格机制难以自发灵活调整，社会产出水平低于潜在最优水平，使市场不能及时出清。通过政策微调，可以实现使产出靠近最优水平，而实现对经济增长与通货膨胀的有效控制。

在具体实证研究方面，弗里德曼和施瓦茨（Friedman and Schwartz, 1963）、托宾（Tobin，1970）认为，货币供应量的变化对短期产出具有“Tobin 效应”。哈佛大学教授罗伯特·巴罗（Robert Barro，1978）第一次运用计量分析的方法，论证了预期的货币供给增长对产出影响中性。Kormendi 和 Meguire（1984）以及 Boschen 和 Mills（1995）以美国经济数据为研究对象，得出的结论是，从长期看，货币供应量的变化对产出没有影响。Mccandless 和 Webber（1995）根据不同货币统计口径，对 110 个国家近 30 年的数据资料进行相关关系的分析，结论是货币供应量的改变引致了通货膨胀率的变化，两者增长比例接近或相同。但是以通货膨胀变化率为自变量，则显示它对于货币供应增长率没有相关关系，对产出增长率也不显示相关性。弗雷德里克·S. 米什金（Frederic S. Mishkin，1982）对巴罗模型进行修正，发现预期到的与未预期到的货币变动对实际产出都具有影响，否定了巴罗的观点。米尔顿·弗里德曼（Milton Friedman，1988）通过进一步的实证研究支持了米什金的观点。马可·利伯曼（Marc Lieberman，1997）运用巴罗的季度模型以最新数据为研究对象，显示米什金的结论稳健性差，以此说明被预期的货币政策对经济产出的影响中性。

对此，国内学者也进行了有益的研究：根据我国 1987—1999 年的宏观经济数据，曾令华（2000）所作的关于货币供应增长率与名义经济增长率关系的研究显示，两者线性关系明显，同步同比例增长。邵国华根据 1991—2006 年的数据，得出的结论是我国货币非中性，且 M0、M1 和 M2 在对经济的影响程度并不相同。陆军、舒元（2002）运用格兰杰（Granger）法分析，认为货币政策对经济产出影响越来越弱，对长期经济产出没有本质影响。故扩张性的货币政策不能促进长期的经济增长。蒲艳萍、张翼（2007）根据 1978—2005 年的货币供给、物价水平和国内生产总值数据，进行指数化处理与误差修正后，得出货币的短期非中性与长期中性的结论。即货币供给在短期内对产出有一定的经济影响，但在长期中，货币供给并不影响经济。沈巍伟和兰天根据1980—2007年的宏观经济数据，得出我国货币供应量与产出存在显著的正相关关系，说明我国货币政策对扩大内需和调整经济结构，具有较好的宏观调控效果。

刘金全、刘志强（2002）用向量自回归法分析货币供应、实际产出和物价水平之间的关系时，发现彼此都存在因果关系。谢爱辉和杨兰英（2005）实证发现，货币供应量与消费、投资、物价水平之间存在着稳定的因果关系。因此中央银行的货币政策以结构调整为重点。陈晓春、阮文彪（2006）用异方差检验和冲击响应检验得出结论：从短期看，货币供应量的变化对经济产出影响较大；且对物价水平有长期较大影响。在目前尚未真正市场化的金融环境中，其变动会负性冲击我国经济增长。

第二节　货币政策调控资产价格适当性的研究综述

从传统理论看，股票、房产、石油等资产价格会通过多种传导机制影响实体经济，包括通过财富效应（Friedman，1957）影响消费，通过托宾q效应（Tobin，1969）影响投资，通过“金融加速器”效应（Bernanke and Gertler，1989）影响实体经济，等等。目前，也有学者从微观角度，根据资产定价模型对货币政策与资产价格关系进行理论解释（Gerlach，1996；Smets，1997）。但是对于这些传统的传导机制，从理论基础和实证研究上大家都没有达成一致意见。资产价格只是在货币政策传导中有可能发挥作用，但这种作用的大小如何？资产价格是否应该包含在货币政策考虑中？如果要考虑资产价格，那么应该怎样去对待呢？目前在学术界乃至中央银行都存在争论。在国外，博里奥和洛（Borio and Lowe，2002）强调货币政策不应仅盯住通货膨胀，因为这样做可能会错过发现金融结构失衡，而金融结构失衡又会对银行和企业的资产负债表产生不利影响，进而进一步促使金融结构失衡、扩大产业循环周期。埃敦（Ahearne，2005）认为，货币政策对资产价格做出一种先发制人的反应有利于控制随后实体经济发生更大的危机。而且，由于先前采用了货币政策，这样在资产价格下跌后，就会减少动用货币政策去“清理残局”，避免资产价格的大幅波动。不过，米什金（Mishkin，2007）却赞同货币政策“逆风而动”的看法，他认为由于资产价格泡沫鉴定的困难和货币政策对资产价格影响的不确定性，货币政策制定者不应该将目标盯住资产的任何特定价格水平，而是在资产价格影响到通货膨胀和产出水平以及经济预期时，才应该对资产价格的变化做出反应。意大利中央银行的格兰德（Grande，2006）认为，盯住资产价格的货币政策有很多缺点。首先获得资产的公允价值是困难的，此外以资产价格作为目标可能导致不希望的产出和通胀波动，但是，意大利中央银行却将密切监控资产价格、货币和信贷总量变化作为金融、经济稳定的指标。法国中央银行的埃波拉德等（Epaulard et al.，2006）积极支持中央银行对已发觉的资产价格泡沫做出反应，因为中央银行能发出威吓非基础资产价格变动的信贷信号。韩国中央银行的帕克（Park，2006）认为资产价格自身的稳定性并不能保证持续、平稳的经济增长，而且房产泡沫的破灭很可能产生诸如经济衰退和金融动荡等各种问题，而这些问题又会导致很高的经济成本。

目前，经济增长与通货膨胀已经不能全面反映当下经济体系的健康程度，越来越多的因素开始被人们纳入考虑范围，其中房地产、股票、债券和期货的资产价格作为经济体系的重要一环，受到了人们越来越多的关注，这使得货币政策关注各类资产价格的适当性成为了一个重要问题。从已有研究文献成果来看，对货币政策是否应关注资产价格，存在两类截然不同的观点。

在这些观点中，一类观点认为货币政策不应该关注资产价格或有条件关注资产价格。这一派的主要代表人物是本·伯南克（Ben Bernanke）和马克·格特勒（Mark Gertler）。其理由在于：基本面的变化和资产价格泡沫很难被中央银行所区分，中央银行在资产价格估值的合理性方面并无信息优势；货币政策的目标越多，中央银行的操作难度越大；同时中央银行难以改变影响资产价格的长期利率，考虑到货币政策在挤破“非理性预期”泡沫方面的能力有限，中央银行没有必要对资产价格变动作出直接反应。本·伯南克和马克·格特勒通过一个小型经济 BGG 模型分析了日本和美国的货币政策。模型结果表明，如果中央银行直接用货币政策盯住资产价格，将会引起宏观经济更大的波动，中央银行应该实行有弹性的通货膨胀目标制度来实现物价稳定和金融稳定，只有当资产价格影响到通货膨胀预期的时候，中央银行才动用货币政策进行干预，近期，伯南克称，政府应竭尽全力加强美国监管体制，在此前提下作为补充手段保持灵活性的货币政策以防止金融危机的再次产生。

另一类观点认为货币政策应该盯住资产价格。这一派的主要代表人物是博里奥和洛（2002），他们认为货币政策应采取“事前货币政策”，假如仅盯住通货膨胀，将难以发现金融结构失衡，而对银行与企业的资产负债表产生不利影响；进一步加剧金融结构失衡，形成恶性循环。乔斯·马纽尔和冈萨雷斯·帕拉莫（Jose Manual and Gonzlez - Paramo）认为，应采取“逆风向行事”的方式，即在金融周期中货币政策的实施应当具有“对称”性。换言之，在资产价格下降时期，货币政策应当是适应性的，而在金融市场繁荣时期，则应当是限制性。因此一旦发现潜在资产价格出现上涨趋势时，货币政策应比价格稳定目标略微紧缩一些。这样中央银行就可能避免有害的资产价格上涨——下跌周期。阿尔钦（Alchian）、克莱茵（Klein）等认为，很多资产价格尤其是住宅价格的大幅波动，本身就隐含着货币币值的变化，因而建议以包括资产价格在内的广义价格指数作为货币政策的目标。

第三节　关于金融体系宏观审慎监管综述

本书不仅关注政府部门使用货币政策的宏观调控作用，同样关注对金融体系的监管，金融危机以后，增强宏观审慎监管成为了各国在监管中的普遍共识。

金融体系的顺周期性是宏观审慎监管、逆周期监管的逻辑起点。在理论界，克劳迪奥·博里奥（Glaudio Borio，2001）等以及 J. Bikker 和 H. Hu（2002）较早提出商业银行的顺周期性特征，他们通过实证研究发现，在经济上升期，真实资产价格水平以及信贷与 GDP 的比率都出现快速上升，而在经济衰退时期则明显下降。我国学者鹿波等（2009）、李文泓等（2010）也分别从理论和实证的角度论证了我国商业银行资本监管存在的顺周期性。其他金融机构方面，Cummins 和 Outreville（1987）对美国和 13 个发达国家保险周期进行了实证研究，虽然并未论证其顺周期性，但很明显地提出了保险行业存在自身的周期性。刘超等（2010）证明，证券业在外部信用评级、内部财务管理及激励机制、主要业务及投资基金等方面均具有顺周期性。袁闯、周晖等（2012）则通过建立面板数据模型论证了我国证券公司净资本比率存在明显的顺周期性。Katalin Mero（2002）对金融系统的顺周期性进行分析，认为借贷信息不对称，内部评级等管理缺陷是该行业顺周期的根源。李文泓（2009）认为，《巴塞尔协议Ⅱ》对于信用风险评估允许银行选用标准法或内部评级法，大幅提高了资本监管的风险敏感性，风险敏感性的提高必然伴随着顺周期性的增强。亨里克·安德森（Henrik Andersen，2010）通过对挪威多家商业银行的数据分析，发现如果评估期限长，《巴塞尔协议Ⅱ》中的资本要求能够得到较好的控制。此外，Enria（2004）、Novoa（2009）等的研究表明，被广泛应用的公允价值会计准则，使金融机构资产、负债、收益和资本的波动性增强，加剧了金融体系的顺周期性。

构建并完善宏观审慎监管体系，实施逆周期监管以缓解金融体系的顺周期性，是理论与政策层面关注的重点。Hyun Song Shin（2010）认为，宏观审慎监管框架需要包括早期预警指标、一系列相关的政策工具。大多数研究者关注于资本与贷款损失准备金。克劳迪奥·博里奥等（2001）认为，在经济繁荣阶段，提高拨备与资本比例，可以稳定和平滑经济波动，有利于金融稳定，限制金融信用恶化。FSB（2009）提出的政策建议包括：①修正以 VaR 为基础的风险评估方法，扩大压力测试对于资本充足率的影响权重；②提早确认贷款损失；③监管部门需要对杠杆使用情况建立数量化的监督指标和约束机制；④改进《巴塞尔协议Ⅱ》的资本监管框架，建立动态准备金制度逆周期操作。

科学的预警机制在于根据经济与金融体系相关指标的变化判断金融风险发生的可能性与概率，是逆周期金融监管的有力工具。在目前的金融风险预警模型中，影响范围广、可操作性强且运用最广泛的主要有三种：FR 概率模型（probit/logit model）；横截面回归模型（STV model）；信号法（KLR model）。Frankel 等（1997）发现各个国家经济周期存在协同现象，从而提出依照外贸数据预测经济危机的 FR 模型。杰夫里·D. 萨克斯等（Jeffrey D. Sachs，1996）通过研究墨西哥危机以及东南亚危机提出可采取 M2/GD、M2/外汇储备和银行负债这三个指标来反映一个国家的脆弱程度。Graciela Kaminsky 等（1998）增加了分析指标，并给每个指标设置一个阈值。当指标超过阈值范围时，系统将发出一个预警信号，通过发出的信号来预测金融危机，该方法称为“信号法”或者 KLR 模型。信玉红和高东伟（2004）利用国内经济数据，采用 KLR 模型得出中国的经济危机可能主要集中于国内经济，发生外部冲击型金融危机的可能性不大。随着计量技术的进步，理论界引用非线性模型来模拟金融风险。Ashok K. Nag 等（2002）将神经网络模型和自然的网络模型结合起来模拟日常的外汇交易价格，以预测金融危机，结果显示该模型的预测结果远远好于一般的线性模型。Manmohan S. Kumar 等（2007）在滞后的宏观经济金融数据基础上使用简单的 Logit 模型在发掘哪些新兴市场的危机是可以预测的。石柱鲜等（2005）利用三元 Logit 模型对我国外汇风险预警进行了实证分析，估计了我国外汇风险预警指数及其临界值，并根据样本预测结果得出我国外汇风险预警模型的拟合度。Abdul Abiad（2011）通过危机恢复中的数据来检验各种危机预测模型，并建立了准确度更高的基于区制转换模型的危机预测系统。这些工具与模型都能从一定程度上对即将发生的金融风险进行预判。

总体而言，目前关于逆周期金融监管的有关机制、措施的研究与运用尚处于起步阶段，《巴塞尔协议Ⅲ》中包含的资本、拨备、杠杆等监管措施对于防范系统性金融风险、缓解金融体系顺周期性的效果有待时间检验。同时，目前关于逆周期金融监管研究的文献大多基于商业银行体系，对于同属于金融体系的证券、保险和证券投资基金行业的顺周期性及逆周期监管措施的研究亟待加强。

第四节 本书的研究内容与研究框架

按照问题导向，本书分为四部分，第一部分为第二章；第二部分为第三、第四、第五和第六章；第三部分第七、第八和第九章。

第一部分主要分析我国运用货币政策进行宏观调控的有效性。货币政策作为我国在后金融危机时期调控宏观经济的重要手段，在宏观经济政策中发挥着日益重要的作用，在保持我国经济增长与抑制通货膨胀方面具有重要意义。本书首先分析了五个主要经济学流派对货币政策的观点，在此基础上通过对我国历年货币政策的梳理，基于货币供应量具有可测度性、可控制性与高度相关性，成为货币政策实施的手段与目标。最后通过建立M2、CPI、GDP的三元对角BEKK模型，对货币政策、通货膨胀和经济增长的波动效应进行分析，得出货币供应量与通货膨胀对GDP具有显著的正影响、货币供应量对通货膨胀有显著影响等结论，证明了我国采取货币供应量作为货币政策工具对经济增长与通货膨胀进行调控的有效性。

第二部分中主要分析运用货币政策调控房地产市场、股票市场、债券市场和期货市场的适当性。该部分研究在详细分析上述四个市场发展历程的基础上，运用实证的方法，分析上述四个资产价格与货币政策之间的相关性。研究结果表明：在房地产市场，货币供给与房产价格的关联波动非常显著，但是房产价格与经济增长的联动对经济增长率波动的影响不明显，因此中央银行在考虑货币政策供应量时不需盯住房产价格。在股票市场，货币政策通过货币供应量直接干预资产价格是较为困难的，但中央银行可以不直接盯住股票市场，通过货币政策确保和调控经济平稳增长，达到间接调控股票市场的资产价格的目的；在债券市场，虽然国债指数和货币供应量的波动存在溢出效应，但是两者联动性表现得不够稳定，变动较为剧烈，因此货币政策不需盯住债券资产价格的波动，而应该通过货币供应量来关注债券资产的价格；在期货市场，沪铜指数增长率和货币增长率对 GDP 增长率有显著影响，但与债券市场类似，两者联动性表现得不够稳定，变动较为剧烈，因此货币政策同样不需盯住期货资产价格的波动。

第三部分主要关注我国系统性风险与宏观审慎金融监管体系的构建。由于金融资产价格一旦远离经济基本面与实体经济和资产价格的均衡水平，就会形成资产泡沫，所以本书在阐述货币政策调控各类资产价格的有效性后，在两个方面继续予以关注：一是将金融资产泡沫危机的研究重点放在对系统性风险即金融危机的预见上，而非危机发生后的应对措施。事实证明，对危机的防范往往比危机发生后的挽救措施更加重要。因此，系统性金融风险预警对保持我国经济持续快速发展，维护国家金融安全有着重大的战略意义，本书建立了中国系统性金融风险预警机制并做了实证分析。二是在关注到金融风险形成后的反思中，对金融监管的探讨更加理性与深入，结合全球在金融危机之后的监管发展趋势与重点，本书提出我国应建立宏观审慎监管体系。首先在分析我国宏观审慎监管体系的监管内涵、目标以及构成要素的基础上，从顺周期性的存在与缓释机制两个角度探究我国实施宏观审慎监管的必要性，分析结果表明我国银行业、证券业、保险业和证券投资业存在明显的顺周期性，对我国经济体系产生“正反馈”效果，加大系统性风险暴露的可能，而缓释机制可以较好地降低顺周期性带来的负面影响，最后本书提出构建我国逆周期监管框架的政策建议。

本书的研究框架如图所示。

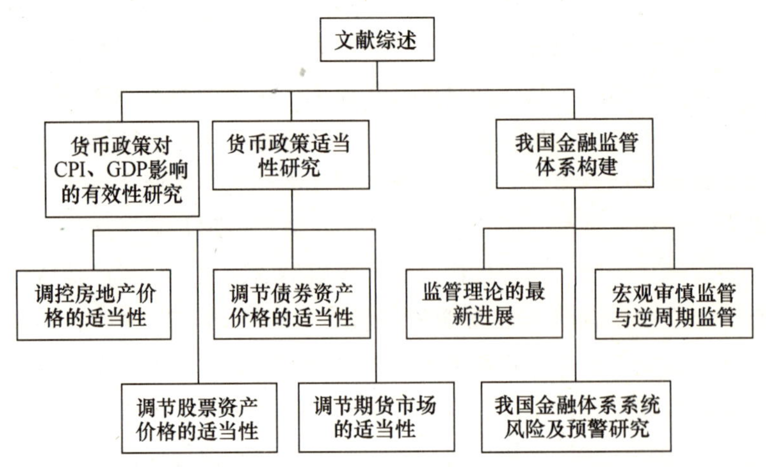

第五节　本书的主要观点、研究方法、学术创新与不足之处

一　本书的主要观点

在对我国货币供应量与经济增长和物价水平关系的实证研究中，结果表明，货币供应量对 GDP 具有显著的正影响、货币供应量对通货膨胀有显著影响等结论，证明了我国采取货币供应量作为货币政策工具对经济增长与通货膨胀进行调控的有效性。

运用三元对角 BEKK 模型对货币政策调控房地产、股票、债券和期货资产价格的有效性进行研究，实证分析结果表明货币政策应关注资产价格水平，但波动性分析表明，货币政策不应直接盯住资产价格波动，而应采取各种针对性综合手段对各类资产价格的波动进行调节，本书研究结果具有较强的实际意义。

本书分析了我国金融体系的系统性风险，通过预警与监管两方面对如何稳定我国金融体系进行分析，构建出了压力指数对货币危机、银行危机和资产泡沫危机进行预警。

本书实证分析表明，我国银行业、证券业、保险业和证券投资业存在明显的顺周期性，而缓释机制可以较好地降低顺周期性带来的负面影响，认为有必要引入宏观审慎监管机制。

二　本书的研究方法

（一）规范分析方法

运用规范分析方法，对货币政策与各类资产价格之间的相关性、金融监管体系与金融监管目标之间的相关性进行分析，分别探讨货币政策与金融监管机制产生影响的内在机理。

（二）比较分析方法

在历史比较与现实比较中，寻求适合我国的货币政策调控手段。通过对国外各发达国家宏观审慎监管制度进行分析，从中总结出对我国有益的启示。

（三）系统方法

将货币政策与宏观审慎监管视为一个开放的系统，运用系统论的方

法，分别通过对系统中各类资产价格以及金融体系的各大行业进行分析，并最终达到实证检验我国货币政策调控与宏观审慎监管的目的。

（四）历史逻辑方法

主要通过“历史现象—内在逻辑—发展趋势”的演绎方法研究我国货币政策、房地产市场、股票市场、债券市场、期货市场，研究分析得出以上各要素的性质与特点，这一研究结果是本研究深入分析的基础。

（五）实证分析方法

在借鉴国内外学者理论及实践经验的基础上，针对我国实际情况，主要运用三元对角 BEKK 模型对货币政策调控各类资产价格的有效性进行研究；运用 GARCH 均值方差模型与 MGARCH - BEKK 模型构建压力指数对金融危机进行预警；运用有序多分类 logistic 模型来估计我国企业的违约概率，并结合《巴塞尔协议Ⅱ》监管资本的计算方法对我国银行业顺周期性进行测度；运用加权 GMM - EGLS 估计方法对我国证券行业顺周期性进行测度；运用静态固定效应模型和 AR（1）- TGARCH（1，1）等模型对我国保险业、证投基金顺周期性进行测度。

三 本书的学术创新

本书对货币政策的有效性进行实证研究，明确了货币政策与经济增长、通货膨胀之间的关系，为我国货币政策实施提供了理论基础与实证检验。

国内研究主要关注货币政策与某一类资产价格的相关性，而本书是国内较为全面地对货币政策调控房地产、股票、债券和期货资产价格的适当性进行研究。实证分析结果表明货币政策应关注资产价格水平，但波动性分析表明，货币政策不应直接盯住和干预资产价格，而应采取各种综合手段对各类资产价格波动进行调节，研究结果具有较强的实际意义。

在我国系统性风险防范与监管机制构建过程中，采用 GARCH 均值方差模型与 MGARCH - BEKK 模型构建压力指数对货币危机、银行危机和资产泡沫危机进行了三种风险程度的预警。

在国内比较系统地研究宏观审慎监管问题，通过对金融体系银行、保险、证券和证投基金的实证分析，证明其存在明显的顺周期性，明确了我国实施宏观审慎监管的必要性，并通过构建缓释模型，证明宏观审慎监管可以有效降低顺周期性，确保经济平稳增长。

在研究方法方面，综合运用了多种实证分析模型与工具进行实证分析，具有较好的创新性。

四　本书的主要不足之处

在分析货币政策调控资产价格适当性的研究方面，囿于国内相关数据的可及性，本研究尚未能构成一个包括各类资产的综合指数，并分析货币政策对该综合指数进行调控的适当性问题。

在我国系统性金融风险预警机制构建方面，预警指标仅涵盖了部分具有代表性的指标，对于其他指标缺乏系统性的分析。

在宏观审慎监管体系的分析中，所构建的我国宏观审慎监管体系的整体框架还需进一步完善，另外，仅涵盖了银行、保险、证券和证投基金，对于金融体系内其他方面尚未全面涉及。

第二章　我国货币政策调控经济增长与通货膨胀的有效性研究

关于货币政策调控宏观经济，自 20 世纪 30 年代美国大萧条以后，凯恩斯主义认为，要采取宏观调控即积极的财政政策与宽松的货币政策来解决有效需求不足，罗斯福新政采用了凯恩斯主义政策，逐步使美国经济走出衰退，并迎来了美国战后 20 多年的繁荣发展。

本次次贷危机与欧洲主权债务危机发生后，全球各国一致性地采取了凯恩斯主义政策，即积极的财政政策与极度宽松的货币政策，尤其是货币政策，美国政府先后实施了第一轮、第二轮量化宽松，近期又开始第三轮宽松货币政策，欧洲国家也是如此。

中国政府为了有效应对本轮金融危机，采取了较为宽松的货币政策，对当时成功走出金融危机起到了十分重要的作用，然而，对此轮货币宽松政策在国内也引起了广泛的争议。本章将专门来深入研究和讨论我国货币政策对调控宏观经济增长与通货膨胀的有效性。

本章首先将回顾我国实施货币政策发展的历程，再用实证分析方法来检验货币政策实施的有效性。

我国运用货币政策进行宏观经济调控的模式发生了重大变化。货币供应量作为货币政策的中介目标，于 1993 年开始重视，1996 年正式采用。1998 年中央银行开始取消了贷款限额，由直接调控向间接调控转换。近年来，货币政策在法定存款准备金率和存贷款基准利率上进行多次调整，特别是法定准备金率多次运用，货币政策频繁的调控引起了国内外很多专家学者的关注。

本章从货币有效性的相关理论着手，联系我国实际，通过对历年货币政策的回顾和实证分析，探求我国货币政策对宏观经济调控能力，深入研究我国货币供给与经济增长和物价水平的关系，对于分析我国现行货币政策是否符合我国现阶段的国情、如何对现行货币政策进行优化以达到促进经济健康发展的目标具有重要意义。

第一节　我国历年来的货币政策回顾

改革开放以来，我国金融业发展很快，调控举措也发生巨大变化。1984 年 1 月 1 日中国人民银行独立行使中央银行职能，标志着我国宏观经济调控方式进入了一个崭新的历史阶段。

货币政策调控着眼通货膨胀、经济增长、就业率和国际收支四个主要目标。根据《中国人民银行法》第三条规定，中国人民银行的“货币政策目标是保持货币币值稳定，并以此促进经济增长”，即币值稳定和经济增长为我国货币政策的法定目标。围绕这个目标，我国货币政策的实施情况粗略可分为三个阶段：1984—1992 年我国实施灵活的、有松有紧的货币政策；1993—1996 年我国实施适度从紧的货币政策；1997 年至今我国采取稳健的货币政策。每个阶段中，我国货币政策中的货币供应量与经济增长和物价水平的关系均表现出不同的特点。

一　改革开放初至 1992 年的探索阶段

党的十一届三中全会加快了我国经济体制改革的步伐，经济取得较快发展。1984—1985 年，在促增长的经济目标下，我国采取扩张性的货币政策。改革重点由农村转向城市，企业自主经营权的扩大，多元经济主体，多种经营方式，使社会消费需求与投资需求激增，从而导致银行信贷资金供不应求。反映在经济增长率上，1984 年为 15. 2%；1985 年 13. 5%；物价指数也达到了 9. 3%（2005 年）。为调控过快的经济增长，1985 年人民银行连续提高存贷款利率、严控信贷规模等手段，减少货币对经济生产活动领域的投放。结果出现 1986 年生产与消费领域增长放缓的现象。于是央行增加货币投入，结果 1987 年货币投放过多，带来了通货膨胀。1988 年受到加快沿海地区经济发展等宏观政策的引导下，再次出现了经济过热现象。局部地区商品大幅涨价，引起全国物价水平的攀升。相关经济指标为，货币供应量 M2 的增长率为 21. 2%，经济增速为 11. 3%，物价指数为 18. 8%。三者增速比例严重失衡，通货膨胀率远超出人们的承受能力。1989 年又实施紧缩性货币政策，对经济进行调控。结果 1990 年是宏观经济总体向下。随之 1991 年采取较为宽松的货币政策。房地产升温、固定投资加快和银行信贷投放过猛，这种宏观经济情势迫使央行（1992 年）采取紧缩性货币政策。

总体来说，在这一阶段，我国的货币当局能够根据宏观经济政策与经济形势的变化，灵活主动地运用各种货币政策工具，来调节货币供应量。政策目标试图兼顾促进经济增长、保持物价稳定，但实施时反复出现或过犹不及，或矫枉过正。正负激励效果十分明显。体现为，各年份货币供应增长量与经济增长速度不能平衡，前者快于后者。虽然能在一定程度上促进经济增长，但过量的货币导致了通货膨胀。其双重影响正是经济体制转轨以及宏观调控手段缺乏经验下的结果。故有待进一步探索和完善。

二　1993—1996 年的发展阶段

经历了前期的探索，1993 年我国开始了以治理通货膨胀为主要目标的适度从紧货币政策。

1992 年邓小平南方谈话后市场进一步扩大开放。与此同时，我国宏观经济出现了货币信用需求巨大、信贷管理混乱、固定投资增长过快、经济结构失衡等问题。为此中央出台了《关于当前经济情况和加强宏观调控的意见》，提出“要严厉整顿金融秩序、控制货币供应量”。以控制通货膨胀为目标，在财政、金融与税收方面与货币政策进行配套改革，并通过法律法规、行政体制、经济环境与措施等种种努力，到 1994 年年底，我国经济增长与物价水平逐步稳定，国民经济达到了平衡状态。但 1995—1996 年，我国经济出现生产过剩，央行继续实施紧缩性的货币政策，较好地控制了过快的经济增速与物价指数上涨。

1996 年，以货币政策进行宏观调控的手段发生重大转变：由直接调控转为间接调控，由行政手段转为经济手段。表现为由原来的控制信贷规模转为公开市场操作、提取法定存款准备金率、再贴现等手段来调节货币供应量，控制通货膨胀，实现了经济的平稳理性回落。在宏观经济变量的关系上，M2、GDP、CPI 的关联度高，三者趋势基本一致，如图 2 - 1 所示。

三　1997 年以后的逐步成熟阶段

这一阶段大致可以分为两个时期：第一个时期是 1997—2004 年；第二个时期是 2005 年以后。

1997 年亚洲金融危机爆发，在“人民币坚决不贬值”的中央决策下，我国经济受到了较大冲击：国外需求锐减，国内投资与消费不振，经济增速下降，通货紧缩趋势明显。在“扩内需”经济政策指引下，我国实施稳

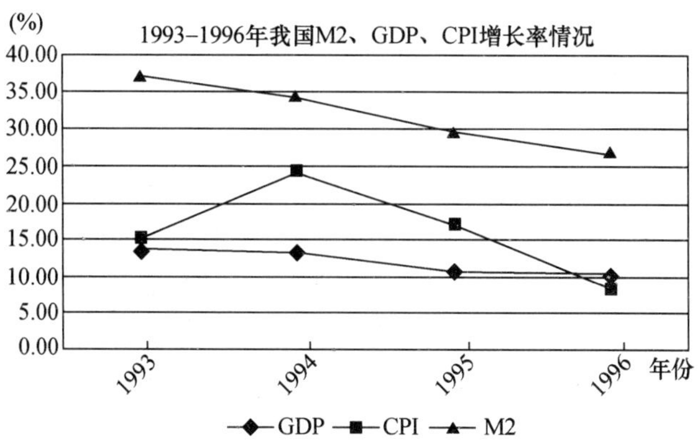

图 2-1　1993—1996 年我国 M2、GDP 和 CPI 增长率情况

健的货币政策。将货币政策与经济结构调整统筹考虑，来实现宏观经济调控。1998 年年中，央行根据经济实际情况与需求进行公开市场操作，有效地促进了我国经济的平稳快速增长。

2005 年，虽然我国整体经济形势维持了高速增长，较强的经济活力与较高的企业效益，展现出良好的势态，但同样存在一些需要解决的问题，主要体现为经济持续增长与维持物价稳定之间的矛盾。为实施稳健的货币政策，我国相继推出一系列政策措施：出台了《关于完善人民币汇率形成机制改革的公告》；将 8% 的法定存款准备金率上调至 9%；启动短期融资券发行，拓宽了企业直接融资渠道。

2006 年，我国宏观经济呈现“高增长、高效益、低通胀”的良好局面，但存在通货膨胀压力、投资旺盛、生产过剩，我国继续实施稳健的货币政策来促进经济的平稳较快发展以及物价水平的持续稳定。

2007 年，经济增长由偏快向过热逐渐转变，为此我国实施了从紧的货币政策以应对通货膨胀：10 次上调法定存款准备金率，准备金率由 9% 上调至 14.5%；6 次上调存款类金融机构的人民币存贷款利率，存贷款利率由 2.52% 上调至 4.14%；负债操作。由中央银行发行 129 期合计 35668 亿元的央行票据，冲销基础货币 5927 亿元。这些手段有效促进了经济增长，稳定物价水平，在我国经济的平稳增长方面发挥了重要作用。

2008 年，受到国际金融危机的冲击，我国国内外经济形势发生骤变。为应对环境变化，中国人民银行对货币政策进行调整，实施适度宽松的货币政策。为保证流动性充分供应，我国综合运用多种货币政策工具，促进货币信贷稳定增长，强化对经济发展支持的力度。当年年末，我国广义货币供应量余额为47.5万亿元，同比增长17.8%；实现国内生产总值30.1万亿元，同比增长9%，这也是我国国内生产总值第一次达到30万亿元；居民消费价格指数同比上涨5.9%。总体来看，我国当年货币政策的运用取得了一定的效果，达到了促进经济增长并稳定物价的目标。

2009年，为继续强化金融对于经济发展的支持与推动作用，我国实施了适度宽松的货币政策，通过保持银行体系的流动性充裕、政策引导金融机构加大信贷投放、优化信贷结构等手段，取得了预期效果。当年年末我国M1余额为22.0万亿元，同比增长32.4%，比上年高23.3个百分点；货币流动性不断增强。全年新增人民币贷款9.59万亿元，同比多增4.69万亿元。总体来看，2009年货币信贷支持经济发展的力度很大，适度宽松货币政策得到有力落实。经济增速逐季加快，市场信心明显增强，国内需求较快增长，国外需求有所恢复，企业利润逐步改善，居民收入稳定增长，就业形势好于预期。

2010年，我国继续实施适度宽松的货币政策，并根据新形势新情况着力提高政策的针对性和灵活性，综合运用多种货币政策工具，逐步引导货币条件从反危机状态向常态水平回归。受全球流动性宽松和中国国际收支顺差仍然较大影响，2010年总体上仍面临银行体系流动性供给偏多的格局，较多地使用了存款准备金率工具，6次上调存款类金融机构人民币存款准备金率各0.5个百分点，累计上调3个百分点。搭配使用存款准备金率和公开市场操作等工具是对冲银行体系部分过剩流动性的需要。

2011年，围绕保持物价总水平基本稳定这一宏观调控的首要任务，实施稳健的货币政策。上半年主要通过6次提高存款准备金率并辅之以公开市场操作来对冲多余的流动性，促进货币条件由宽松回归常态。3次上调金融机构人民币存贷款基准利率共0.75个百分点，同时引导银行间市场利率适当上行。进一步推进人民币汇率形成机制改革：根据市场供求和篮子货币汇率的变化，人民币对美元总体有所升值，这有利于缓解国内通货膨胀压力，在一定程度上减弱了国际大宗原材料和石油等价格上涨对国内通货膨胀率的影响。年末，广义货币供应量M2余额为85.2万亿元，同比增长13.6%，增速比上年年末低6.1个百分点。信贷结构继续优化：中长期贷款占比下降，全年人民币中长期贷款新增3.6万亿元，同比少增2.6万亿元，增量占比为47.7%，同比降低29.9个百分点。

2012年随着欧洲主权债务危机的蔓延和美国经济陷入高失业、高负债的困境，世界经济复苏的不稳定性、不确定性明显上升。“稳增长、控物价、调结构”是2012年的重要议题。国家继续实行稳健的货币政策，如果说 2011 年稳健的重点是为了抑制通货膨胀，那么 2012 年的稳健更多的是以推动结构调整，维持经济的平稳增长。坚持房地产调控政策不动摇，促进房价合理回归。推进营业税改征增值税，推进房产税改革试点。年末，广义货币 M2 同比增长 13.8%，比 11 月月末低 0.1 个百分点，比上年月末高 0.2 个百分点；狭义货币（M1）余额 30.87 万亿元，同比增长 6.5%，比 11 月月末高 1.0 个百分点，比上年年末低 1.4 个百分点，一定程度上控制了信贷过快增长。M1 的反弹，与经济企稳回升的走势相一致，表明经济活动有所活跃。继续增强人民币汇率双向浮动弹性。

我国 1997—2012 年货币供应量变化与经济增长和物价水平的关系如图 2－2 所示。

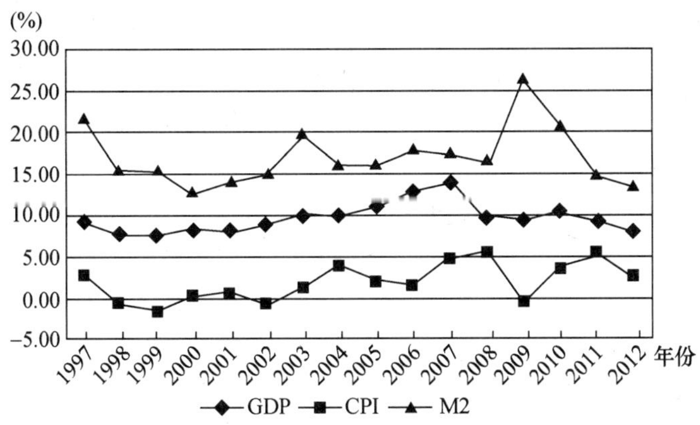

图 2－2　1997—2012 年我国 M2、CPI 与 GDP 增长率情况

2013 年预期的货币政策为 M2 增长 13%，CPI 增长 3.5%，GDP 增长 7.5%，本书以 1997—2012 年的数据进行实证研究分析。

第二节　货币政策有效性的保障——中介目标的选择

货币政策的有效性需要考虑货币政策工具、货币政策中介指标和货币政策目标三个方面。其中货币政策工具主要有存款准备金率、再贴现率和公开市场操作；货币中介指标通常为重要甚至是关键指标，无论是从货币运行机理上，还是从央行观测与评价经济运行状况，并运用这一指标对经济进行有效的宏观调控来说，具有根本地位的指标。货币政策目标包括经济增长、物价稳定、充分就业和国际收支平衡。目标本身不是工具，难以自我实现；工具需要具体的抓手，且需要重要指标来匹配各个目标。中介指标的选取本身需要可控，在所有与经济波动的相关性因素中，它难以被其他因素影响。因此，中介指标的选取成了货币政策实施效果的关键。

围绕目标的实现，如何遴选中介目标，需确立一些标准。然后根据标准，对常用的重要指标进行分析筛选得出。

第一是可测度性。这意味着它是数据，是可以获得的真实数据。它能客观反映经济运行情况，利于中央银行根据数据做分析判断与决策。

第二是可控性。它能够为中央银行所控制，如何使用货币政策工具，在哪些领域、哪些环节，往哪个方向投放与流动，以及量的大小，等等，都需要中介目标来帮助实现政策目标。

第三是适应性。它不能脱离我国所处的社会发展阶段，也不能脱离现实的经济环境。相对于某一目标来说，可能不是最好选择，但在整体目标的实现上具有最优效果。

第四是相关性。该中介指标的选择与应用，与政策目标有高度的相关性。基于这种相关机理，通过调节中介指标，而实现政策目标。

第五是抗干扰性。在各种相关因素中，中介目标应该是影响因素，而非被影响因素。权重大，起决定性作用，可以经受经济运行过程中所产生的各种干扰。下文将对利润、外汇与货币供应量几个指标的选取做具体分析。

一　利率作为我国货币政策中介目标仍不成熟

利率无疑是经济体系中的极为重要的变量，作为资金价格与时间偏好的显示器，利率必然反映并影响投资与消费。在市场经济国家，利率价格由市场自动形成，因此它可以充分反映收益与风险之间的相对水平，反映人们对货币短期需求与长期需求的偏好，并使利率发挥资源配置的作用。而我国金融市场存在严重缺陷。

其一，我国目前利率形成非市场化。意味着利率市场价格的非真实性与非均衡性。它必然产生大量的套利活动，而套利活动的资金成本由国有银行承担，再分散给广大的中小投资者。因此利率不能反映资金价格和投资者的时间偏好，不能反映资本市场的供求关系，不能指导资本供需间的市场配置。

其二，我国的生产经营企业与银行，产权不明晰，存在身份的特别优惠，比如贷款优惠、经营风险的免责，使企业并不完全按照成本—收益法则进行自我管理与核算，也没有自我约束的动力。故市场机制难以发挥作用。反映在金融领域也是如此。因此，与国外发达国家相比，我国金融市场存在严重不足，未能为投资者与融资者提供一个全面市场化的资金交易市场，弱化了利率作为金融调控纽带的作用，使得金融调控的目的、方向和力度无法得到真实体现。

鉴于以上原因，利率在我国目前情况下尚不具备货币政策中介目标的条件。

二　外汇作为我国货币政策中介目标仍不理想

要满足中介目标的“五性”：可测度性、可控性、相关性、适应性以及抗干扰性。就目前来说，外汇难以成为我国货币政策的中介目标。要满足“五性”的外汇，一国的经济活动与金融市场必然会有如下特征。

第一，国家宏观经济体系具有较高的开放程度。外汇也只是货币，控制货币或者保持外汇的稳定必须建立在商品的充分流动基础上。在此基础上形成的外汇价格是真实的。非真实的外汇价格是不可以持久的。国家之间的商品贸易成为一国经济的重要组成部分。

第二，金融开放程度较高。外汇是商品流动的副产物。经济的开放性必然带来金融的开放性。即外汇资金的流入与流出应当是比较自由的。

第三，国内经济规模较小，对国外市场依存度高。

对比以上三个特征，我国基本均不满足。我国虽然早已加入世界贸易组织，但外汇资本项目尚未完全放开，外汇资金不能自由流入或流出，我国金融开放程度较低。此外，我国的外贸伙伴分布广泛，不存在对某一单一国家的较高依存，单靠人民币盯住某一国家的货币汇率很难实现物价稳定和经济增长的目标。所以外汇作为我国货币政策的中介目标并不理想。

三　货币供应量是当前我国货币政策中介目标的理想选择

根据货币政策中介目标的“五性”要求，与其他指标而言，选择货币供应量作为中介目标具有较好的优势。在可测性上，我国实行货币供应量每月公开制度；在可控性上，分两个方面考虑。中央银行具有货币发行权，可以通过货币政策工具对货币流量进行一定的控制。但是由于经济增长的内生性，带动货币供应量的增长；金融机构对存款的派生作用；不同经济环境下对货币的需求以及货币的流动速度，影响了它的可控性。但从短期来看，它仍然是最优选择。在相关性、适应性与可抗干扰性方面，前文揭示，不管是理论研究还是实证，它与经济增长率、通货膨胀率之间存在相关关系。但是由于我国货币供应量与经济增长率之间存在内生关系，有相当部分学者建议货币供应量不再作为货币政策中介目标。这样的建议无疑是理性的。从长期来看，银行间同业拆借市场利率可以作为我国货币政策的中介目标。但从短期利弊权衡来看，货币供应量作为我国货币政策的中介目标仍然是合适的，是权宜之计。

那么，是选择对 M1 调控还是 M2 进行调控？M1 代表的是即期购买力，M2 是即期购买力与未来购买力之和。即 M1 反映的是当期生产、经营与消费活动；而 M2 还包括为未来储备的生产资料与生活资料。所以，M2 反映了对中长期经济的货币需求，以 M2 为代表进行货币供应量调节具有重要的理论和现实意义。

第三节　我国货币政策调控经济增长和物价水平有效性的实证研究

我国运用货币政策进行宏观调控的理论经验与实践经验较少。从中国人民银行行使央行职能开始，我国才开始运用真正意义上的货币政策进行调控，至今仅有 20 余年的历史，实践经验亟待提高。进入 20 世纪 90 年代后，货币政策在宏观经济调控中的作用日益显著，在促进经济增长和维护物价稳定方面的作用日益重要。我国 1998 年之后开始重视作为货币政策中介目标的货币供应量，这标志着我国宏观经济调控逐步从直接调控向间接调控转变。

在此背景下，研究物价水平和经济增长是否与货币供应量存在相关性，以及相关性的具体内容，成为一个紧迫问题并逐步被理论界与实务界共同关注。

一　建立模型

在实体经济中，存在许多市场，而各个市场又有许多资产。不同的市场或者是不同的资产之间存在着相互影响的关系。在多个市场或资产之间建立相应的组合，来完善宏观经济调控功能、进行风险对冲与规避、分散资产价格波动风险，多元 GARCH（multivariate GARCH，MGARCH）模型便是对波动相关性的良好度量。在现有的文献中主要包括：VECH 模型和 BEKK 模型。BEKK 模型反映了多个变量的条件方差过程之间的相互影响，这也就为不同变量间的联合波动解释提供了依据。所以，本章将采用货币供应量（M2）、居民消费价格指数（CPI）和国内生产总值（GDP）三个指标对应货币政策、通货膨胀和经济增长来分析它们的波动效应。建立三元对角 BEKK 模型如下：

$$\varepsilon_t = H_t^{1/2}\xi_t,\ \xi_t \sim i.i.dN(O,\ I)$$

$$H_t = W'W + \sum_{k=1}^{n} A'\varepsilon_{t-k}\varepsilon_{t-k}'A + \sum_{k=1}^{n} B'H_{t-k}B$$

其中，A 和 B 是 $N \times N$ 参数矩阵，且是对角矩阵。矩阵 A 的元素 a_i 反映了波动的 ARCH 效应。矩阵 B 的元素 b_i 反映了波动率传导的持久性，即波动的 GARCH 效应。W 是一个下三角矩阵。大多数使用 GARCH 类模型的实证显示滞后一阶的模型即可对时间序列有相当良好的配置，故本书将选择三变量对角 BEKK（1，1，1）模型，该模型写成矩阵向量形式，如下：

$$\begin{bmatrix} h_{11t} & h_{12t} & h_{13t} \\ h_{21t} & h_{22t} & h_{23t} \\ h_{31t} & h_{32t} & h_{33t} \end{bmatrix} = \begin{bmatrix} w_1 & 0 & 0 \\ w_2 & w_4 & 0 \\ w_3 & w_5 & w_6 \end{bmatrix}^T \begin{bmatrix} w_1 & 0 & 0 \\ w_2 & w_4 & 0 \\ w_3 & w_5 & w_6 \end{bmatrix} + \begin{bmatrix} a_1 & 0 & 0 \\ 0 & a_2 & 0 \\ 0 & 0 & a_3 \end{bmatrix}^T$$

$$\begin{bmatrix} \varepsilon_{1t-1}^2 & \varepsilon_{1t-1}\varepsilon_{2t-1} & \varepsilon_{1t-1}\varepsilon_{3t-1} \\ \varepsilon_{2t-1}\varepsilon_{1t-1} & \varepsilon_{2t-1}^2 & \varepsilon_{2t-1}\varepsilon_{3t-1} \\ \varepsilon_{3t-1}\varepsilon_{1t-1} & \varepsilon_{2t-1}\varepsilon_{1t-1} & \varepsilon_{3t-1}^2 \end{bmatrix} \begin{bmatrix} a_1 & 0 & 0 \\ 0 & a_2 & 0 \\ 0 & 0 & a_3 \end{bmatrix} + \begin{bmatrix} b_1 & 0 & 0 \\ 0 & b_2 & 0 \\ 0 & 0 & b_3 \end{bmatrix}^T$$

$$\begin{bmatrix} h_{11t-1} & h_{12t-1} & h_{13t-1} \\ h_{21t-1} & h_{22t-1} & h_{23t-1} \\ h_{31t-1} & h_{32t-1} & h_{33t-1} \end{bmatrix} \begin{bmatrix} b_1 & 0 & 0 \\ 0 & b_2 & 0 \\ 0 & 0 & b_3 \end{bmatrix}$$

其中，h_{iit}表示某个变量的条件方差，h_{ijt}表示两个变量之间的条件协方差。a_ia_j 表示两个变量相互作用的 ARCH 效应对未来协同波动关系的影响，b_ib_j 表示两个变量相互关联的波动持久性对未来两个变量波动的关联影响。其中 i，j=1，2，3。1 代表经济增长率，2 代表货币供应量增长率，3 代表居民消费价格指数增长率。如果 GDP、货币供应量和居民消费价格指数之间的相互关联性没有波动溢出效应，那么参数 a_1a_2、a_1a_3、a_2a_3、b_1b_2、b_1b_3 和 b_2b_3 在统计上均不显著异于零。

在正态性假定条件下，对角 BEKK 模型的参数可通过最大化下面的对数似然函数来估计：

$$l(\theta) = -\frac{TN}{2}\log 2\pi - \frac{1}{2}\sum_{t=1}^{T}\left(\log|H_t| + \varepsilon'_t H_t^{-1}\varepsilon_t\right)$$

其中，θ 表示所有待估计的未知参数，N 是资产的数量，T 是观测值的数量，其他符号与前面模型一样。对 θ 的极大似然估计是渐进正态的，因而可以运用有关统计推断的传统过程。

二 数据收集和处理

本章选取 1996 年第一季度到 2012 年第四季度的货币供应量、居民消费价格指数和 GDP 的季度数据为样本，每个变量获得 68 个观测值。其中，货币供应量采用 M2 数据，由于 M2 和居民消费价格指数的原始数据为月度数据，用算术平均法修正后使之成为季度数据。同时，对上述数据均加上 100 变成指数后，再取对数，以消除异方差性。用 $m2_{1t}$ 表示第 t 季度货币供应量，货币供应量增速表示为：

$y_{1t} = \log m2_{1t} - \log m2_{1t-1}$

同理，CPI_{2t} 表示第 t 季度消费者物价指数，居民消费价格指数增长率表示为：

$y_{2t} = \log CPI_{2t} - \log CPI_{2t-1}$，$gdp_{3t}$ 表示第 t 季度 GDP，GDP 增长率表示为：

$y_{3t} = \log GDP_{3t} - \log GDP_{3t-1}$

本书的数据均来自 Wind 数据库。

三 基本统计特征

对 GDP 增速、货币供应量（M2）增速和居民消费价格指数（CPI）增速作基本统计分析，表 2-1 给出了以上三个指标从 1996 年第一季度至 2012 年第四季度的描述性统计结果。从表 2-1 的结果中可以看出，居民消费价格指数（CPI）最大值与最小值之差为 35.03%、标准差为 10.73%、变异系数为 1.14，这三个指标在三个标量中都是最大的，这说明在这十几年间我国居民消费价格的波动非常剧烈。而 GDP 的平均值为 9.87，标准差为 1.82，波动相比最小，这反映了我国经济近十年来呈现出平稳较快的增长。货币供应量（M2）的平均值为 17.78，与 GDP 的平均值相差约 7.9 个百分点，这反映了我国近十年来的货币政策总体较为宽松。

表 2-1 1996 年第一季度至 2012 年第四季度样本数据的描述统计结果

（单位：%）

变量	最小值	最大值	平均值	中位数	标准差	变异系数
GDP 增速（%）	6.60	14.50	9.87	9.70	1.82	0.18
M2 增速（%）	13.00	29.31	17.78	16.81	4.19	0.24
CPI 增速（%）	-2.03	33.00	9.44	4.93	10.73	1.14

对三个序列变换整理后的数据进行单位根检验（ADF）和正态性检验（JB），发现它们在显著性水平5%时，均平稳，而且均接受正态性假定，结果见表2－2。

表2－2 样本数据的平稳性和正态性检验

变量	(c, t, p)	ADF统计量值	ADF临界值（5%）	JB统计量（P值）
GDP增速	(c, 0, 0)	−7.50	−1.95	30.55 (0.00)
货币供应量（M2）增速	(c, 1, 0)	−5.68	−3.48	25.41 (0.00)
居民消费价格指数（CPI）增速	(c, 0, 0)	−2.39	−1.95	0.78 (0.68)

说明：第一项c表示检验平稳性时评估方程中的常数项；第二项t表示时间趋势项；第三项p表示自回归滞后的长度；居民消费价格指数（CPI）是以1996年为基期的累积值；变异系数等于标准差除以平均值，变异系数越大，表明波动程度也越大。

四 基于MGARCH—BEKK模型的实证分析

表2－3给出了参数估计结果，结果显示，a_2、a_3、b_1、b_2和b_3的估计结果在95%的置信水平下表现显著。b_1b_3（$0.88\times0.71=0.6248$）显示出通货膨胀和经济增长的联动具有最强的GARCH效应，说明通货膨胀和经济增长的相关波动冲击具有持久性，即当期的通货膨胀和经济增长的相互作用能够影响到未来通货膨胀和经济增长的相互关系，也就是说，通货膨胀与经济增长之间的波动存在溢出效应。b_1b_2（$0.88\times0.54=0.4752$）显示出货币供应量和经济增长的联动具有较强的GARCH效应，说明货币供应量和经济增长的相关波动冲击具有持久性，即当期的货币供应量和经济增长的相互作用能够影响到未来货币供应量和经济增长的相互关系，也就是说，货币供应量与经济增长之间的波动存在溢出效应。a_2a_3（$-0.39\times0.67=-0.2613$）表明货币供应量和通货膨胀具有较强的ARCH效应，表现出时变方差特征，同时a_3估计值为负，表明通货膨胀滞后项对自身的影响呈负相关性，而a_2a_3为负，表明调节货币供应量能够减缓下期的通货膨胀。b_2b_3（$0.54\times0.71=0.3834$）显示出货币供应量和通货膨胀的联动性较强的GARCH效应，说明货币供应量和通货膨胀的相关波动冲击具有持久性，即当期的货币供应量和通货膨胀的相互作用能够影响到未来货币供应量和通货膨胀的相互关系，也就是说，货币供应量与通货膨胀之间的波动存在溢出效应。

表 2-3　　MGARCH—BEKK 模型的参数估计结果

参数	a_1	a_2	a_3	b_1	b_2	b_3
参数估计值	0.29	0.67	-0.39	0.88	0.54	0.71
T 统计量	1.57	2.56	-2.03	14.5	2.04	4.90
P 值	0.12	0.01	0.04	0.00	0.04	0.00

第四节　货币政策有效性方面的结论

通过以上分析及实证结果，可提出以下九点结论。

第一，货币供应量对产出（GDP）的正影响十分显著，表明我们需要提高货币政策调控的灵活性，根据经济形势对货币供应量进行调整，以确保我国宏观经济持续稳定发展。

第二，通货膨胀对经济增长影响显著，说明短期的适度通货膨胀对经济有一定的正刺激作用。

第三，货币供应量对通货膨胀有显著影响，表明我国货币调控政策结合当前宏观经济形势，明确调控目标，运用灵活、准确的手段进行调控，确保货币政策切实有效，避免由调控引发经济波动。

第四，近年来，由于我国货币政策更多选择存款准备金等数量型工具而非价格型工具，使得在通货膨胀情势较为严峻的情况下，金融市场容易出现失衡的现象。这是由于在我国人民币存贷款利率被政府管制的情况下，数量型工具与价格型工具两者之间具有较强的独立性，两者基本是被隔离开来的，之间的相互影响较弱，尚无法形成有效的市场传导机制，仅适用单一的数量型工具不能全面调控宏观经济。

故我国应该加速推进利率市场化改革，通过完善我国利率体系，逐步形成合理的利率水平和利率结构，通过优化传导机制，充分发挥价格型工具和数量型工具相互配合使用的效果。

第五，由于我国对通货膨胀的适应性预期较为明显，而这种预期会削弱针对通货膨胀的宏观调控效果。因此，治理通货膨胀时，央行和政府应拿出确实令人信服的措施，以改变人们的预期。

第六，强化央行作为宏观调控主体的独立性。由于宏观调控的实施效果在一定程度上取决于央行的独立性，独立性越高，达到宏观调控目标的效果也越好。一般而言，央行的独立性主要体现在独立制定和执行货币政策、独立监管国民经济运行和对整体金融体系和国民经济体系的控制三方面，建议货币当局保持相对独立。

而我国目前的实际情况是央行的独立性较低，在确定宏观调控目标和宏观调控工具选择方面存在缺陷。在我国，央行更多的是执行咨询议事和政策执行，而非政策制定职能。央行应向美联储一样保持货币政策的独立性，我国的货币政策制定往往受到多个其他部门的影响，特别是主要的货币政策工具，例如存款准备金率、利率、汇率等，这在很大程度上影响了央行对政策出台时机的把握、削弱了货币政策效果。故综上，我国应该赋予央行在货币政策制定上更大的独立性、自主性和灵活性。

第七，整合现有金融调控体系。

我国现有金融调控体系需要进一步优化。我国现行的金融调控体系分为宏观与微观两个层面，宏观层面主要由央行通过货币政策来调控金融机构，而微观层面主要由银监会、证监会和保监会负责，通过制定具体的监管政策对金融机构的经营行为进行管理调整。总体来看，两个层面分工明确，但从实践结果来看，在监管中宏观监管与微观监管会相互影响，导致双方的政策实施效果被“打折”。

为解决这一问题，我国应对现有“一行三会”的监管模式进行改革，强化监管模式中的协同监管机制，建立类似美国与欧洲的系统性风险委员会，在宏观审慎金融监管与银行、保险、证券、基金等微观监管层面间建立沟通协调机制，在微观层面要建立以净资本为核心的风险控制指标体系，确保两个层面调控措施的实施效果。

第八，积极推动利率市场化改革和汇率改革。新一届政府要加大金融改革的力度，目前金融改革的时机接近成熟，中央人民银行要果断适时地推出利率化市场改革和汇率改革，虽然，目前各个区域都在推动区域的金融改革与探索，如深圳前海的人民币离岸业务、泉州与厦门的两岸金融合作、温州的民间融资市场化探索，但总体而言，这些改革探索都需要更高层面的顶层设计与改革推动。利率市场化、人民币国际化、汇率改革将会使中央银行有更多的政策工具来调控宏观经济增长。

第九，要高度重视银行的表外业务与影子银行。自 2011 年以来，银行表内的信贷规模得到了一定程度的有效控制，然而，社会融资总额居高不下，表外业务、“影子银行”规模较大，尤其通过信托或资金池理财产品规模不小，中央银行在使用货币政策进行宏观调控时应予以高度关注。

第三章　货币政策调控房地产资产价格的适当性

关于房地产业，是个令人纠结的话题，在过去的十五年间，房地产行业发展迅速，一方面，取得了巨大的成就，为千百万家庭实现了居者有其屋的梦想，拉动了国民经济的发展；另一方面，也带来了严重的问题，房价居高不下，土地财政严重，高房价不仅吞噬了中产阶层，挤压了消费，也使得产业结构不能得到有效调整升级，实体经济受到严重打击，空心化严重，而且助长金融泡沫的形成和酝酿着金融危机的巨大风险，对此，中央政府高度重视，长期采取了宏观调控的手段，目的是平抑房价，促进房地产市场健康发展。那么，中央银行是否应关注房地产价格，使用货币政策调控房地产资产价格是否适当，是否应直接盯住房地产价格的波动，这是本章要探讨的问题。本章首先简要地回顾我国房地产发展的历程，然后采用实证分析方法来检验货币政策调控房地产价格的适当性，最后提出研究结论和政策建议。

第一节　1998—2013 年房地产发展与宏观调控

一　中国房地产行业与房地产市场的发展历程

我国房地产行业与房地产市场的发展，在我国市场经济体制逐步建立和完善的过程中蓬勃发展，其发展历程大体可以划分为五个发展阶段。

（一）非市场化阶段（1998 年之前）

1998 年之前，我国城镇居民住宅属于国有，实行计划经济下的“实物分配制”，具有国家统包、无偿分配、低租金、无限期使用的特点。由国家无偿分配给居民使用，居民每月向国家缴纳一定的房屋使用租金，是“配给制”为主要分配方式的福利性分配制度。这种制度曾起过重要的历史作用，但存在一系列弊端，根本问题在于不能有效满足城镇居民的住房需求，不适应社会主义市场经济的客观要求。另外低租金下国家需投入大量的补贴，来平衡住房维修费用。

（二）改革初期市场化、商品化的探索阶段（1998—2003 年）

《国务院关于进一步深化城镇住房制度改革加快住房建设的通知》（国发〔1998〕23 号）颁布，我国房地产市场化改革拉开序幕。该通知明确了从 1998 年下半年开始停止住房实物分配，逐步实现住房分配货币化，具体时间、步骤由各省、自治区、直辖市人民政府根据本地实际确定。以稳步推进住房商品化、社会化，逐步建立适应社会主义市场经济体制和我国国情的城镇住房新制度为指导，以建立和完善以经济适用住房为主的多层次城镇住房供应体系为目的。但是在实际的执行中，各级地方政府并没有把工作的重点放在经济适用房的供给上，被政府控制和批租的土地，大批流向了一般商品房。按照通知要求，要以经济适用住房供应为主，但是某些城市该比例不到 1%。2001 年下半年开始，国内部分城市出现了房地产投资量、交易额和商品房价格大幅增长的现象，有些地方还出现了商品房市场求大于供的现象，引起了对房地产发展是否过热的讨论。尤其上海等地房地产开发商非法融资事件的发生和曝光，引起了金融界对房地产贷款风险的高度关注。

（三）市场化主导阶段（2003—2005 年）

2003 年 6 月 13 日，中国人民银行出台了以“调控房地产市场贷款秩序、提高贷款门槛、防止房地产贷款风险”为根本精神的 121 号文件。该文件使以贷款为资金重要支撑点的房产业开始恐慌。考虑到房地产业是国民消费热点和经济增长点，其发展不利势必影响我国整个国民经济的发展，为了保持房地产业的持续健康发展，8 月底国务院出台了《国务院关于促进房地产市场持续健康发展的通知》（国发〔2003〕18 号）。18 号文件提出了“逐步实现多数家庭购买或承租普通商品房”的要求，根据市场需求，采取有效措施加快普通商品住房发展，提高其在市场供应中的比例。从经济适用房为主到以普通商品房为主的改变，说明国家确认了对房地产的市场定位，强化房地产市场竞争。根据国家统计局的统计数据，2004 年商品房和商品住宅平均销售价格涨幅首次突破两位数，首次超过人均可支配收入增长幅度和物价上涨指数，涨幅为 2000 年来最高。据中国社会科学院发布的《2004—2005 年中国房地产发展报告》，2004 年全国商品房平均售价比 1998 年增加 651 元，达到 2714 元/平方米，年均增加为 93 元，但 2004 年一年的房价增长比 2003 年多了 355 万元，增值是

1998—2003 年年均增量的 3.8 倍。

（四）市场配置与政府调控结合（2006—2010 年）

从 2003 年开始，我国经济进入新一轮景气周期，社会投资日益高涨。固定资产投资增长迅猛，新开工项目明显增多。2003 年全社会固定资产投资完成 5.5 万亿元，同比增长 27.7%，其中全国累计完成房地产开发投资突破 1 万亿元，同比增长 30.3%。2004 年房地产投资总额占全社会固定资产投资比重继续上升，达到 18.7%，创历史新高。由于该年能源、原材料短缺，直接导致了生产材料价格大幅上涨，房地产价格继续上涨。2004 年，商品房价格上涨幅度为 18.7%，同比上涨 12.6%。房价的上涨引起了全社会的普遍关注，2005 年 3 月，中央政府果断实行房地产调控，出台了“新老国八条”，试图稳定房价。但是一年多下来，许多城市的房价上涨幅度仍然超过了 10%。针对重新反弹的房价，2006 年 5 月 17 日，国务院再次公布了促进房地产健康发展的六条措施，称为“新国六条”。“新国六条”的内容涵盖了税收、信贷、土地、供应、市场、结构、信息披露等各个方面，将调整供房结构，重点发展中低价位、中小套型普通商品房、经济适用住房和廉租房作为房地产调控的主要内容来对待。在这一阶段中，对房地产的定位一直存在争论。一方是减少政府的干涉，加大市场在资源配置中的调节作用；另一方是加大政府的调节和干预力度。

2007 年 11 月 9 日，温家宝总理在新加坡讲话中指出，政府的职责首先是做好廉租房的建设，其次是经济适用房，高档住房主要靠市场调节，但是也必须有国家的宏观调控，防止利用房地产进行炒作造成市场混乱。2008 年国内外经济出现了一些不利因素，包括美国次贷危机引发的全球性金融危机，石油、粮食、矿产等资源品市场价格飞涨，国内 CPI 持续走高，股市大幅波动，人民币汇率、利率、准备金率继续走高，年初的冰雪灾害和年中的汶川大地震等，影响着我国经济形势和房地产的走势。2008 年的救市政策，以及宽松的货币政策，直接导致了 2009 年房价飞涨。高房价对经济、民生的负面影响，引起了全国性的讨论。2009 年 12 月 14 日，国务院总理温家宝主持召开国务院常务会议，研究完善促进房地产市场健康发展的政策措施，明确要求“遏制部分城市房价过快上涨的势头”，明确提出，增加普通商品住房的有效供给、继续支持居民自住和改善性住房消费、抑制投机性购房、加强市场监管、继续大规模推进保障性安居工程建设。2009 年 12 月着手修订 2008 年的房地产救市政策，陆续出台了一系列的抑制房地产投资的具体措施。

（五）房地产调控与住房保障体系结合，政府调控采用货币限购房产税试点等行政手段

2010 年的“国十一条”第一次提出了“要适当加大经济适用住房建设力度，扩大经济适用住房供应范围”。

2011 年房地产调控政策如下：1 月、2 月、3 月、5 月、6 月、7 月央行年内第 6 次上调存款准备金率。“国八条”、房产税试点改革先后落地，“限购”“限价”“限贷”等政策全面升级，限购城市从 2010 年的不足 20 个大幅增加到 50 多个，同时中央下达 2011 年建设 1000 万套保障房。

2012 年房地产调控得以延续。出台限购令的 46 个城市中，将延续限购；加强对住房公积金的监管管理条例；小产权房不予确权登记对小产权房问题开展试点清理；房产税扩大征收范围；严格执行差别化信贷政策，支持保障房、中小套型和自主住房。

2013 年春节过后各地楼市升温明显，房地产新政呼之欲出。2 月 20 日，国务院常务会议出台调控楼市的新“国五条”。时隔一周，3 月 1 日晚间，“国五条”加强细则落地。“新国五条”中主要包括完善稳定房价工作责任制、坚决抑制投机投资性购房、增加普通商品住房及用地供应、加快保障性安居工程规划建设、加强市场监管五项内容。新国五条细则的出台强调楼市政策“高压期”仍将持续。

综上所述，中国对房地产市场的调控经历了计划经济时期的全面行政管理，市场化改革初期以货币政策为主的市场机制，逐步过渡到现在的综合性采用货币、法规、行政等各种手段机制等几个阶段以实现对房地产这个特殊商品市场的有效管理。

二　政府宏观调控的措施

我国针对房地产调控的措施应始于房地产发展的第三阶段，梳理我国历年的房地产政策，可以发现自 2003 年开始，我国房地产政策，尤其是调控性政策发布十分密集，也突出反映了近几年房价快速增长，房地产市场过热。总体来看，我国房地产调控政策可以分为行业发展规范、税收政策、金融政策和土地政策四大类。第一类是行业发展规范。这是房地产业发展的指导思想和行为规则。这些政策从宏观上构建了房地产业发展的制度环境，对房地产业的发展起着引导和规范作用。第二类是金融政策。与其他行业相比，房地产开发和交易涉及金额大，离不开银行信贷支持。因此，金融政策的调整能够深刻影响房地产市场资金流向和供求状况。第三类是税收政策。税收政策涉及利益再分配，是影响行业发展的敏感因素。

第四类是土地政策。土地是房地产业最重要的生产要素，土地政策对房地产业的影响是不言而喻的。

2008 年金融危机爆发，我国房地产市场受到严重冲击，2007 年持续上涨的房地产价格出现较大波动。2008 年第四季度以来，为应对国际金融危机，各地与银行在房产政策执行方面采取了宽松态势。比如购房首付低于四成、降低利率等，出现了以较低的借贷资金成本，囤积房屋投机房地产现象，使部分地区房屋价格增长过快。2009 年全年部分城市房地产价格甚至创出历史新高，稳定房地产价格逐渐成为关系到民生的重要议题。面对居高不下的房产价格，2010 年政府果断出手，出台了更加严格的调控措施。其中以 1 月 10 日的“国十一条”和 4 月 15 日的“新国十条”最为关键，政策数量、调控涉及范围、细化程度和力度为此前罕见。

“国十一条”与 2005 年和 2007 年的政策基本方向是一致的，但出现了一些新意。

（1）取消第二套房贷优惠政策。遏制房屋的投资与投机购房需求是政策的主要目标。如具体措施包括贷款对象、购房首付比例、贷款利率等规定。诸如以家庭为单位、第二套房按揭贷款的首付比例为四成以上。实施差别化的住房税收政策。

（2）加强房地产信贷风险管理。房地产项目的开发必须满足开发的资本要求，坚决杜绝不符合要求的房产开发项目、开发企业发放贷款。加强信贷资金以及国外资金的管理与控制，禁止热钱违规流入，冲击我国房产市场。继续整顿房地产市场秩序。进一步加强土地供应管理和商品房销售管理。加快推进保障性安居工程建设。

（3）打击捂盘，开发商须一次性公开全部房源。结合实际，因地制宜，合理确定商品住房项目预售许可的最低规模，实行整块预售许可制度。不办理以分层或者分单元等零散预售许可。房地产开发企业履行对取得预售许可全部房源的申报与公开责任。建立健全商品房交易合同网上备案制度，监管交易资金。

（4）第一次提出了满足中低收入者住房需求的经济适用房建设。为维护社会稳定，缓和因住房价格上涨过快带来的社会矛盾，使中低收入劳动者能够在城市生存下来，政府应当履行增加限价商品住房、经济适用住房、公共租赁住房供应的政府责任，配套以不同的住房税收政策。同时也需引导居民树立合理、节约的住房消费观念。

“新国十条”（2010 年）针对住宅市场重点打击已出现高房价的区域，而不是对市场全面的打击，核心在于抑制炒房和投资的不合理住房需求，增加住房有效供给。

（1）强化政府责任。要求稳定房价和住房保障工作实行省级人民政府负总责、地方人民政府抓落实的工作问责制，工作不力的要追责。房价调控已从中央性举动变成了地方政府责任，比如要求房价上涨过快的地方可以暂停三套房房贷，并且叫停非本地居民房贷等。

（2）强化住房信息公开。这一政策通常被解读为，它有利于监控个人的跨区域购房行为，尤其是异地投机炒房行为。其贷款行为不被允许，随着购房信息的披露，购房投机行为将得到广泛的监督。

（3）凸显差别化住房信贷政策。政策对购买首套住房及住房规格、购买第二、三及以上套住房的首付比例、贷款利润做了政策上的区分。比如，面积在90平方米以下的首套自住房首付比例限定三成以上；对第二套住房的首付比例限制在五成以上，利率为基准利率的1.1倍以上（比以往更加严苛），等等。具体由商业银行承担政治责任，根据风险管理原则确定，从信贷政策上引导消费者理性消费房产，可以暂停发放购买第三套及以上住房贷款。采取诸如对不能提供纳税证明或未进行社保缴纳费的非本地居民不予发放住房贷款等其他手段，抑制各种投机性购房行为。

（4）抑制居住用地的出让价格非理性上涨。坚持和完善土地招拍挂制度，探索“综合评标”“一次竞价”“双向竞价”等出让方式。

（5）没有提出新的税收政策，但是要求财政部、税务总局加快研究制定引导个人合理住房消费和调节个人房产收益的税收政策。除这一税收尚未推出外，目前所能动用的一切手段都已被使用到最大限度。

2011年房地产调控政策如下：1月、2月、3月、5月、6月、7月央行年内第6次上调存款准备金率。“国八条”、房产税试点改革先后落地，“限购”“限价”“限贷”等政策全面升级，限购城市从2010年的不足20个大幅增加到50多个，房价上涨过快的二三线城市也要采取必要的限购措施，台州、珠海等城市跟进。中央下达2011年建设1000万套保障房计划，与各地签订了2011年的保障性安居工程建设目标责任书。国家发改委《商品房销售明码标价规定》从5月1日起商品房销售实行一套一标价。

2012年房地产调控得以延续。1月2日国土资源部：禁止农村地区盲目建高楼；1月5日住建部：将消除非户籍人员购当地商品房制度障碍；1月10日京沪获批集体土地建公租房部分省会有望试点；1月10日40城个人住房信息上半年联网；1月19日出台限购令的46个城市中，将延续限购；2月14日住房和城乡建设部：加强对住房公积金的监管管理条例；2

月29日国土资源部：小产权房不予确权登记对小产权房问题开展试点清理；3月6日房产税扩大征收范围；3月12日央行副行长称：银行必须首先保证好个人的首套房贷款；3月21日未确定容积率地块不得出让使用权；3月21日各地楼市促销力度持续加大商品房的成交量继续回升；3月30日国土部再发“禁墅令”，别墅或将逐渐退出一手市场；4月4日楼市调控“政策触底”成为业内共识，上海、北京等刚性需求有所释放；8月严格执行商品房专项检查；9—11月，严格执行差别化信贷政策，支持保障房、中小套型和自主住房。

2013年春节过后各地楼市升温明显，房地产新政呼之欲出。2月20日国务院常务会议出台调控楼市的新“国五条”。时隔一周，3月1日晚间“国五条”加强细则落地。“新国五条”中主要包括完善稳定房价工作责任制、坚决抑制投机投资性购房、增加普通商品住房及用地供应、加快保障性安居工程规划建设、加强市场监管五项内容。新国五条细则的出台强调楼市政策“高压期”仍将持续。其中主要的亮点表现在以下四个方面。

（1）提高二套房贷首付与利率。“新国五条”细则指出，针对房价上涨过快的城市，人民银行当地分支机构可根据城市人民政府新建商品住房价格控制目标和政策要求，进一步提高第二套住房贷款的首付款比例和贷款利率。

（2）二手房交易从严按差额20%征税。“新国五条”细则指出，税务、住房和城乡建设部门要密切配合，对出售自有住房按规定应征收的个人所得税，通过税收征管、房屋登记等历史信息能核实房屋原值的，应依法严格按转让所得的20%计征。总结个人住房房产税改革试点城市经验，加快推进扩大试点工作，引导住房合理消费。

（3）银行优先支持符合“90/70政策”项目。“新国五条”细则指出，在住房供需矛盾突出、房价上涨压力较大的部分热点城市和区域中心城市，以及前两年住房用地供应计划完成率偏低的城市，要进一步增加年度住房用地供应总量，提高其占年度土地供应计划的比例。对中小套型住房套数达到项目开发建设总套数70%以上的普通商品住房建设项目，银行业金融机构要在符合信贷条件的前提下优先支持其开发贷款需求。

（4）限购需覆盖全部行政区。“新国五条”细则指出，已实施限购措施的直辖市、计划单列市和省会城市，要进一步完善现行住房限购措施，限购区域应覆盖城市全部行政区域。

综上所述，中国对房地产市场的调控经历了计划经济时期的全面行政管理，市场化改革初期以货币政策为主的市场机制，逐步过渡到现在的综合性采用货币、法规、行政等各种手段机制等几个阶段以实现对房地产这个特殊商品市场的有效管理。

1998—2013 国家对房地产主要调控措施见附录 1。

第二节　研究假设及数量模型选择

从以上分析来看，影响房地产调控的因素很多，我们重点考察货币政策与房地产价格的相关性。

一　从我国货币政策最终目标确定的假设命题出发

现阶段，我国中央银行货币政策的操作目标是货币供应量，最终目标是保持经济平稳较快增长，因此在货币政策的最终目标中，“平稳”目标排在第一位，“快速增长”排在第二位。那么，如果资产价格要成为货币政策“盯住”的目标，应从两个方面考虑：一是有利于实现货币政策的平稳目标，这主要从经济增长的波动性考虑。如果资产价格存在显著的波动溢出效应，即资产价格的波动在很大程度上影响经济增长的波动，而且资产价格的波动与货币供应量的波动相关性也较大，这样中央银行才可能不计增加操作成本去直接调控资产价格。另一方面，当资产价格没有显著的波动溢出效应时，也可能因为资产价格与货币供应量，或者资产价格与经济增长存在某种内在的波动联系，而最后影响经济增长的波动。也就是说，当资产价格与货币供应量的联合波动（共振），或者资产价格与经济增长的联动显著影响经济增长的波动时，中央银行也可能直接干预资产价格。二是有利于实现货币政策的速度目标，这主要从经济增长速度考虑。按照上面的分析，如果资产价格的波动对经济增长速度有显著影响，或者资产价格与货币供应量的联动对经济增长速度影响显著，或者资产价格与经济增长的联动对经济增长速度影响显著，则资产价格应该被干预。由此，本章推断出三种假设。

假设 1：如果资产价格（房地产价格）的波动已经影响到经济的平稳增长，而且货币政策也能够干预资产价格（房地产价格）的波动，则货币政策应该“盯住”资产价格（房地产价格）。

假设 2：如果资产价格（房地产价格）的波动已经影响到经济的平稳增长，但是货币政策不具有干预资产价格（房地产价格）波动的可行性；或者资产价格（房地产价格）的波动只影响经济增长速度而不影响经济增长的平稳，则应该对资产价格（房地产价格）进行干预，但不一定使用货币政策。

假设3：如果资产价格（房地产价格）既不影响经济增长速度也不影响经济增长的平稳，则不需对资产价格（房地产价格）进行干预。

二　从中央政府与地方政府对房地产市场的利益博弈这一假设命题来研究

在房地产调控过程中，中央政府与地方政府的博弈如影随形，本章建立非完全信息的动态模型，找出中央政府与地方政府博弈的精练贝叶斯纳什均衡，并利用该模型继续得出本书的推断。

（一）模型假设

（1）中央政府和地方政府都有机会主义行为倾向，从而当满足一定条件时，房地产管理权力的委托—代理关系就可能会失灵，从而导致政策失效。

（2）地方政府是具有理性的“经济人”，即地方政府会尽可能地采取符合自身利益的行为策略实现自身利益的最大化。

（3）信息的不完全（不对称）性。在房地产市场上，地方政府拥有的信息多于中央政府，所以其在委托代理关系契约及执行中占有优势。

（二）非完全信息动态模型的建立

博弈模型中的相关构成要素是：参与人1：G代表中央政府；参与人2：DG代表地方政府；行动集：$R1=\{a_1, a_2, b_1, b_2\}$，$R2=\{c_1, c_2\}$。

其中，a_1 表示中央政府实施宏观调控政策；a_2 表示中央政府不实施宏观调控政策。

b_1 表示当中央政府实施宏观调控政策，而地方政府却违规执行（不执行）中央政府的宏观调控政策时，中央政府对地方政府的违规行为采取惩罚措施。

b_2 表示当中央政府实施宏观调控政策，而地方政府却违规执行（不执行）中央政府的宏观调控政策时，中央政府对地方政府的违规行为不采取惩罚措施。

c_1 表示当中央政府实施宏观调控时，地方政府违规执行中央政府的政策或在中央政府不实施宏观调控政策时，地方政府钻法律的空子违规出台有利于地方而有损于中央的房地产政策。

c_2 表示地方政府与中央政府采取合作态度，积极执行中央政府的宏观调控政策或在中央政府不实施宏观调控政策时，不会违规出台有利于地方而有损于中央的房地产政策。

本书构造一个三阶段的动态博弈模型，博弈的行动顺序如下。

第一阶段，在房地产市场的博弈中，中央政府出于自身利益的考虑，可以选择实施或不实施针对房地产市场的宏观调控政策，其中实施的概率为 α，不实施的概率为 $(1-\alpha)$。中央政府不实施宏观调控政策可能是基于当前房地产市场发展形势有利于经济平稳较快增长。

第二阶段，在该博弈中假设地方政府有两种类型（违规的或不违规的）。不违规的地方政府努力贯彻中央政府对房地产市场的宏观调控政策，而违规的地方政府更多地是考虑当地的利益，对中央政府的宏观调控政策采取各种对抗措施，试图减轻甚至对冲中央政府的政策效果。假设中央政府只知道地方政府是这两种类型之一的概率，却不知道地方政府到底属于哪种类型，其中地方政府违规的概率为 θ，不违规的概率为 $(1-\theta)$。

第三阶段，假设考虑中央政府在政策的执行过程中对地方政府的执行情况进行监督，当地方政府的违规行为被查出时，中央政府选择是否惩罚违规的地方政府，其中惩罚的概率为 γ，不惩罚的概率为 $(1-\gamma)$。这样，模型中就存在两个信息集：对于参与人 1 有 {（实施，不实施），（惩罚，不惩罚）}；参与人 2 有 {违规，不违规}。

（二）每个选择策略的支付状况

当中央政府选择实施针对房地产的宏观调控政策时，中央政府产生政策实施成本 P，如果地方政府选择不违规，即对中央政府的宏观调控采取合作策略时，将会得到中央政府的奖励 M，中央政府和地方政府获得的收益分别为：$(U_G-M-P,\ U_{DG}+M)$，其中 $(U_G-M-P>0)$。U_G 和 U_{DG} 分别是中央政府和地方政府正常拥有的收益。

在中央政府实施宏观调控政策的前提下，当地方政府对中央政府出台的宏观调控政策选择违规时，如果中央政府通过监督发现其违规行为并对其进行惩罚时，博弈双方的收益为：$(U_G+L-P-C,\ U_{DG}-L)$，其中 $(U_G+L-P-C>0)$。L 是中央政府对地方政府的惩罚。由于其违规行为对房地产市场的负面影响（成本为 C）要由中央政府来承担，所以中央政府的收益为：$U_G+L-P-C$。

在中央政府实施宏观调控政策的前提下，当地方政府对中央政府出台的宏观调控政策选择违规时，如果中央政府通过监督发现其违规行为后，不对其进行处罚时，博弈双方的收益为：$(U_G-P-C,\ U_{DG}+E)$，(U_G-P-C)。其中 E 是当地方政府违规却不被中央政府惩罚时，获得的收益增加额，而 E 对于不同地区的影响是不一样的，一个经济规模越大、房地产经济越繁荣的地区，通过违规将会获得更多的 E。

当中央政府选择不对房地产实施宏观调控政策时，如果地方政府选择不违规，博弈双方获得的收益为：(U_G，U_{DG})。

在中央政府选择不实施宏观调控政策前提下，当地方政府选择违规时，如果中央政府通过监督发现地方政府的违规行为并进行惩罚时，博弈双方的收益为：(U_G+L-C，$U_{DG}-L$)。

在中央政府选择不实施宏观调控政策前提下，当地方政府选择违规时，如果中央政府通过监督发现地方政府的违规行为而选择不惩罚时，博弈双方的收益为：($U_G-C, U_{DG}+E$)。

（四）数量模型分析

首先，从地方政府的角度分析，当地方政府选择违规时的期望收益为。

$$\begin{aligned}\Pi_c &= \alpha\theta[\gamma(U_{DG}-L)+(1-\gamma)(U_{DG}+E)]+(1-\alpha)\theta[\gamma(U_{DG}-L)\\&\quad+(1-\gamma)(U_{DG}+E)]\\&=\theta[\gamma(U_{DG}-L)+(1-\gamma)(U_{DG}+E)]\end{aligned} \tag{3-1}$$

当地方政府选择不违规时的期望收益为：

$$\Pi_o=\alpha(1-\theta)(U_{DG}+M)+(1-\alpha)(1-\theta)U_{DG}=\alpha(1-\theta)M+(1-\theta)U_{DG} \tag{3-2}$$

只有当 $\Pi_c>\Pi_o$ 时，地方政府才会选择违规策略，这里所说的违规主要分为两种情况：一种是当中央政府实施宏观调控政策时，地方政府选择违规；另一种是当中央政府未出台宏观调控政策时，地方政府违规出台有利于地方政府而有损于中央政府的政策。于是地方政府在两种策略之间选择的机会收益为：

$$\Pi_m=\Pi_c-\Pi_o=\theta[\gamma(U_{DG}-L)+(1-\gamma)(U_{DG}+E)-\alpha M-U_{DG}]+\alpha M+U_{DG} \tag{3-3}$$

令其对 θ 求偏导为：

$$\begin{aligned}\frac{\partial\Pi_m}{\partial\theta}&=\gamma(U_{DG}-L)+(1-\gamma)(U_{DG}+E)-\alpha M-U_{DG}\\&=-\gamma(L+E)+E-\alpha M\end{aligned} \tag{3-4}$$

以下对其中的变量进行分析：

第一，上式中 γ 代表中央政府对地方政府违规进行惩罚的概率，如果 $\gamma<\gamma^*$（γ^* 为可使 $\frac{\partial\Pi_m}{\partial\theta}=0$ 的临界概率），则 $\frac{\partial\Pi_m}{\partial\theta}>0$，即在上述两种策略中，地方政府的机会收益与违规操作的概率之间存在正相关性，这就使得地方政府往往更倾向于选择违规操作，以换取更大的机会收益。

第二，假设当中央政府实施宏观调控政策时，E 代表当地方政府违规却不被中央政府惩罚时获得的收益增加额。当违规收益 $E > \frac{\gamma L + \alpha M + \partial \Pi_M / \partial \theta}{1-\gamma}$时，则$\frac{\partial \Pi_m}{\partial \theta} > 0$，即当 $E > E^*$（E^* 为$\frac{\partial \Pi_m}{\partial \theta} = 0$ 的临界值）时，Π_m 为 θ 的增函数。那么违规的概率越大，地方政府在两种策略之间选择的机会收益越大，从而促使地方政府从自身的利益出发，对抗中央政府的政策。

第三，考虑 E 对不同经济规模地区的影响是不一样的，令 $E = f(v_i)$，v_i 表示地区 i 的经济规模，且$\frac{\partial f(v_i)}{\partial v_i} > 0$，即经济规模越大的地区，由于违规而获得的额外收益更多，所以当 $v > v^*$（其中 v^* 为$\frac{\partial \Pi_m}{\partial \theta} = 0$ 的临界值）时，存在$\frac{\partial \Pi_m}{\partial \theta} > 0$，即经济规模越大的地区，其违规的边际收益会更高。从而促使经济发达的地方政府选择违规策略的概率增加。这在理论上论证了为什么较发达城市的房地产宏观调控政策失效，而较落后城市的政策有效。

第四，L 表示当地方政府被惩罚时的违规行为给地方政府带来的负效应。根据$\frac{\partial \Pi_m}{\partial L} = -\gamma\theta < 0$ 可知，当违规行为给地方政府带来的负效应越小，则地方政府在两种策略之间进行选择的机会收益就越大，即地方政府违规的动机就越大，这就验证了当惩罚成本较小时，即使中央政府进行监督，地方政府也会倾向于选择违规策略，从而导致宏观政策效果减弱甚至失效。

第五，地方政府选择不违规的收益 $M < M^*$（其中 M^* 为$\frac{\partial \Pi_m}{\partial \theta} = 0$ 的临界值）时，则$\frac{\partial \Pi_m}{\partial \theta} > 0$，即中央政府对积极执行政策的地方政府的奖励较小时，地方政府违规的概率就会增加。反过来，中央政府对积极执行政策的地方政府的奖励越大，地方政府就越有积极执行政策的倾向。

其次，从中央政府的角度分析，当地方政府选择违规行为时，这里假设中央政府通过监督行为可以发现地方政府的违规策略，中央政府选择对地方政府进行惩罚的期望收益为：

$$\Pi_p = \alpha\theta\gamma(U_G + L - P - C) + (1-\alpha)\theta\gamma(U_G + L - C) \tag{3-5}$$

中央政府选择对地方政府的违规行为不进行惩罚的期望收益为：

$$\Pi_n = \alpha\theta(1-\gamma)(U_G - C - P) + (1-\alpha)\theta(1-\gamma)(U_G - C) \tag{3-6}$$

中央政府在对地方政府惩罚或不惩罚两种策略之间进行选择的机会收

益为：

$$\Pi_z = \Pi_P - \Pi_n$$
$$= \theta\gamma(2U_G - 2C + L) + \alpha\theta(1 - 2\gamma)P - \theta(U_G - C) \quad (3-7)$$

从式（3-7）看出，当地方政府选择违规策略时，中央政府不一定会对其进行处罚，即中央政府对违规地方政府的惩罚不一定可信，只有满足 $\Pi_z = \Pi_P - \Pi_n > 0$ 的情况下，中央政府才会对地方政府的违规行为惩罚。这样，地方政府背离中央政府政策的可能性大大增加，因为只要地方政府违规的程度控制在一定限度内，即使中央政府知道了地方政府的违规行为，地方政府也知道中央政府不会惩罚他。但是，从 $\frac{\partial \Pi_z}{\partial \gamma} = \theta(2U_G + L - 2C - 2\alpha P) > 0$，可以得出，中央政府的机会收益会随着惩罚概率的提高而增加，即中央政府可以通过提高惩罚的可信度，从而增加机会收益，又可以打击地方政府的违规行为。从 $\frac{\partial \Pi_z}{\partial L} = \theta\gamma > 0$，可以知道随着中央政府对违规地方政府惩罚力度的加大，中央政府惩罚的机会收益也会增加。

通过以上模型实证分析，可以得出下面的研究假设，即

假设 4：中央银行用于调整房地产价格波动的货币政策可能对一线城市（北京、上海）的房价调控政策失效，而对二线城市（重庆、天津）的房价调控政策有效。

第三节　货币政策影响房地产价格的实证分析

一　数量模型的建立

（一）波动相关性模型

本章为了分析房地产价格和经济增长的波动效应，采用了多元 GARCH（multivariate GARCH，MGARCH）模型中的 BEKK 模型对波动相关性进行度量。因此，本章对房地产价格和经济增长的波动效应分析将分别通过货币供应量（M2）、房地产销售价格指数（Real）、国内生产总值（GDP）建立三元对角 BEKK 模型，该模型为：

$$r_t = \mu + \varepsilon_t$$
$$M_t = V'V + A'\varepsilon_{t-k}\varepsilon'_{t-k}A + B'M_{t-k}B \quad (3-8)$$

把式（3-8）展开成联立方程形式为式（3-9）。

$$\begin{cases} m_{11,t} = v_1^2 + a_1^2\varepsilon_{1,t-1}^2 + b_1^2 m_{11,t-1} \\ m_{12,t} = v_1 v_2 + a_1 a_2 \varepsilon_{1,t-1}\varepsilon_{2,t-1} + b_1 b_2 m_{12,t-1} \\ m_{13,t} = v_1 v_3 + a_1 a_3 \varepsilon_{1,t-1}\varepsilon_{3,t-1} + b_1 b_2 m_{13,t-1} \\ m_{22,t} = v_2^2 + v_4^2 + a_2^2\varepsilon_{2,t-1}^2 + b_2^2 h_{22,t-1} \\ m_{13,t} = v_2 v_3 + v_4 v_5 + a_2 a_3 \varepsilon_{2,t-1}\varepsilon_{3,t-1} + b_2 b_3 m_{23,t-1} \\ m_{33,t} = v_3^2 + v_5^2 + v_6^2 + a_3^2\varepsilon_{3,t-1}^2 + b_3^2 m_{33,t-1} \end{cases} \tag{3-9}$$

其中，μ 是 r_t 的期望值，ε_t 是序列在 t 时刻的扰动或新息，V 是一个下三角矩阵，A 和 B 都是 3×3 参数矩阵，且是对角矩阵。矩阵 A 的元素 a_i 反映了波动的 ARCH 效应，矩阵 B 的元素 b_i 反映了波动率传导的持久性，即波动的 GARCH 效应。$m_{ii,t}$表示变量 i 的条件方差，$m_{ij,t}$表示变量 i 和 j 之间的条件协方差。$a_i a_j$ 表示变量 i 和 j 相互作用的 ARCH 效应对未来协同波动关系的影响，$b_i b_j$ 表示变量 i 和 j 相互关联的波动持久性对未来两个变量波动的关联影响。其中 i，$j=1$，2，3。1 代表货币供应量增长率，2 代表房地产销售价格指数增长率，3 代表经济增长率。如果货币供应量、房地产销售价格指数和 GDP 之间的相互关联性没有波动溢出效应，那么参数 a_1a_2、a_1a_3、a_2a_3、b_1b_2、b_1b_3 和 b_2b_3 在统计上均不显著异于零。

在扰动项服从正态分布的假定条件下，对角 BEKK 模型的参数通过最大化似然函数式（3－10）进行估计：

$$l(\theta) = -\frac{3T}{2}\log 2\pi - \frac{1}{2}\sum_{t=1}^{T}(\log|M_t| + \varepsilon'_t M_t^{-1}\varepsilon_t) \tag{3-10}$$

其中，θ 表示所有待估计的未知参数，T 是观测值的数量，其他符号与前面模型一样。对 θ 的极大似然估计是渐进正态的，因而可以运用有关统计推断的传统过程。

（二）增长速度模型

为了考察房地产价格的波动以及房地产价格和货币供应量的联合波动对经济增长速度的影响，本章建立 GDP 随时间变化的 GARCH 条件均值模型。然后将前面波动相关性研究中得出的条件方差、条件协方差，加入均值模型中，看系数是否显著。模型如下：

$$y_{3t} = \alpha + \sum_{1}^{i}\beta_i y_{3t-i} + \sum_{1}^{i}\gamma_i u_{3t-i} + \delta m_{22} + \xi m_{12} + \varphi m_{13} + \quad m_{23} + \eta m_{11} + u'_{3t} \tag{3-11}$$

其中，y_{3t}表示经济增长指标 GDP 的增速，u_{1t}表示残差项，α 表示常数项，β_i 和 γ_i 为参数。如果系数 δ 显著，则说明房价波动对经济增长速度存在较大影响；如果系数 ξ 显著，说明房价和货币供应量的联合波动对经济增长速度的影响较大；如果系数 φ 显著，说明货币供应量和经济增长的联合波动对经济增长速度影响较大；如果系数 φ 显著，说明房价和经济增长的联合波动对经济增长速度影响较大；如果系数 η 显著，说明货币供应量的波动对经济增长值影响显著。

二 数据收集和处理

由于我国从 1998 年开始实行住房制度改革，本章选取 1998 年第一季度到 2008 年上半年的货币供应量、房屋销售价格指数和 GDP 的季度数据为样本，每个变量获得 42 个观测值。其中，房地产价格以国家统计局编制的房屋销售价格指数代表；货币供应量采用 M2 数据，由于 M2 原始数据为月度数据，用算术平均法修正后使之成为季度数据。同时，对上述数据均加上 100 变成指数后，再取对数，以消除异方差性。用 $m2_{1t}$ 表示第 t 季度货币供应量，货币供应量增速表示为：$y_{1t}=\log m2_{1t}-\log m2_{1t-1}$，同理，$\text{Real}_{2t}$ 表示第 t 季度房地产价格指数，房地产价格指数增长率表示为：$y_{2t}=\log\text{Real}_{2t}-\log\text{Real}_{2t-1}$，$GDP_{3t}$ 表示第 t 季度 GDP，GDP 增长率表示为：$y_{3t}=\log\text{GDP}_{3t}-\log\text{GDP}_{3t-1}$，本书中的数据均来自中经网统计数据库。

三 基本统计特征

对货币供应量（M2）增速、房地产价格指数（Real）增速和 GDP 增速作基本统计分析，表 3-1 给出了它们从 1998 年第一季度至 2008 年第二季度的描述性统计结果。从结果中可以看出，房地产价格指数（Real）无论是最大值与最小值之差（11.4%）、标准差（3.39%）、还是变异系数（0.73）都是最大的，这说明在这十年间房地产价格的波动非常剧烈。GDP 的波动相比最小，显示这十年我国经济呈现出平稳较快的增长。货币供应量（M2）的平均值与 GDP 的平均值相差约 6.47 个百分点，高于近十年的平均通货膨胀率 1.6%，反映货币政策近十年来总体较为宽松。

表 3-1 1998 年第一季度至 2008 年第二季度样本数据的描述统计结果

（单位:%）

变量	最小值	最大值	平均值	中位数	标准差	变异系数
M2 增速	12.33	21.00	16.17	16.47	2.27	0.14
Real 增速	-0.40	11.00	4.63	4.55	3.39	0.73
GDP 增速	7.20	12.20	9.70	9.85	1.46	0.15

对三个序列变换整理后的数据进行单位根检验（ADF）和正态性检验（JB），发现它们在显著性水平5%时，均平稳，而且均接受正态性假定，结果见表3－2。

表3－2　样本数据的平稳性和正态性检验

变量	(c，t，p)	AIC	SC	ADF统计量值	ADF临界值（5%）	JB统计量（P值）
货币供应量（M2）增速	(c，1，2)	-2.645620	2.858898	-3.843347	-3.529758	1.795705 (0.407444)
房地产价格指数（Real）增速	(c，1，0)	3.152972	3.278356	-3.825643	-3.523623	2.621585 (0.269606)
GDP增速	(c，1，0)	1.70631	1.831694	-3.870268	-3.523623	2.310889 (0.314918)

说明：检验类型括号中的第一项 c 表示检验平稳性时评估方程中的常数项；第二项 t 表示时间趋势项；第三项 p 表示自回归滞后的长度；AIC和SC准则来评价效果，选择AIC和SC最小的检验类。

四　基于MGARCH—BEKK模型的实证分析

表3－3　MGARCH—BEKK模型的参数估计结果

参数	a_1	a_2	a_3	b_1	b_2	b_3
参数估计值	0.53	0.76	0.10	0.75	0.45	1.01
T统计量	1.52	1.30	0.17	2.17	0.66	13.37
P值	0.13	0.19	0.87	0.03	0.51	0.00

表3－3给出了参数估计结果，结果显示，只有 b_1 和 b_3 的估计结果在95%的置信水平下表现显著。b_1b_3（$0.75\times1.01=0.7575$）显示出货币供应量和经济增长的联动具有最强的GARCH效应，说明货币供应量和经济增长的相关波动冲击具有持久性，即当期的货币供应量和经济增长的相互作用能够影响到未来货币供应量和经济增长的相互关系，也就是说，货币供应量与经济增长之间的波动存在溢出效应。这个结果和经典理论是吻合的，货币供应量是影响经济增长的重要因素。系数 a_1、a_2 和 a_3 均不显著，表明房地产价格、货币供应量和经济增长的波动均不具有明显的ARCH效

应，即当期房地产价格、货币供应量和经济增长的波动对它们自身的冲击并不强烈。但系数 a_1、a_2 和 a_3 不显著并不能说明它们之间的乘积不显著，也就是说，这个结果并不能排除它们之间的交替影响存在 ARCH 效应。故我们通过 BDS 检验（见表 3－4），仍然发现只有货币供应量和经济增长的联动存在 ARCH 效应，货币供应量与房地产价格、房地产价格和经济增长的联动均不存在显著的 ARCH 效应。通过以上检验，我们可以认为，房地产价格增长率没有明显的波动溢出效应，房地产价格波动对经济增长波动没有实质性的影响。

表 3－4　货币供应量、房屋销售价格指数和 GDP 的 BDS 检验结果

条件协方差	BDS 统计量（维数 2）	Z 统计量	P 值
h_{12}	0.034489	1.70248	0.0887
h_{13}	0.079454	5.95878	0.0000
h_{23}	－0.008836	－0.56216	0.5740

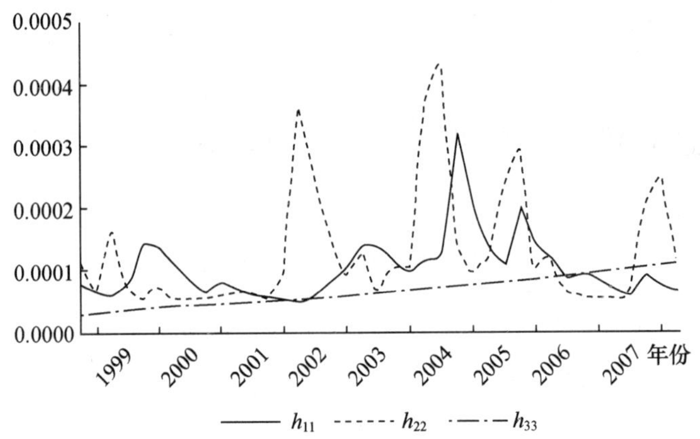

图 3－1　条件方差变动趋势

图 3－1 和图 3－2 分别显示了货币供应量、房地产价格和经济增长的条件方差与条件协方差的变动趋势。从图 3－1 中可以发现，经济增长率的波动在这十多年的时间里比较平稳的缓慢上涨，而货币供应量增长率和房地产价格增长率的波动变化较大。另外，货币供应量增长率的波动与房价增长率的波动有相似性，但小于房价增长率的波动，且货币供应量增长率的波动反应滞后于房价增长率的波动，滞后期不一致，大约在一到四个季度之间。房地产价格增长率对货币供应量增长率的滞后反应似乎在暗示中央银行的货币供应量一直盯着房地产价格波动，或者货币供应量已经自

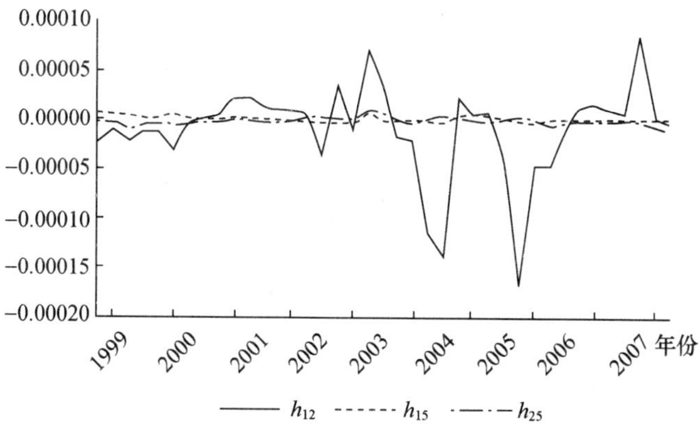

图3－2　条件协方差变动趋势

然平抑了房价的波动，如果是后者，显然说明了货币供应量和房地产价格波动的显著相关性，而且中央银行无需直接干预资产价格。但关键是，货币供应量有无干预房地产价格的可能呢？我们进一步从变量波动的相关性来分析。图3－2给出了三个变量的条件协方差的变动趋势。可以发现，货币供应量增长率与经济增长率的联动以及房地产价格增长率与经济增长率的联动几乎在零值左右不发生变化，而货币供应量增长率与房价增长率的联动变化非常剧烈。这说明货币供应量增长率与经济增长率之间存在稳定的相互影响，房地产价格增长率与经济增长率的相互影响也比较稳定，而货币供应量增长率与房价增长率的相互影响却存在剧烈的波动。显然这就为货币政策通过货币供应量直接干预资产价格提出了挑战，因为货币供应量增长率与房价增长率的联动变化不稳定，货币供应量的变化可能引起房价的不同变化，使货币政策操作较为困难。又由于房地产价格与经济增长的联动很小且比较稳定，所以，如果央行动用货币政策去盯住房价，很可能会破坏房价波动与经济增长波动的不显著相关性，导致经济增长出现过度波动。

虽然，从全国范围来看，央行通过货币供应量直接干预资产价格存在明显缺点和不确定性，但从个别城市看，货币供应量是否能够较好发挥直接调控房价的作用呢？本章进一步选取北京、天津、上海、重庆四个直辖市的M2季度增长率和房屋销售价格指数季度增长率，采用BEKK模型分析货币供应量对房价的影响。表3－5显示了货币供应量增长率与北京、天津、上海、重庆四个城市房屋销售价格指数增长率的BEKK模型估计结果。

从表3-5中可以看出，北京和上海房价增长率对货币供应量增长率存在波动溢出效应，其影响系数（b_{21}^2）分别为0.07和0.001；而货币供应量增长率对天津和重庆房价增长率存在波动溢出效应，其影响系数（b_{12}^2和a_{12}^2）分别为0.16和0.37。因此，从个别城市看，央行通过货币供应量对房价波动的调控力度和效果是不一致的，对北京、上海等特大城市调控失效，对天津、重庆等城市调控有效。

表3-5　　货币供应量与四个城市房地产价格指数的BEKK模型估计结果

变量	北京	天津	上海	重庆
a_{12}	0.1014 (0.1597)	0.0411 (0.6446)	-0.2084 (0.2256)	0.605402* (0.0001)
a_{21}	-0.0668 (0.3796)	0.0179 (0.8333)	0.0368 (0.1953)	0.014935 (0.8766)
b_{12}	0.0405 (0.6906)	-0.4047 (0.0001)*	-0.3861 (0.1491)	-0.232616 (0.3366)
b_{21}	0.2696 (0.0016)*	0.0313 (0.6964)	0.0368** (0.0457)	-0.047987 (0.6344)

说明：括号中为P值，*表示在0.01水平下显著；**表示在0.05水平下显著。

从理论上看，货币供应量通过对房地产价格的传导进而影响实体经济的传导机制主要体现于托宾q理论（Tobin，1969）、持久收入理论（Friedman，1957）和生命周期理论（Modiglian，1963）等传统理论基础上，而房地产价格变动体现出复杂的货币需求影响。王维安、贺聪（2005）认为，房地产价格变动对货币需求的影响体现在三个方面：（1）财富效应，房地产价格的上升意味着人们名义财富的增加，货币需求相应增加。（2）交易效应，房地产价格的上升往往伴随着交易量的扩张。成交量越大，需要用来完成媒介作用的货币就越多，相应地，对货币的需求就越大。（3）替代效应，如房地产价格上涨，会使得人们调整自己的资产结构，多持有房地产，少持有货币，货币在人们资产组合的比重下降，会降低货币需求。房地产价格变动对货币需求的净影响由这三方面的效应共同决定，由于三种效应对货币需求的作用方向不一致，使得房地产价格波动对货币需求的影响具有某种不确定性，或者说房地产价格波动影响了货币需求的稳定性。正是这些相互交织作用使房地产价格在货币传导机制中表现出对经济增长反应不显著的性质，而且这些不显著的关系具有长期持久性，所以中央银行也就没有必要在实践上对房地产价格的波动进行直接调控。

从实践上看，近几年央行有三次对房地产市场的调控。

第一次是2003年针对当时房地产投资不断高涨，银行违规放贷频发以及房价/收入、房地产投资总额/全社会固定资产投资额、个人购房贷款增长率/个人收入增长率等宏观指标屡创新高，央行于6月13日发布121号文件《关于进一步加强房地产信贷业务管理的通知》，收紧房地产信贷。虽然121号文件的出台充分显示出中央银行对当时房地产过热投资所潜藏的价格风险的警惕，但是从2002年年初至2004年年末，我国房地产价格却一直没有停止上涨的步伐，三年间房屋销售价格累计上涨约25%（国家统计局），央行对房地产市场的干预没有起到应有的效果。

第二次是2005—2006年。2005年3月，央行调整了商业银行自营性个人住房贷款政策，同年4月与次年5月人民银行又会同其他相关部委相继颁布“国八条”“国六条”，进一步收紧房地产贷款条件，防范贷款风险。2006年人民银行又连续实施一系列的金融调控政策，两次上调金融机构贷款基准利率0.27个百分点，三次上调存款类金融机构存款准备金率0.5个百分点，同年5月29日发布《关于调整住房供应结构稳定住房价格的意见》，提出对项目资本金比例达不到35%的房地产企业不得发放贷款。两年一系列的央行货币政策及其他部委的措施在某种程度上控制了房地产价格波动，从2005年年末到2007年年初，房屋销售价格季度同比增长率均维持在5.5%左右（国家统计局），但宏观经济增长并未受影响，反而在2006年达到10.7%的增长速度。这说明即使央行的货币政策可能干预房地产价格，但最终能对经济起多大作用，尚存在很大的不确定性。

第三次是针对2007年房地产市场和股市的同步剧烈上涨，央行和银监会在9月发布了《关于加强商业性房地产信贷管理的通知》。这项规定将住房的消费与住房的投资严格区分开，对于第一套自住购房的贷款仍采取保护及鼓励的政策，首付成数不调整，仍然采取优惠利率，第二套房的首付成数提至四成。同年12月，央行和银监会发布《关于加强商业性房地产信贷管理的补充通知》，对第二套及以上住房采取了从严的措施，明确以借款人家庭为单位认定房贷次数。这一年，央行更是连续十次提高存款准备金率。不论这一政策是否直接针对房地产市场，但是它对房地产价格的影响不容忽视。结果，房地产价格增长速度在一年内仍提高了近6个百分点，而经济增长速度却从2008年开始下降。这说明央行的货币政策对房地产价格的调控效果并不理想，并没有实现调控的目标。因此，通过理论和实践的分析，为实现我国经济平稳的增长，央行没有必要用货币政策去直接盯住资产价格。

五 基于 GARCH 均值方程模型的实证分析

通过 SC 和 AIC 准则，确定均值方程中 GDP 增速和残差项的最优滞后阶数为 1，将前面波动相关性研究中得出的条件方差、条件协方差，加入均值模型中，有：

$$y_{3t}=\alpha+\beta y_{3t-1}+\gamma u_{3t-1}+\delta m_{22}+\xi m_{12}+\varphi m_{13}+\varphi m_{23}+\eta m_{11}+u_{3t}' \quad (3-12)$$

各参数在 5% 显著性水平下的估计结果，见表 3－6。从模型估计结果看，只有 δ 和 ξ 在 95% 置信水平下显著，即只有房地产价格波动率和房价与货币供应量的联合波动对 GDP 增长率有显著影响，并且它们的波动将导致 GDP 增长率的下降。近十年来，每次房地产价格的大幅波动，都往往伴随宏观调控政策的出台。而每一次针对房地产的调控，往往都通过信贷紧缩等货币政策实施，因而房价与货币供应量的联动也会增强。2003 年下半年至 2004 年，针对部分行业的固定资产投资增长过快、货币信贷增长过猛、部分生产资料价格上涨过快的现象，我国实施了改革开放后的第五次宏观调控，经济增长的速度有所控制，房价在这段时间的波动性也较大。另一个房价波动时期是从 2007 年下半年至今，房价大幅波动，经济相应出现下滑。所以，从保持经济较快增长的角度看，我们应控制房地产价格的波动。

表 3－6　　基于均值模型的参数估计结果

参数	δ	ξ	φ	φ	η
参数估计值	-2814.84	-5477.11	-24897.38	30130.99	-724.04
T 统计量	-2.25	-2.16	-0.77	1.20	-0.34
P 值	0.03	0.04	0.45	0.24	0.74

第四节　研究结论与政策建议

一　基本结论

本章基于货币政策对房地产价格影响即对角 BEKK 模型和 GARCH 均

值模型对房地产价格、货币供应量和经济增长的动态变化关系进行了实证研究，研究得出。

就货币供应量与房地产价格而言，货币供应量与房地产价格呈正相关性，货币政策应关注房地产资产价格。

就波动相关性而言，只有货币供应量和 GDP 具有显著的波动溢出效应，房地产价格对经济增长的波动溢出效应并不明显。货币供应量增长率与房价增长率的联动变化非常剧烈，而且房价增长率与经济增长率的联动对经济增长率波动的影响不显著，说明中央银行的货币政策没有必要也没有可能直接盯住房地产价格。从央行货币政策对城市房价波动的影响看，央行的货币政策对北京、上海等一线城市的房价波动不起作用，对天津、重庆等二线城市的房价波动的调控作用较明显。中央政府和地方政府的博弈是导致货币政策调控失效的重要原因。

就增长速度而言，房地产价格波动率和房价与货币供应量的联合波动对 GDP 增长率有显著影响，并且它们的波动将导致 GDP 增长率的下降，所以为实现经济的较快增长应该控制房价波动。同时表明经济健康增长需要调整经济增长结构。

总的来说，我们认为，要实现我国货币政策目标，即“在保证经济稳定增长的前提下实现经济较快增长”，央行没有必要用货币政策去直接盯住资产价格的波动，对房地产价格的控制完全可以借助财政政策、土地政策、福利政策及一些行政手段共同实现。

二　政策建议

结合以上研究结论，本章将提出政策建议，首先简要阐述国际经验：发达国家房地产调控政策，包括美国、日本、新加坡。

（一）美国

20 世纪 80 年代之后，美国房地产由于理性发展与规范发展，一直是成熟房地产市场的代表，国家不直接干预产业的发展，市场决定着房屋建设、销售和价格情况。21 世纪后，随着经济的稳步增长，人民生活水平不断提高，改善住房环境和投资商品房的行为较为普通，促使美国房地产住房价格开始不理性上涨。财富效应下改变了部分原先选择租房居住的家庭观念，加强了人们对房地产的需求，市场进入了一个高速增长期。2005 年房地产价格平均上涨幅度接近 15%，是自 20 世纪 80 年代之后涨幅最大的一年，但同期非住房产品和消费类产品指数仅上涨 3%。部分经济学家在 2003 年提出房地产过热，警告 2006 年房地产市场已出现泡沫，建议政府采取果断的措施应对日益攀升的房地产价格。

为防止和解决经济过热和房地产升温，美联储主席本·伯南克采取了对美元加息、进行金融创新和进一步放宽限制等措施，以期通过这些手段确保美国经济保持持续高速发展，维护房地产行业健康、理性发展。

总体来说，美国房地产行业由于配套体系完善，包括覆盖全民的税收体系、房地产价值评估体系、多元化的支持房地产行业的金融服务体系和严格的法律法规，为房地产行业的健康发展和调控提供了一个良好、成熟的环境。美国政府通过综合运用税收、利率等手段，辅之以法律和行政等配套措施，对房价进行了有效的控制。

然而，2008 年的次贷危机与美国房地产政策存在密切关联，可以说当时次贷危机的根源就是美国的房地产市场，由于房地产市场发展过于强劲，导致住房需求逐步扭曲，次级抵押贷款被过度证券化，而利率上升与房价下降使得次级抵押贷款的违约率飙升，引发了次贷危机，进而蔓延成为全球性的金融危机。违约率飙升的具体原因是人们无法按期偿还次级抵押贷款，这是由于次级抵押贷款是在 2005 年前后美国房地产市场快速发展时期贷出，但随着房地产市场的逐步降温，房价下跌和利率上升，使得人们无力偿还贷款。

由于次贷危机的爆发严重影响了美国房地产行业的正常发展与经济的正常运行次序，美国政府实施了一系列政策进行调控，一方面政府向金融机构注资，增强市场流动性，以改变投资者的预期，2007 年 8 月，美国政府连续十余次向市场注资，累计注资额达到了 1472. 5 亿美元；另一方面，美国政府调整贴现窗口政策，降低贴现门槛，美联储将再贴现率从 6. 25% 降低至 5. 75%，并允许接收更多种类的担保品进行再贴现，其中就包括了房屋抵押贷款等资产。

在次贷危机之后，美国的房地产市场一直处于低迷的状态，目前还没有逐步回暖的迹象。关于次贷危机对美国的长期影响目前还无法确定，需要通过未来一段时间进行检验。

（二）日本

日本是较早进入发达国家行列的亚洲国家，在第二次世界大战后，日本经济经过半个世纪的恢复与发展，已属于亚洲强国之列，其房地产行业的发展也日趋稳定、理性与规范。

日本发展历史中最大的一次房地产泡沫发生在 1980—1990 年。当时日本国内经济高速发展，带来了巨量的闲置资金。在宽松的货币政策与金融监管政策下，这些闲置资金涌入股市与房地产市场。房产供给的刚性与过热的房产需求形成了高房产价格。而与此同时，日本国内的财政、税收与货币政策未做及时的调整，房屋的持有成本与流转成本较低，甚至鼓励投资房地产，导致房地产价格继续上涨，最终酿成严重后果。1985—1988年，东京商业用地价格指数从120.1点迅速上涨至334.2点，说明了房地产资产价格泡沫情况严重。为解决这一问题，日本政府对土地税制实行了一系列的改革，开始推行较高的房产保有税和房产流转税，以此打击土地投机和控制土地价格。

日本政府实施的这些措施取得了一定的成效：土地价格从1988年开始减慢上涨幅度，至1992年停止上涨，随后一直处于下跌状态。根据日本国土交通省的“公示地价”统计资料，与1991年相比，2005年住宅地价已经下跌了46%，基本回到了房地产泡沫前即1985年的水平；商业用地价格下跌了约70%，为1974年以来的最低水平。

（三）新加坡

新加坡是一个典型的人口密度高的城市型国家，政府长期坚持“以政府分配为主、市场为辅”的原则，在房地产市场上占主动权，在有限的土地上解决了大部分居民的住房问题，房价也控制在较为合理的范围之内。20世纪70年代，随着经济高速发展和新元不断升值，房价快速增长，20世纪80年代房价上涨了近150%。房价快速上涨影响了普通市民对住房改善的需求，而且使投资环境恶化，新加坡政府果断采取措施，提高房地产企业的贷款利率、调控土地供给、细化土地使用细则、推出政府廉租房、对房地产投资客严格控制个人房贷和提高首付比例、提高国外购房者税率、实行对政府房地产调控相关部门和个人的年度政绩考核制等。

业主出售购买时间不足1年的房屋，要缴纳高额的房产税，这对抑制“炒房”和商品房价格暴涨非常有效。

目前，新加坡公共部门持有全国80%的土地。负责修建政府组屋的建屋发展局可以无偿得到政府划拨的土地，但私人房地产开发商必须通过土地批租来有偿获得土地的使用权。政府对组屋的开发成本进行严格控制，通过优化使用土地、节约设计成本、提高施工效率等手段来降低成本。

从上述发达国家的住房政策看，存在以下共同特点。

第一，在住房资源的配置中，市场机制起到了基础性的调节作用。其中货币政策发挥着关键作用，这得益于房地产金融市场的发达。

第二，发达国家在坚持市场调节基础作用的同时，政府对房地产市场进行了不同程度的行政干预，纠正市场失灵。包括：

（1）中高收入群体的住房，交给市场去配置；低收入群体的住房，政府进行适当干预，建立政府主导下的住房保障机制。

（2）为保障居民的基本居住权，国家对中低收入阶层提供住房帮助。但是公共住房的政策制定、发展模式、保障对象等，各个国家的情况不同，政府采取的方式不尽相同。有些是政府直接兴建公共住房，有些是通过优惠政策鼓励开发商建设，有些是鼓励居民合作建设。

（3）建立一套有效的公共住房专业管理体系尤为重要，设置不同功能的职能机构，建立完善的制度确保公共住房分配的公平合理。

（4）发展公共租赁住房，为最低收入者提供“托底性”保障。可通过立法以及提供金融保障，推动公共住房发展。各国租赁住房的比例都相当可观，公共住房政策大都通过法律，得到强力保障。

第三，坚持市场和政府行政调节共同作用，在市场失灵的环节使用政府调节，在政府失灵的环节使用市场配置，通过二者的共同作用指导房地产市场健康发展。

为有效地提高我国货币政策调控房地产资产价格的有效性，笔者基于本文研究结论与国际经验，提出以下政策建议。

第一，解决财力对称，建立有效的、自下而上的制衡机制是处理中央和地方政府利益博弈的重点。由于中央与地方财政收入的不对称，地方政府财力极为有限，既要完成社会管理工作，又没有多少财政收入来源。地方政府不得不卖地来补充财政收入的不足。在房地产问题上，地方的利益是客观存在的。因此，必须先解决地方财政的问题，其次要建立地方利益的合理诉求表达机制，在重大政策问题上要与中央一道，参与决策，才能实现政策制定的科学化、民主化；使政策实施不走样，真正发挥宏观政策的调控作用。

第二，规范房地产市场秩序。一是加强对地方政府违法行为的监督。政府也是理性人，当违法成本高，且高于他所获得的利益时，他才会遵循上级颁布的各类法规性文件。当然，违法成本也因人而异，包括行政职务的晋升与剥夺、经济处罚等。大中城市由于地少人多，地价所带来的利益是巨大的，地方政府违法的动力也很强大。央行针对房地产实施货币政策时应区别对待、分类指导。总而言之，对房地产高端市场，要坚持市场化，维护正常的市场秩序，合理规范投资性需求，坚决抑制投机性需求。对恶意炒作、哄抬房价等行为进行严厉打击，遏制房价非理性上涨。二是规范房地产交易市场秩序。在追求利益最大化的动机下，在地方政府利益的支持下，各类炒作房价，扰乱房地产市场秩序的违法行为大量发生，比如发布虚假信息、囤房等。维护房地产市场持续健康发展，保护消费者权益，建议在商品房预售许可、商品房预（销）售活动、房地产广告发布、房地产展销活动、商品房预（销）售合同、房地产经纪等环节加强管理，加大查处力度，努力营造主体诚信、行为规范、监管有力、市场有序的房地产市场环境。

第三，提高房地产调控政策的连续性、系统性。从 2003 年开始，国家频繁出台各种房地产调控政策，但是经常是针对一时一事，房地产投资过热则收紧银根、地根，房价上涨过快则稳定房价，较少综合考虑投资与房价的关系。要使宏观调控政策取得良好的效果，必须综合考量各项政策的配套，否则取得的效果会不尽如人意。

宏观调控政策的实施，需要各部门各层级的相关细则的配套指引，但费时较长，如此会导致政策的效果发挥缓慢，短期内见不到调控效果。当多个调控措施的累积效应出现时，就可能会出现用药过猛的情况。例如，《中华人民共和国土地增值税暂行管理条例》于 1994 年 1 月 1 日颁布生效，但国税总局于 2007 年出台《关于房地产企业土地增值税清算管理有关问题的通知》，才开始严格征收土地增值税。突然强征土地增值税，会影响到企业正常经营的资金链。所以目前各地按低比例数值实行预征。在把握房地产市场规律的前提下，政府要注意保持相关政策及法规的配套和连贯，才能产生预期的调控效果。

第四，完善城市规划与土地使用规划下的宏观调控政策。由于土地资源稀缺，因此政府的用地政策对房地产市场影响重大。城市规划决定城市的功能划分，决定了用地的结构和使用方向，如何进行土地的开发利用，影响着房地产开发的规模与结构。既要考虑城市整体发展规划，又要考察市场需求。在考虑经济、人力资本结构、社会发展等综合因素的基础上，调节土地供应，调控商品房价格。

第五，完善我国住房保障政策体系，稳步推进经济适用房和廉租房制度，增加普通商品住房供应，利用市场化手段调整住房结构。近几年我国房地产投资加快增长，但由于住房需求持续旺盛，供求关系仍然紧张。1998 年的住房制度改革确定了“建立和完善以经济适用房和廉租房为主导的住房供应体系”，对高收入者提供高档商品房；对中低收入者提供带有一定保障色彩的经济适用房；对最低收入者提供更多保障意味的廉租房。通过房地产向高收入者的售卖来从经济上补贴低收入者的房屋使用。但在执行的过程中偏离了这一指导思想。从 2005 年的“国八条”到 2006 年的“国六条”，实施效果也并不理想。一方面是由于地方政府对廉租房的重要性认识还不够；另一方面，廉租房的提供与当地政府财政目标相悖，不符合政府自身经济利益。政府希望得到更多的土地收入。廉租房和经济适用房不仅消耗政府财政收入，同时降低房产需求，而得不到更高的买地价格。

规范经济适用房的建设管理，充分发挥经济适用房在解决中低收入住房的重要作用，把经济适用房建设与加快城市化进程、加快旧城改造和城市环境的改善相结合，加强对经济适用房总量的调控，建立经济适用房开发建设的竞争机制，加强对经济适用房价格和销售对象的管理。

建立和完善相关调控政策，精确统计、科学规划，确定合理的建设规模；建立公开透明的分配机制；切实保证工程质量，保证成本核算的准确度，减少不必要开支，在科学预算的基础上，安排好建设资金。

增加普通商品住房供应，利用市场化手段调整住房结构。一段时间来，适应普通家庭经济承受能力的商品房市场出现供不应求，原因在于政府政策缺乏整体的引导与调节。包括土地出让政策、商品房开发政策都存在不足。要解决普通家庭的住房问题，我国可以多借鉴其他国家的成功经验，在政策与机制上下工夫。政策引导，市场进行资源配置。应根据住房状况、经济发展、收入水平，加强供给。尤其以满足当地生活居民的住房需求为重点提供中低价位、中小套型的普通商品住房。

第六，进一步建立和完善与房地产有关的金融调控政策，加强房地产金融的监管。金融调控政策是政府宏观调控的主要手段之一。不包括保障房在内的房地产市场，政府主要使用的是调控手段包括货币政策工具与财政政策工具。货币政策调整供给和需求之间的平衡，主要杠杆是财政政策。“银根紧缩”政策，意在推迟或者延长开发期、抑制购买能力，以长期来看，有加剧市场供需矛盾的可能。在这一领域实行银根紧缩政策，笔者认为，应与加大市场供应同时进行，否则银根紧缩和供给不足的矛盾，反而会造成房价的攀升。

对于社会保障范围内的住房，财政政策也发挥着重要的作用，如采取贴息、贴租来解决中低收入群体的住房问题。人均收入低于某一个水平的城镇家庭购房时政府贴息。特困家庭可采用政府贴租。

加强房地产金融监管。要有利于房地产业的长期稳定发展，密切关注房地产信贷的风险与规范问题，防范房地产信贷风险。

规范房地产企业融资行为，重在抑制投机行为，住房信贷必须坚持以“自住房为主”原则；调整房地产贷款结构，形成多元化、多层次、竞争性的房地产金融市场体系；建设房地产金融市场的公共服务体系与个人征信管理体系，加强对个人住房抵押贷款的审核，并实行抵押贷款递减制度。支持中低收入家庭的住房信贷融资，解决住房问题；强化资金监控力度，严格控制房地产信贷资金的发放；建立和完善房地产市场风险预警预报体系与信息统计公开制度。

第七，深化房地产税制改革，进一步建立和完善房地产市场税费征管宏观调控政策。

就大类来说，我国房地产税收包括流转税，具体税目为城市维护建设税、营业税、土地增值税。财产税，具体税目有契税，房产税、城镇土地使用税、耕地占用税。所得税，具体税目为企业所得税与个人所得税。还有行为税，税目有固定资产投资方向调节税与印花税。就其运行环节而言，可简单划为持有税和流转税。由此可见，税率高，税基窄，显示房地产税负过重，造成了房产流转困难，增加了交易成本，推高了房地产市场价格。圈地囤房是非正义的。因此，本书认为，应当恢复房屋的使用功能。在保有环节，适当增加房地产保有环节的税收，开征土地闲置税和荒芜土地税，加大购房投机者持有成本是合适的。流转环节，税负应科学、合理，便于流转。具体建议为，减少、合并现有税种，简化税制。

在全国统一税制的前提下，将房地产税作为地方税的主体税种，并给予地方政府较大的管理权限。由政府根据各地经济发展水平，因地制宜合理调节房地产税，来调节房地产市场。

我国正处在工业化、城镇化加快发展的时期。引导和促进房地产业持续稳定健康发展，不仅有利于满足广大群众的基本住房消费需求，更有利于我国经济平稳较快增长。经济增长较大依赖房地产业的发展，是任何一个处在快速城镇化和重化工阶段国家都无法避免的过程。中国房地产业还有较长的路要走，依靠市场和政府调控两只手，我们期待中国房地产业步入持续稳定、健康发展的新纪元。

第四章　货币政策调控股票资产价格的适当性研究

第一节　我国新型资本市场发展回顾

一　我国资本市场二十年发展情况

1990 年和 1991 年上海证券交易所、深圳证券交易所先后成立，这标志着中国股票交易活动开始向高度组织化、且与市场经济机制相适应的方向发展，市场规模逐步扩大。证券市场交易由场外分散形式向场内集中交易转变。资本市场作为我国社会主义市场经济体系和金融体系的重要组成部分，在政府强势主导的制度变迁和资本市场自身逐步培育发展共同推动下而发展壮大。1992 年 10 月国务院设立证券监督管理机构，负责证券行业的行政监督管理工作。《证券交易所管理办法》、《证券公司管理暂行办法》、《证券交易经营部管理暂行办法》、《企业债券管理条例》等行政法规先后颁布，而 1999 年 7 月 1 日《中华人民共和国证券法》的正式实施，标志着我国资本市场逐步走上法制化、规范化的轨道。

关于股权分置为流通股和非流通股，曾一直困扰着我国资本市场，资本市场定价机制无法实现。2005 年 4 月启动的股权分置改革又进一步揭开了中国证券市场跨时代的一页，股权分置改革是中国资本市场完善运行机制和市场基础制度的重要变革，也是前所未有的重大创新。这是因为这次改革不仅解决了历史问题，还为资本市场其他各项改革和制度创新积累了经验、创造了条件。三一重工的股权分置改革拉开了股改的序幕。股权分置改革之后，A 股市值发生了惊人的成长，以基金为首的机构投资者规模迅速扩大。并且经过大规模的上市之后，我国股市已经成长为以大盘蓝筹为主导的市场。这次制度变革是中国经济体制改革以来，时间最短、进展最顺利、成效争论与分歧最小的一次。

2007年8月14日，中国证监会正式颁布并实施《公司债券发行试点办法》，意味着公司债券市场的全面启动。在政府对债券发展的大力支持政策下，无论是债券占GDP比重还是债券的种类都有了长足的进步，使我国资本市场结构进一步趋于完整与有效。2008年7月中国证监会颁布《上市公司并购重组财务顾问业务管理办法》，2009年又进一步启动了创业板的工作。2010年4月16日，筹备了近四年的股指期货终于千呼万唤始出来。可以说，具有做空机制的股指期货的推出，从此开启了中国金融衍生品市场发展的新纪元和里程碑。这些制度的变迁与创新为资本市场的发展奠定了坚实的基础。

虽然我国的资本市场起步比较晚，但是20多年的快速发展，我国的资本市场包括股票市场、债券市场以及产权交易市场已经具备了一定的规模并在不断地发展。

二 我国股票市场的发展历程

我国股市产生于特殊的社会经济背景，是计划经济体制向市场经济体制转型相伴生的产物。

股票的雏形开始于20世纪80年代初期，社会在商品需求旺盛与供给不足之下，产生了对资金的巨大需求。具体案例包括：1980年8月中国人民银行抚顺市分行新抚办事处用发行股票的资金扩大红砖的生产能力。同月，中国农业银行武汉市分行代理发行公司股票，筹集起一家股份有限公司——花木公司。1983年7月，深圳市宝安县联合投资公司以招股方式在全国筹得资金1300万元。同年西安解放商场向其职工发“爱店券”，根据对单位的付出收益程度分配股利。1984年北京市天桥百货股份有限公司委托北京工商银行发行股票，定期定息分红，股息红利高达20%。这一时期或由银行代为发行股票，或在单位发行内部认可股份，筹集资金，满足生产经营。发行不太规范，与债券未作区分。

1984年11月，飞乐音响股份有限公司经中国人民银行上海分行批准并面向社会公开发行股票。与之前“购股自愿，退股自由”有所不同，该股票不可以退股。股东权利义务规定明确：个人和单位股东负有共同经济责任、享受平等权利，分享公司盈利分红，公司无盈利或亏损时不支付股息与红利。其规范性程度较以往有较大提高，被视为上海市场的第一只股票。深圳市发展银行于1987年5月向社会公开发行股票，成为深圳市场的第一只股票。

1990 年 12 月上海证券交易所开业，此时已有延中实业、爱使电子、真空电子、飞乐股份、豫园商场等八家公司发行了股票。1991 年 7 月深圳证券交易所开业，此时共有 5 只股票：深发展、深万科、深金田、深安达、深原野在深市上市交易。沪、深证券交易所的成立，是中国资本市场的重要转折，标志着股票市场正式建立，资本市场开始走向规范化、市场化轨道，在市场容量、市场规划、市场体系以及与国际惯例的接轨等方面都取得了较快的进步。1991 年 B 股发行，我国股票市场品种结构有所丰富，也促进了外汇市场国际化。

1992 年邓小平南方谈话，精辟地阐述了社会主义也可实行市场经济的思想，提出对股市不争论，要“大胆地试”，从而扫清了人们在此问题踌躇不前的理论与思想障碍，极大地激活了人们对股票市场与股份改造的热情，坚定了改革的方向。随后一批市场经济基本法律《公司法》、《商业银行法》、《人民银行法》等先后实施，中国的股票市场以其特有的不可抗拒的魔力终于迅猛发展起来，股份制企业的数量迅速增长，股票二级市场扩容的速度也大大加快，很多人加入了炒股的行列，对经济领域产生震撼式的巨大影响。但这个时期的股票市场，为政府一手操控的市场。正是由于这种制度特点，当 1997 年亚洲金融危机发生时，我国股票市场迅速进入调整时期。

1997 年亚洲金融危机爆发。政府逐步意识到股票市场风险的危害性，为了分散金融风险、规范股票市场，1998 年 12 月 29 日通过了《中华人民共和国证券法》，此法为股票市场的规范化提供了法律依据。

此后，尽管出现了一些曲折，但总的来说，我国股票市场不断壮大，市场结构、监管框架已基本建立，货币资本化的市场意识得到培育。融资渠道的拓宽、社会资金对于生产要素的自由配置与产业结构调整，发挥了市场化的导向作用，推动国有企业市场化改革。一大片国有企业通过股市获得大量融资，提高了生产能力，造就了 2000 年前后股市的大牛市。数据统计显示，1991—1998 年，沪、深两地上市公司募集 2345 亿元人民币；上证指数由 1999 年 5 月 17 日的 1047 点一直持续攀升到 2001 年 6 月 14 日的最高点 2245. 43 点。

但从 2001 年下半年开始，我国股市长期低迷，总市值大幅度萎缩。国有股一股独大对股市长远发展的负面影响日益显现。2004 年 1 月《国务院关于推进资本市场改革开放和稳定发展的若干意见》对我国资本市场的发展做出了全面规划和具体部署，带来了 2005 年 4 月启动的股权分置改革。它进一步揭开了中国证券市场跨时代的一页，是中国资本市场完善运行机制和市场基础制度的重要变革，也是前所未有的重大创新。这是因为这次改革不仅解决了历史问题，还为资本市场其他各项改革和制度创新积累了经验、创造了条件。

股权分置改革之后，A 股市值发生了惊人的成长，以基金为首的机构投资者规模迅速扩大。并且经过大规模的上市之后，我国股市已经成长为以大盘蓝筹为主导的市场。

三　影响我国股市的政策因素

我国股票市场的发展已有二十年的历程，股票市场的规模、股票市值都得到了较快的发展。到 2010 年 7 月底，境内上市公司 1916 家，股票市场市价总值 22.6 万亿元，流通总市值 14.3 万亿元，投资者开户数达 16901 万户。生产的社会化所带来劳动货币化、货币资本化，并逐渐改变着人们资产结构。人们收入水平的增长，原先单纯以银行储蓄为主的资产型，转变了储蓄与股权等证券资产，个人持有股权比重逐年增加。尤其是近年来，连续 7 次下调利率，开征存款利息税、存款实名制等政策的实施，非常不利于居民进行储蓄。使居民在选择资产储备时，就有一个补充与替代的选择问题。这些都在不同程度上促进了居民资产结构多元化的调整。人们越来越关注股市，股市对经济生活的影响日益明显。我们尝试分析我国 1997—2008 年的货币政策对我国股票市场的影响。

（一）1997—2012 年影响我国股票市场的政策描述

政府是否应该调控股市，本质上就是一个是政府与市场关系的定位问题。三中全会对此有重要的阐述。简单来说就是，市场能做的事，政府不要做。市场做不好的事，政府引导市场做，最后“功成身退”。在文献综述里讲到自由市场出清与长期就业稳定，其前提是要素价格富有弹性。而现实生活中的市场通常不具备这样的条件，即信息不完整，市场不完整。因此美国经济学家斯蒂格利茨认为，政府应当干预经济生活，来提高社会的整体福利。

股市与一般的商品市场有异，它带有无形、虚拟、数字化特点。但股市的调节仍然是一个政府与市场的关系问题。信息的不完全与市场的不完整在股市同样存在。因此政府可以干预也应当调节股市，使之健康运行。政府应当调节股市的理念在每次经济危机——股市危机中得以确认。如 1929 年华尔街股灾所引发的经济危机。它的出现使人们开始质疑自由主义经济思想之道，主张国家干预的凯恩斯经济学逐渐占主导地位。但 300 年来的经济思想史始终是在经济自由与国家干预之间调整。就美国股市而言，政府被假定是坏人，不直接干预股票市场运行。但面对 20 世纪 30 年代的大萧条、1987 年 10 月 19 日华尔街大崩盘、2002 年 7 月华尔街信心危机，以及 2008 年的次贷危机，政府都对股市进行了重要的干预。

我国股市是一个新兴的市场，它的起步、发展无一不带有鲜明的政府干预特点，也是当时社会经济发展的产物。从萌芽期种种不规范所选择的“坚决试、不行可以关”；到服务于经济体制改革，尤其是国有企业改制；到当前经济金融的市场化开放。虽然我国股市已经取得了令人瞩目的成绩，但是依然存在着较为普遍和严重的市场失灵；既有制度与机制上的问题，也有历史遗留问题，都需要政府的适当干预来促进并加快市场机制的发展和成熟。本书附录 2 列出了从 1997—2010 年我国政府对股市采取的政策、措施。

通过上面的政策我们知道，利用股市“低风险高收益”为经济发展服务，是政府股市政策的终极目标。当股市的运行不能进行融资，不能为经济服务，政府就影响股票的供给、行政、财税、利率等手段对股市进行调节。比如控制股票的发行速度与规模、降低存款利率等来刺激股市。而当股市过热，政府仍通过影响股票的供给、行政、财税、利率等手段对股市进行调节，但手段的侧重点、使力的方向有所不同。比如强调以规范为主，打击违规资金入市，提高税率，增加股市供给等来平抑股市。图 4 绘出了主要的政策因素和我国股市的运行情况，形象地说明了政策变化会对股市运行态势产生影响并改变股市阶段性走势乃至中长期走势。

鉴于 2009 年资本市场受到次贷危机的巨大影响和非理性巨大波动，本书以 1997—2008 年作为研究区间。

四 我国与海外资本市场的比较

我国股市的发展，到现在已经走过了 20 多年的历程，已具有相当规模，截至 2013 年 2 月底，沪深股市市值达到 24.55 万亿元，证券化率达到 47.3%。上市公司数达到 2493 家，投资者开户数已达到 20778 万户，（附录 4 中附表 1）目前，我国的股票市场，无论是上市家数、市值，还是投资者人数都发展到了比较庞大的新阶段，已成为社会主义市场经济的重要组成部分。但是，我国证券市场与国外成熟的证券市场（见附录 4 中附表 2、附表 3）相比，还存在很多不足。

第一，市场方面的比较。上市公司家数，包括香港在内占美国上市家数的 81.5%，证券化率只有美国的 50%，而换手率则是美国的 2—4 倍。这说明中国的股票市场的规模还远远落后于美国，中国的法制规范也需要进一步加强。

第二，产品种类的比较。本书附录5给出了证券及相关金融工具的分类规则，此表让我们对证券及相关金融工具有更深入的了解，以更好的理解我国证券市场的产品的分类。本书附录5中附表4到附表7外资本市场产品的比较，我们可以清晰地看到中国资本市场产品品种单一，市场交易品种匮乏，风险收益结构单一，缺乏风险对冲产品；结构失衡，股票、债券、基金发展不平衡；企业债刚刚起步，市政债券尚属于空白阶段，证券衍生产品整体缺失；市场分割严重，股票市场被分割为A股和B股，债券市场被分割为银行间市场、交易所市场和柜台市场等。而产品缺失会造成市场缺乏层次，难以形成合理产品结构。产品结构单一和衍生市场的整体缺失会限制市场发展的深度和广度，也会制约储蓄向投资的转化。另外，市场交易品种匮乏，风险收益结构单一，也难以满足各类投资者的需求。此外，还会限制市场功能的发挥。容易形成“单边市”，加大市场风险，降低市场效率；限制了资产管理专业化的发展。产品风险结构趋同，难以实质性发展不同收益目标的集合投资产品；加大了证券经营机构的经营风险；缺乏对冲工具和有效盈利模式，增大经营风险和发展不确定性。

第三，中美证券市场行业集中度比较。由于数据搜集与统计方面所面临的问题，我们选取了中美股市中比较有代表性的两个指数来看中美股市行业占比的区别，选取美国股市标准普尔500指数，中国沪深300指数为代表，看看各行业市值占指数总市值比重的情况。从附录5中附表7我们可以看到，标准普尔500指数中占据前三大市值的行业分别是金融、信息技术与能源。而沪深300指数中总市值占据前三位行业的是采掘业、金融保险业以及制造业，并且采掘业与金融保险业占比总和超过60%。与美国标准普尔500的行业结构相比，沪深300的结构显得不是那么合理，反观标准普尔500指数10个行业中没有一个行业占比超过20%，除了金融与信息技术占比17%，另外5个行业占比都在10%左右。

第四，中美监管模式比较。美国市场经济发达，经济主体多元化；由于分权式联邦体制等因素的影响，以及长期实行分业经营的金融体制，决定了美国分权监管的原则和监管体制的地域的多样化和职能多样化。中国采取的模式与美国不同，是实行经济金融集中管理的体制，地方政府没有独立的金融监管部门。（见附录5中附图1）

中国资本市场发展到今天，已取得了举世瞩目的成绩，促进了我国经济的发展。然而，作为一个在改革发展与经济转轨过程中出现的新生事物，其发展无现成的模式可以借用，只能在“摸着石头过河”中蹚出一条生路来，前进中不可避免地伴随着曲折。与国外发达资本市场相比，规模还比较小，无论是在市场制度、市场结构、市场业务及市场功能等方面都存在着种种问题。我国的资本市场在经济全球化，金融一体化和经济金融化的时代背景下，还需要对资本市场进行创新，不断促进资本市场的发展。

第二节 货币政策对我国股票市场的影响

我国股市的运行显示如下特点：股票市场是政府主导的制度创新变迁和资本市场自身发展共同推动的新兴市场，股票资产价格即上证指数作为宏观经济的晴雨表，应该反映了中国经济的增长和企业利润的增长。当然股票资产价格的上涨及波动还受多方面因素的影响。除了受上述资本市场自身基本制度的建立、多层次资本市场形成、各种金融产品推出，多项资本市场改革如发行制度、交易制度、监管制度影响外，主要还受到以货币政策为代表的一系列的宏观经济政策调控和政府针对证券市场的自身股市政策的调控。这两方面的政策变化会对股市运行态势产生影响并改变股市阶段性走势乃至中长期走势，1997 年以来的历次大事件和股市走势运行情况基本上印证了上述规律。（见附录 2、附录 3）

从 1997 年到 2012 年年底的上证指数走势来看，考虑到 2009 年受到外部市场和全球金融危机的巨大影响，股票指数从 6124 点跌到 1624 点，为了剔除这种不正常的波动，本书以 1997—2008 年的数据来做实证分析。上证指数虽然局部波动比较大，但总的趋势是上涨的，总体上反映了宏观经济的发展趋势，中国股市逐步成为宏观经济的晴雨表。以货币政策为代表的一系列的宏观经济政策调控主要的调控对象是宏观经济，但对我国证券市场也产生一定影响。2005—2008 年年底才产生趋势的变化。证券市场在受到宏观经济政策影响的同时，也受到自身股市政策的调控。如国家历次印花税的调整都对股票市场产生了比较大的波动，降低时股市上涨，调高时短期趋势向下，2000 年 2 月核准制这一发行制度改革曾一度使指数大幅上涨，B 股交易开发使 B 股市场维持了一年的上涨行情，国有股减持使市场持续了一年的下跌，股权分置改革后在宏观经济与企业利润增长的背景下造就了两年的大牛行情。股票与资金的供求关系也会影响市场的运行，如大盘大幅下跌时，新股发行暂停时，在当时缓和了大盘的走势，而新资金入市也会缓和和助涨大盘的趋势。股指期货和融资融券工作的推出将进一步平抑市场的波动和价格发现。市场的对外开放如 QFII 和 QDII 的推出也会推动估值水平的国际化，带来市场的更加成熟和理性，这些对股票资产价格及其波动均会产生影响。

那么货币政策是否应该调控资产价格？下面重点从货币政策角度采用 GARCH 条件均值模型和 BEKK 模型来研究货币政策、资产价格与经济增长的关系，来回答货币政策是否应调控资产价格的问题。由于 1997 年后的宏观数据才比较容易获得，1996 年年底以前的中国资本市场容量很小，规模小，日均交易量不到 100 亿元，直接融资量小，对国民经济的影响小，市场封闭，处在资本市场探索发展的阶段，而且 1997 年也是东南亚金融危机发生的年份，因此我们选取时间段为 1997 年第一季度到 2008 年第四季度。

一　增长速度模型

近十几年我国的经济保持又快又稳的发展势头。在这个过程中，货币供应量和股票市场对经济增长处在什么角色？我们建立 GDP 的 GARCH 条件均值模型，来考察股票市场增速和货币供应量增速对经济增长速度的影响。模型如下：

$$y_{3t} = \alpha + \sum_{1}^{i} \beta_i y_{3t-i} + \sum_{1}^{i} \gamma_i \mu_{3t-i} + \delta y_{1t} + \xi y_{2t} + \mu_{3t} \qquad (4-1)$$

如果系数 δ 显著，则说明货币供应量增速对经济增长速度存在较大影响；如果系数 ξ 显著，说明上证指数增速对经济增长速度的影响较大。

二　波动相关性模型

金融市场中不同因素之间是相互关联的，并受到相同的可获得信息集的影响，单个金融市场受到自身过去波动的影响，而不同的市场之间，也往往存在着相互的波动影响。这种市场间收益率和波动的传导关系就称为“波动溢出效应”。既然市场间可能存在波动溢出效应，那么在保证我国经济快速发展的同时，我们不禁会问：该如何去保证经济发展速度的平稳呢？用于刻画多元变量和多个市场间波动溢出效应的模型主要有：VECH 模型和 BEKK 模型。这两个模型中，恩格尔和克罗纳（Engle and Kroner，1995）提出的 BEKK 模型解决了保证协方差矩阵的正定性问题，而且需要估计的参数较少。因此，为了分析货币供应量（M2）、上证指数（SZZS）、国内生产总值（GDP）三者之间的波动溢出效应，本章选用三元对角 BEKK 模型对股票市场和经济增长的波动效应进行分析。本章通过 AIC 和

SC 准则的综合判断后，确定最优滞后阶数是 1，故本章将选择三变量对角 BEKK（1，1，1）模型。我们设定 i，$j=1$，2，3，1 代表货币供应量增长率，2 代表股票市场增长率，3 代表经济增长率。该模型为：

$$r_t=\mu+\varepsilon_t$$

$$M_t=V'V+A'\varepsilon_{t-k}\varepsilon'_{t-k}A+B'M_{t-k}B \tag{4-2}$$

把式（4-2）展开成联立方程形式为式（4-3）。其中，μ 是 r_t 的期望值，ε_t 是序列在 t 时刻的扰动或新息，V 是一个下三角矩阵，A 和 B 都是 $N\times N$ 参数矩阵，且是对角矩阵。矩阵 A 的元素 a_i：

$$\begin{cases} m_{11,t}=v_1^2+a_1^2\varepsilon_{1,t-1}^2+b_1^2m_{11,t-1} \\ m_{12,t}=v_1v_2+a_1a_2\varepsilon_{1,t-1}\varepsilon_{2,t-1}+b_1b_2m_{12,t-1} \\ m_{13,t}=v_1v_3+a_1a_3\varepsilon_{1,t-1}\varepsilon_{3,t-1}+b_1b_2m_{13,t-1} \\ m_{22,t}=v_2^2+v_4^2+a_2^2\varepsilon_{2,t-1}^2+b_2^2h_{22,t-1} \\ m_{13,t}=v_2v_3+v_4v_5+a_2a_3\varepsilon_{2,t-1}\varepsilon_{3,t-1}+b_2b_3m_{23,t-1} \\ m_{33,t}=v_3^2+v_5^2+v_6^2+a_3^2\varepsilon_{3,t-1}^2+b_3^2m_{33,t-1} \end{cases} \tag{4-3}$$

反映了波动的 ARCH 效应，矩阵 B 的元素 b_i 反映了波动率传导的持久性，即波动的 GARCH 效应。$m_{ii,t}$表示变量 i 的条件方差，$m_{ij,t}$表示变量 i 和 j 之间的条件协方差。a_ia_j 表示变量 i 和 j 相互作用的 ARCH 效应对未来协同波动关系的影响，b_ib_j 表示变量 i 和 j 相互关联的波动持久性对未来两个变量波动的关联影响。在扰动项服从正态分布的假定条件下，对角 BEKK 模型的参数通过最大化似然函数式（4-4）进行估计：

$$l(\theta)=-\frac{3T}{2}\log 2\pi-\frac{1}{2}\sum_{t=1}^{T}\left(\log|M_t|+\varepsilon'_tM_t^{-1}\varepsilon_t\right) \tag{4-4}$$

其中，θ 表示所有待估计的未知参数，T 是观测值的数量。

三　数据收集处理与基本统计特征

本章选取上证指数季度同比增长率、M2 数据、GDP 增长率的季度数据作为原始数据，分别代表股票市场、货币供应量和经济增长。其中 M2 数据为月度数据，本章通过算术平均法修正成季度数据。我们选取时间段为 1997 年第一季度到 2008 年第四季度，每个变量共计 48 个样本，样本数量基本符合统计分析的需要。为了消除异方差性，我们对原始数据加上 100 指数化后，再取对数收益率。我们用 y_{1t} 、y_{2t} 和 y_{3t} 分别表示处理后的第 t 季度的货币供应量增速、上证指数增速和 GDP 数据增速。本章数据来自于中经网统计数据库。

表 4－1　　样本数据的描述统计结果

	GDP	M2	SZZS
均值	9.706250	16.41104	20.22771
中间值	9.800000	16.65000	9.490000
最大值	12.20000	22.70000	216.8400
最小值	7.200000	12.33000	－65.39000
标准差	1.378622	2.376868	54.39953
变异系数	0.142034	0.144833	2.689357
偏度	0.092090	0.324091	1.571968
峰度	2.067895	2.609621	5.712424
观察值	48	48	48

对货币供应量（M2）、上证指数（SZZS）和 GDP 作基本统计分析（见表 4－1）。从变异系数结果可以看出，上证指数（SZZS）的变异系数（2.689357）是最大的，说明在这十年间上证指数波动非常剧烈。GDP 波动相比最小，显示这十年我国经济呈现出又快又稳的增长。对三个时间序列变换整理后的数据进行 ADF 和 JB 检验（见表 4－2），结果表明在显著水平 5% 的情况下，三个变量水平值下均平稳，不含常数项和时间趋势项，均接受正态分布假定。

表 4－2　　样本数据的平稳性和正态性检验

变量	(c, t, p)	AIC	SC	ADF 统计量值	ADF 临界值（5%）	JB 统计量（P 值）
货币供应量（M2）增速	(0, 0, 3)	－6.735701	－6.573502	－4.400065	－1.948495	1.844467 (0.397630)
上证指数（SZZS）增速	(0, 0, 7)	－0.69280	－0.355095	－5.271688	－1.949319	1.094691 (0.578483)
GDP 增速	(0, 0, 0)	－.415623	－7.376258	－6.887372	－1.947975	2.577641 (0.275596)

说明：检验类型括号中 c 表示检验平稳性时评估方程中的常数项；t 表示时间趋势项；第三项 p 表示自回归滞后的长度；AIC 和 SC 准则来评价效果，选择 AIC 和 SC 最小的检验类型。变异系数为标准差除以平均值。

四　基于 GARCH 均值方程模型的实证分析

从上面的描述性统计中，可以知道，近十年我国经济呈现出又快又稳的增长。那么货币供应量和股票市场近十年又是如何影响我国经济增长的呢？我们将建立均值方程模型来考察股票市场增速和货币供应量增速对经济增长速度的影响。通过 SC 和 AIC 准则，确定均值方程中经济增长速度和残差项的最优滞后阶数为 1，我们建立了合理的均值方程，为：

$$y_{3t} = \alpha + \beta y_{3t-1} + \gamma\mu_{3t-1} + \delta y_{1t} + \xi y_{2t} + \mu_{3t} \tag{4-5}$$

表 4－3　基于均值模型的参数估计结果

参数	δ	ξ
参数估计值	0.13216	0.01061
T 统计量	2.09689	3.524525
P 值	0.0485	0.0010

各参数在 5% 显著性水平下的估计结果（见表 4－3），模型估计结果表明 δ 和 ξ 在 95% 置性水平下都显著，即上证指数增长率和 M_2 增长率对 GDP 增长率有显著影响。货币供应量和股票市场在经济快速发展过程中起到了非常大的作用。经过十几年的发展，中国股市已成为经济发展的晴雨表，资本市场正在为中国经济发展发挥重要的作用。

五　基于 MGARCH—BEKK 模型的实证分析

货币供应量增速和上证指数增速都对经济增长起了非常大的作用，那么直接调控股票资产价格会否引起经济增长的剧烈波动呢？由于 BEKK 模型是一种多元 MGARCH 模型，通过这个向量模型能够很好地反映出各个变量的波动溢出效应。因此，对上证指数、GDP 和货币供应量三个变量的增速，我们进行了基于 MGARCH—BEKK 模型的实证分析，从参数估计结果来看，只有 b_1、b_2 和 b_3 的估计结果在 95% 的置信水平下表现显著。我们可以得出如下结论。

表 4－4　MGARCH—BEKK 模型的参数估计结果

参数	a_1	a_2	a_3	b_1	b_2	b_3
参数估计值	−0.512010	0.505430	0.069677	0.652466	0.718203	1.003554
Z 统计量	−1.911626	1.572507	0.333477	2.104265	1.985407	5.951959
P 值	0.0547	0.1158	0.7388	0.0354	0.0479	0.0000

（1）b_1b_3 显示出货币供应量和经济增长的联动具有较强的 MGARCH 效应，说明货币供应量和经济增长的相关波动冲击具有持久性，货币供应量与经济增长之间的波动存在溢出效应。这个结果表明货币供应量是影响经济增长的重要因素。

（2）b_1b_2 显示出上证指数和货币供应量的联动具有较强的 MGARCH 效应，说明上证指数和货币供应量的相关波动冲击具有持久性，也就是说，上证指数与货币供应量之间的波动存在溢出效应。这个结果表明货币供应量是影响上证指数的重要因素。

（3）b_2b_3 显示出上证指数和经济增长的联动具有较强的 MGARCH 效应，说明上证指数和经济增长的相关波动冲击具有持久性，也就是说，上证指数与经济增长之间的波动存在溢出效应。这个结果表明经济增长是影响上证指数的重要因素。

（4）系数 a_1、a_2 和 a_3 均不显著，这表明上证指数、货币供应量和经济增长的波动均不具有明显的 MGARCH 效应，即当期上证指数、货币供应量和经济增长的波动对它们自身的冲击并不强烈。我们通过 BDS 检验来检验 a_1、a_2 和 a_3 之间的乘积是否显著（见表 4－4）。我们发现货币供应量、上证指数和经济增长两两之间的联动都存在 MGARCH 效应。通过以上检验，我们可以认为，上证指数的增长率有明显的波动溢出效应。图 4－1、图 4－2 和图 4－3 分别显示了货币供应量、上证指数和经济增长的条件方差与条件协方差的变动趋势。图 4－3 给出了三个变量的条件协方差的变动趋势。其中，h_{12}表示货币供应量增长率和上证指数增长率的联动关系，h_{13}表示货币供应量增长率和经济增长率的联动关系，h_{23}表示上证指数增长率和经济增长率的联动关系。可以发现，货币供应量增长率与经济增长率的联动以及上证指数增长率与经济增长率的联动几乎在零值附近不发生变化，而货币供应量增长率与上证指数增长率的联动变化非常剧烈，这说明货币供应量增长率与上证指数增长率分别和经济增长率之间存在稳定的相互影响，而货币供应量增长率与上证指数增长率的相互影响却存在剧烈的波动。从上面的波动性分析中，我们发现上证指数和货币供应量的波动存在溢出效应，但是两者联动性表现得不够稳定，变动较为剧烈。这显然为货币政策通过货币供应量直接干预股票资产价格提出了挑战。但是中国股市也已经成为国内经济发展的晴雨表，近十年来，每次经济发展的大幅波动，都往往伴随宏观调控政策的出台，货币政策的实施，而这些政策会通过国内经济发展情况直接反映到股票市场。因此在调控国内经济的同时，也自然隐含了对股票资产价格的调控，股票市场和经济增长已经具有了比较稳定的联动性。

表4-5　　货币供应量、股票价格指数和GDP的BDS检验结果

条件协方差	BDS统计量（维数3）	Z统计量	P值
h_{12}	0.087534	3.965973	0.0001
h_{13}	0.102201	4.619592	0.0000
h_{23}	0.247060	9.824558	0.0000

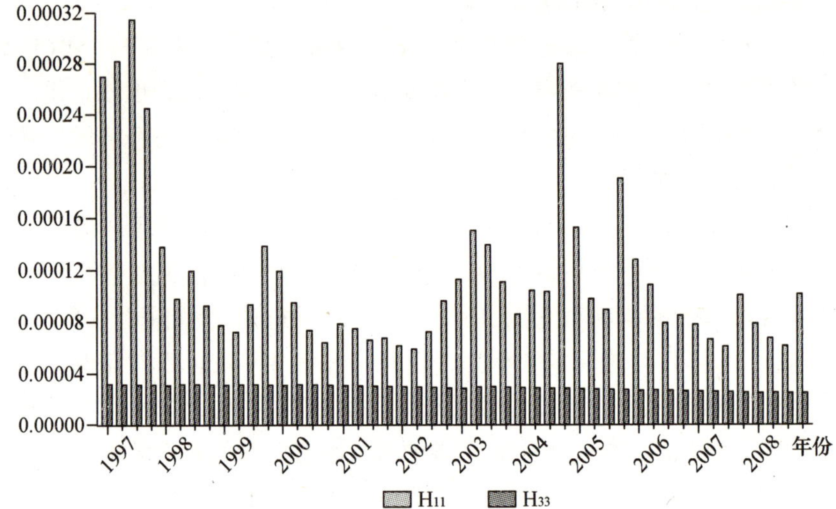

图4-1　M2和GDP条件方差变动趋势

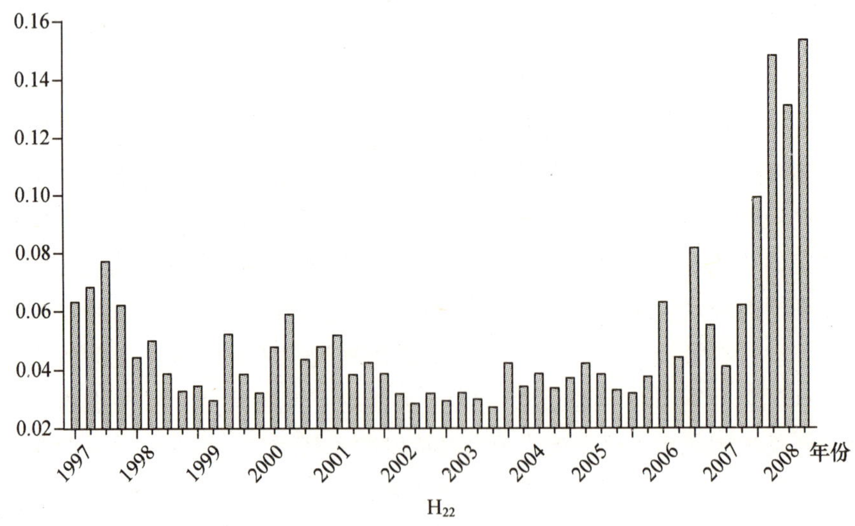

图4-2　上证指数条件方差变动趋势

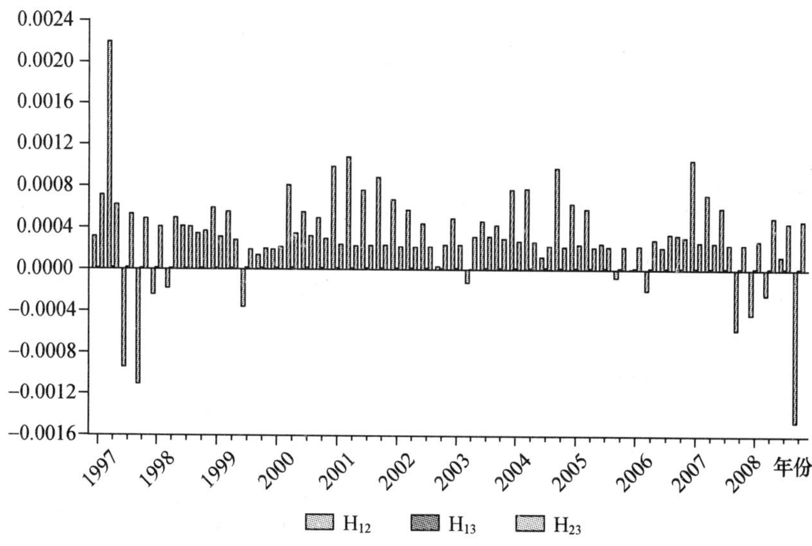

图 4-3　条件协方差变动趋势

第三节　研究结论与政策建议

通过对股市运行的多种影响因素进行了详细分析，并从货币政策的视角基于 MGARCH 均值模型和对角 BEKK 模型对运用货币政策手段调控股票资产价格适当性进行了实证研究，研究得出。

（1）中国股市是政府主导的制度创新和资本市场自身发展共同推动的新兴市场，股票资产价格的上涨及波动受宏观经济及各项制度变革的基础性影响外，还受到以货币政策为代表的一系列宏观经济政策调控和政府针对证券市场自身的股市政策调控的影响。

（2）就增长速度而言，上证指数增长率和货币供应量增长率对 GDP 增长率有显著影响，而且货币供应量增长率变大，将带动经济的增长。上证指数增长率反映了经济增长的方向，成为了经济发展的晴雨表。

（3）就股票市场波动相关性而言，货币供应量和 GDP、上证指数和 GDP、货币供应量和上证指数具有显著的时变方差特征和波动持久性，也就是具有明显的波动溢出效应。而我国股票市场受到投资者行为、IPO 发行等融资节奏、股权分置改革等股市政策因素的影响，使得货币供应量增长率与上证指数增长率的联动变化比较剧烈，这就为货币政策通过货币供应量直接干预资产价格提出了挑战。但是上证指数增长率与经济增长率的相互影响比较稳定，因此中央银行可以不直接盯住股票市场，货币政策应该确保和调控经济平稳增长，通过调控经济平稳的增长间接调控股票市场的资产价格。

因此，我们认为，一方面货币供应量与股票价格联动不稳定，相互影响剧烈波动，对通过货币供应量干预股票价格提出了挑战；另一方面，要实现我国货币政策目标，央行可以不动用货币政策直接干预股票市场，应该通过货币政策调控经济增长，由于经济增长与股票资产价格指数增长的比较稳定的联动性，能间接地调控股票市场的资产价格。由于货币政策调控经济增长的逆周期特征隐含了货币政策对资本市场调控的对称性，即在资产价格下降时期，货币政策应当是适应性的，而在金融市场繁荣时期，则应当是限制性。

基于以上分析，并结合中国资本市场实践，对我国调控股市资产价格提出以下政策建议。

第一，要实现我国货币政策目标，央行可关注股票资产价格，但不需用货币政策直接干预股票市场，应该通过货币政策调控经济增长，由于经济增长与股票资产价格指数增长的比较稳定的联动性，能间接地调控股票市场的资产价格。由于货币政策调控经济增长的逆周期特征隐含了货币政策对资本市场调控的对称性，即在资产价格下降时期，货币政策应当是适应性的，而在金融市场繁荣时期，则应当是限制性。

第二，监管机构可调控股票的供求关系和发行节奏来影响资产价格走势。在股票供不应求，主管部门可以通过增加新股发行、配股与增发，以增加股票的总供给，实现供需平衡。但当股市低迷时，主管部门并不能通过减少股票的供给来调节市场需求。因为这一政策在波动较大的新兴股市中作用直接又有效，所以成为管理层调控股市最主要的策略。但是这一策略过于粗放。

第三，加强投资者风险教育，提示系统性风险的存在。努力构建“投资者自我保护、市场自律保护和行政监管保护”三位一体的投资者保护体系，营造公平正义的市场氛围，让广大中小投资者获得实惠，使投资者具有理性的市场理念至关重要。投资者对于提高上市公司质量、提升资本市场效率方面可以发挥积极作用。而我国资本市场尚不够成熟，风险不容忽视。广大中小投资者还缺乏经验，缺乏专业技能，因此高度重视投资者教育工作就显得尤其重要。目前需要重点抓好投资、交易、风险、市场等各种专业知识与技能的培训，了解和遵守法律规定，避免发生盲目投资与违法行为，增强风险意识与自我保护意识。

加强对投资者的教育工作，既是保护投资者的合法权益，促进资本市场和谐发展的客观需要，也是加强我国资本市场建设、促进市场稳定运行的关键环节。证券市场的健康稳定发展是由证券市场的各个组成部分的健康发展而构成的，对投资者法律意识和风险意识教育是证券市场健康稳定发展的一个组成部分，是证券市场健康稳定发展的前提。要保证所有的对投资者的法律保护和风险控制制度和措施都能够得到贯彻实施，使证券市场向健康稳定充分壮大的方向发展。只要证券市场的管理者，证券市场的参与者，每个人都牢固树立了证券市场所必需的法律意识和风险意识，才能推动证券市场向健康稳定壮大提高的方向发展。

第四，加快金融创新和多层次资本市场建设，建立我国资本市场多层次产品体系，加快市场创新步伐。当前我国资本市场上只有上海和深圳两个交易所，上市公司类型、交易品种都很少，不能满足各类企业的融资需求。据悉，我国有1000多万家微小企业，数十万家中型企业，数千家大型企业。这样就需要与之相匹配的资本市场结构。而目前的主办市场、创业板市场、股转市场却形成与之相反的倒金字塔型结构。已经上市的多是大型企业，场外市场其力极微。市场结构的失衡，来源于制度建设的滞后；加上市场的弹性以及对市场的包容度不好，使许多实体经济中具有创新力、具有发展前景以及新兴的商业模式企业无法得到必要的支持。另外，结构单一、品种单一的资本市场也不符合资产市场投资风险的分散，不利于投资者的个性化需求，也加剧了金融市场的系统性风险。服务于实体经济是资本市场的发展目标。因此必须加快多层次资本市场建设步伐。比如，建立创业板再融资规则体系，扩大新三板试点范围，引导区域性股权交易市场规范发展，鼓励证券公司探索建立柜台交易市场。同时满足各类风险偏好的投资者，从而避免单一市场的过度炒作，另外，期货套保套利业务等衍生品市场的培育有利于价格发现与市场稳定。

积极鼓励各类市场参与者主体进行产品创新。在国债、次级债券、股票、基金证券等证券品种的基础上，积极发展企业债与公司债。改变当前“股强债弱”的局面，这也是国内资本市场走向成熟必须经历的过程。成熟资本市场上的债券市场融资规模远大于股票市场融资额，企业债券融资是股票融资额的3—10倍。要进一步从制度层面为债券融资创造更好的环境，放宽企业债和公司债券的准入条件，简化审核流程，提高审核效率，使之成为主体性证券化品种。积极推进资产证券化进程，包括以银行等存贷款机构相关资产为基础的证券、以保险资产为基础的证券，还有以企业资产为基础的证券。要运用资产证券化机制，提高它们的整体资产质量；

积极推进信用衍生产品等的发展，使企业能够融得短期资金组织生产经营，提高银行信贷资产的流动性，分散和化解金融风险；积极发展金融衍生产品，在现货市场发展的基础上，推进各类远期交割、期货、期权、互换等创新性产品，丰富产品，完善资本市场品种结构，建立多层次的资本市场体系，服务实体经济发展，防范金融风险。

国外历史经验表明，经济转型期的同时也是证券行业的高速成长期。从 2011 年开始，以“创新”为旗帜的新一轮证券市场改革大幕拉起，今年年初的第四次全国金融工作会议召开更加确定了我国资本市场改革的大基调。在创新优先的背景下，我国证券行业将迎来规范治理后的第二轮爆发式增长。证券业务与经营也将迎来发展的春天，如融资融券、直投、金融衍生品套利、营业网点放开、国债期货、各种创新资管品种已全面推出。

第五，政府设立储备基金以稳定股市。其道理为“高者抑之，低者举之”。政府设立基金，当股市暴跌时使用基金托住市场，以防止股市惯性大幅下跌，起到稳定股市和稳定市场信心的作用。在经济原理上则是通过调节总需求达到调控股市的目的。大多数国家都设有稳定股市功能为目的的基金。韩国政府于 1990 年 5 月设立“股市稳定基金”，基金规模占当时市场总市值的 4%。资金来源于证券公司、上市公司、保险公司和机构投资人。但随着市场规模的扩大，原基金规模太小而难以有效调节市场，故于 1997 年 10 月停止运作。中国台湾当局也成立“股市稳定基金”。1998 年 8 月为避免香港金融市场因受到国际金融大鳄的袭击而剧烈动荡，香港政府动用 1180 亿港元的外汇资金在恒指期货与现货市场进行干预，使一路暴跌的股市逐步企稳、回升，维护了股票市场的稳定与发展。1990 年年底在连续阴跌 9 个多月的低迷期后，1991 年 9 月 7 日深圳市政府通过财政及金融机构秘密筹集资金 2 亿元救市，使股市出现了转机。该举措的积极作用促成了《深圳股票市场调节基金管理暂行办法》的出台，基金由印花税收入及上市公司溢价发行收入的 5% 组成。尽管受到异议使该基金未能发挥作用，但为日后证券投资基金的设立作了有益的探讨。

第六，严格信息披露，维护市场公平公正公开，加大对内幕交易、市场操纵等的打击力度，信息披露制度是我国证券市场制度体系的一部分，但目前存在许多问题。公开透明、层次清晰、易于操作、公平执行的信息披露制度体系还有很大的差距。与此同时，经济的转型与变革，新问题新情况层出不穷。因此改善信息披露制度，尤其在重大事件报告和其他应披露信息方面的规定有待进一步规范，充分理性与谨慎。

一是要完善信息披露立法标准和追究、惩戒机制，加强信息披露材料的审查。证券监管机构应建立动态的信息披露监管机制，加强对信息披露的一线监管，在更广泛的范围内对违法违规现象进行查处。同时，详细记录他们在信息披露方面的行为，并将失信者列入“黑名单”。

二是立法机关应修改有关法律，以区分证监会追究责任的形式，进一步赋予证监会起诉违规行为人并追究其民事责任的权力；加大中介机构的连带责任，不断提高中介机构的职业道德素质和执业水平。建立对相关责任人具有连带责任的民事赔偿制度，这不仅能弥补投资者的损失，维护投资者的权益，同时使违规者付出更大的成本和代价，还能把法律责任落到实处，产生显著的警示作用。

三是加强上市公司的治理，提高上市公司信息的质量。完善公司治理结构、强化内部会计控制体系，对公司的各项经济活动实施严格的管控，以此保证信息的真实和完整。内幕交易是资本市场典型的利用信息不对称欺诈投资者的行为。内幕交易违背了公开、公平、公正的原则，影响了上市公司并购重组的效率和效果，损害了投资者的合法权益并破坏了正常的市场秩序。近年来，证监会加强法制建设，强化市场监管，严厉打击违法违规行为，市场上发生较多的庄家操纵股票、欺诈上市、大股东侵占上市公司资金、证券公司挪用客户保证金等行为得到有效遏制。股权分置改革完成后，证券市场出现了非常大的变化。股权流动性的改善，激发了市场活力。但与此同时以关注股票为价格的各种投机行为大量发生。比如概念炒作，为并购而并购，为重组而重组，而且非企业发展战略需要而主动为之。各种影响股价、操纵股价、内幕交易等影响股市健康发展的违法行为层出不穷，难以管理，难以识别。其诟病根源于制度与机制的不公正。

要促进证券市场稳定的发展，维护证券市场的公平公正必须要加大执法力度，大力查处内幕交易和市场操纵行为。要健全和完善制度建设，加大源头治理力度。从制度机制层面提高并购重组中的内幕信息管理的有效性和针对性。要加快完善投资者的司法保护制度，对证券市场发生的虚假陈述、内幕交易、操纵市场等违法行为尽快作出民事赔偿司法解释，就证券市场对特定投资者发生的侵权行为要进行专门研究，完善资本市场民事侵权责任制度。要集中力量查处内幕交易案件，涉嫌犯罪的坚决移送公安机关追究刑事责任。以诉讼的方式遏制证券市场的违法行为，是保护投资者权益最有效率和最为彻底的手段，要会同国资委、纪检等部门加强宣传培训，强化教育预防。要创新工作方法，深化和完善在现阶段打击内幕交易的方法、手段，形成有效抑制内幕交易的防控和查处机制。

第五章　货币政策调控债券资产价格的适当性研究

第一节　中国债券市场发展历程

1981 年，为了治理通货膨胀，国务院于 1 月 16 日通过并颁发了《中华人民共和国国库券条例》，决定自 1981 年恢复发行国库券。同年 7 月 1 日通过行政分配的方式发行了 48.66 亿元国库券。该阶段，虽然恢复了国债的发行，但债券流通仍是禁区，由此国库券黑市交易盛行。1985 年沈阳市房地产公司向社会公开发行 5 年期债券，正式开始了企业债券的发行。接着在北、上、深等地陆续有企业以发行债券的方式筹集资金，随后便有银行发行金融债券筹资。尽管企业债发行迅速，同样流通市场仍然没有形成，极大地阻碍了债券发行市场的完善。1986 年 8 月 5 日，经中国人民银行沈阳分行批准，沈阳市信托投资公司首先开办了企业债等有价证券的柜台转让业务；1987 年 1 月，中国人民银行上海分行发布《证券柜台交易暂行规定》，明确了只有经过认定的政府债券等才能在经批准的金融机构办理柜台交易。从此，债券的柜台交易市场正式形成，也成为当时典型的场外市场。

1990 年 12 月上海证交所开业，采用了以实物债券为托管的记账式债券交易形式，开辟了交易所场内市场，由此证券交易自动报价系统落成并投入使用，大大促进了国债的地区间交易。但当时绝大多数债券交易仍是在实物固态市场完成的。1991 年鉴于流通转让试点已经初步成功，财政部和人民银行决定，并由国务院批准，从 3 月开始，将国债流动市场开放到全国地市级以上城市。1991 年第三季度，北京、武汉、上海、天津等城市先后兴起国债回购交易。但是由于当时全国没有集中统一的国债托管结算系统，导致交易双方无法知道对方真实的国债库存。从而使得各地出现了大量的国债买空、卖空、挪券和假回购等违规行为，秩序较为混乱。

1993 年，国债期货开始在上海证券交易所进行试点，同年上海证券交易所推出国债回购业务。此时交易所可进行国债现券、期货和回购交易，场内市场交易量大幅增加。此外，深圳证券交易所也于 1994 年开通了债券交易，1994 年 11 月 1 日，“深盐田”作为第一支上市的企业债券在深圳交易所上市。

随着场外债券交易中出现严重卖空现象和金融欺骗，各地证券交易中心出现了较大的风险。从 1994 年下半年，国家开始对各地分散的交易场所进行清理整顿，将国债交易逐步集中到上海和深圳两个证券交易所进行。1995 年武汉、天津和北京的债券交易中心被叫停，债券交易全部集中于证券交易所进行，交易所成为唯一合法的债券交易场所。尽管债券全部转移至交易所进行，但是自 1995 年起，交易所国债交易相继出现了一些问题，违规事件频频出现，特别是“3·27”国债期货风波，国家决定暂时关闭国债期货市场。

1997 年上半年，股市中股票的高收益现象吸引了消费者和投资者的眼光，大量资金流入股票市场，其中也包括银行资金。它主要通过交易所的债券回购得以涌入股市。生产、流通、消费各实体环节的经济总量没有发生变化，但是股票市值因为股票需求大增，如同资金流入房地产市场一样，股市泡沫产生。为此同年 6 月央行发布《中国人民银行关于各商业银行停止在证券交易所证券回购及现券交易的通知》，银行推出沪深股市，通过银行间的同业拆借中心，进行债券的回购与现券交易。同业拆借中心便成为全国银行间的债券市场。参与主体包括商业银行、证券公司、信用社、保险公司、基金公司、财务公司以及非金融机构。到 2001 年，银行间债券市场的发行量、交易量和托管量首次超过交易所市场。从 2004 年开始，中国人民银行积极推进国内债券市场创新，债券的发行量、托管量和交易量均占中国债券市场的 97% 以上，已经成为我国债券市场的主板。

随着众多机构的纷纷加入，债券品种也不断丰富。1997 年之前，我国债券市场仅有国债和企业债，债券品种单一。1998 年国家开发银行尝试招标发行政策性金融债。2003 年中央银行发行了央行票据，作为公开市场操作的工具。2003 年国家决定对四大国有商业银行加快，中国银行和中国建设银行的资本充足率在注资后依然较低，此时次级债应运而生。2004 年，银行间债券市场和交易所债券市场在质押式回购的基础上，分别推出了债券买断式回购。2005 年短期融资券问世，2006 年可分离债交易，早在 1993 年《公司法》就已经规定公司可以发行公司债筹资，但直到 2007 年 8 月，证监会才正式颁布并实施《公司债券发行试点办法》，当年 7 月长江电力成为首只成功发行的公司债。尽管企业债也属于较早的品种之一，但是由于审批严格，导致企业债发展非常缓慢，融资规模也比较有限。直到2008年，国家发改委等部门发布《关于推进企业债券市场发展、简化发行核准程序有关事项的通知》，2008年中期票据开始发行，2009年地方政府债券发行。

形成丰富完善且稳定的债券收益率曲线对于债券市场的健康发展至关重要。1999年，中央结算公司曾推出了国内第一条收益率曲线，但是这条收益率曲线面临诸多缺陷，例如短期波动过于明显，无法由此推导出远期利率期限。随着金融市场的不断发展，债券收益率曲线已经不再完全适应市场主体的定价需求。尤其是在当债券品种不断丰富和交易方式不断更新的背景下，对定价基准收益率曲线的要求将更高。2006年6月10日，中央结算公司和其他38家机构分别签署了相关协议，约定各家机构每日将自己估值数据报送给中央结算公司，由中央结算公司再做深入研究。并最终形成规范、科学的债券收益率曲线。与此同时，中央结算公司还编制了净价指数。特别是自2006年开始，我国开始参照国际通行做法，将国债年度发行额度管理改为余额管理。使得大量滚动发行短期国债成为可能，也为国债短端的市场利率形成必要的支持。

2006年以前衡量债券市场走势的主要指标是债券全价指数和财富指数。但是真正敏感反映市场走势的往往是全债净价指数和债券收益率走势。直到2006年，我们才编制出债券净价指数和稳定的收益率曲线。也是从2006年开始，成熟的债券市场开始成型，因此我们只能考虑最近五年的市场情况。

一　从产品视角看我国债券市场的发展历程

债券市场的发达水平关乎国家或地区的资本市场的竞争力，它是一国资本市场的重要组成部分，是一国金融体系中不可或缺的部分。亚洲金融危机警示我们，过度依赖银行的金融体系以及不发达的债券市场是脆弱的，推动债券市场的发展是分散金融风险、防范金融危机的重要措施。

我国债券市场的起步是从1981年国家恢复发行国债开始，债券市场的发展由于受较为严格的发行管制的限制，主要是在国债领域展开。90年代初期，沪、深交易所在开办股票交易的基础上，先后开办了国债现券交易、国债期货和国债回购交易。之后，部分企业债券也开始在证券交易所进行现货交易。一些城市也建立了进行债券集中交易的证券交易中心，并先后开办了回购及期货业务。1991年，财政部第一次组织国债发行的承购包销，标志着我国债券发行市场化进程的启动。1995年国债招标发行试点成功。1996年财政部提出“发行市场化、品种多样化、券而无纸化、交易电脑化”方针，当年国债发行全部采取招标方式，实现了国债发行利率的市场化。至此，我国债券流通市场从部分城市发展到全国，从柜台交易发展到交易所集中交易，国债发行由行政分配逐渐实现市场化招标，建立了中国证券监督管理委员会、中国证券业协会和中国国债协会两家自律监督管理机构以及全国性的国债登记托管机构。1997 年 6 月，受亚洲金融危机警示，中央采取了禁止银行资金违规进入股票市场的规定，允许各商业银行在全国同业拆借中心进行债券回购和现券交易，促进了银行间债券市场的发展。1997 年以后，银行间债券市场在央行的推动下，发展迅速，成为债券发行、交易的首要场所，交易规模迅速扩大，债券市场的影响力也大大提高，成为我国金融市场中的重要组成部分。

二　我国与海外债券市场比较

由于管理机制不完善、金融改革滞后等深层次的原因，目前我国的债券市场（见表 5 - 1）与国外发达的债券市场相比还存在一些较为严重的问题。社会资金的充裕和投资的非理性导致需求被无限放大；管理体制不善，缺乏统一的管理部门，交易品种单一（表 5 - 2），投资品种过于集中，增加了市场的系统性风险。投资者没有比较好的风险管理和控制手段，不能有效地分散和控制风险；过多的投资需求与供给不足，使得市场供需失衡，给债券市场的发展带来极大的利率风险和流动性风险。银行间虽然引入了做市商制度，但由于供求严重失衡、市场交易品种单一，交易极不活跃。所以债券市场还需要进一步完善和发展。

表 5 - 1　　国内债券市场主要数据（2010 年 7 月底）

	债券指标		指标值
交易所债券	上市数量	国债现货（只）	262
		回购（只）	66
		企业债（只）	289
		可转债（只）	10
		资产证券化产品（只）	30
		合计（只）	657
银行间债券	上市数量	国债现货（只）	210
		回购（只）	26
		企业债（只）	561
		金融债（只）	403
		短期融资券及其他（只）	749
		合计（只）	1949

表 5-2　　我国与国外债券品种的比较

海外市场主要品种	国内现状
按发行主体可分为国债、地方政府债券、金融债券、企业债券	缺地方政府债券
按交易时间分现货交易与回购交易	均有
按付息方式可分为贴现债券（零息债）与附息债	均有，但以附息债为主，贴现债券限于国债
按利率是否变动可分为固定利率债券和浮动利率债券	均有
按偿还期限可以分为长期债券、中期债券、短期债券	均有
按募集方式划分为公募债券、私募债券	无私募债券
按担保性质可划分为无担保债券、有担保债券（包括抵押担保债券和资产证券化产品）	均有，但资产证券化业务处于刚刚起步阶段
其他可分为可转换公司债、附权债券（包括附债券要素变更条款的债券和附认股权证的债券）、结构化债券［如股票联系票据（ELN）］、本息分离债券	有可转换公司债、附权债券。其他品种基本处于缺失状态，国开行虽然发行本息分离债券，但只是尝试阶段。附权债券的可分离交易债只是起步阶段

第二节　2006 年以来影响我国债券市场的政策描述

2006 年，我国债券市场已经基本形成以银行间市场为主，交易所为辅，柜台市场为补充的债券市场格局。不管投资者结构还是债券品种类型都与成熟债券市场相似。因此，研究 2006 年以后的债券市场变化将更加有意义。除了受到宏观经济运行的影响之外，政策的影响力是市场波动的重要因素。2006 年以来，债券市场相关政策调整影响债券供求，进而影响债券市场走势。

一　通过影响资金面影响债券市场

央行可以通过使用调整存款准备金率及公开市场操作来影响市场资金量，进而影响债券的行情走势。上调存款准备金可以回收银行体系的流动性，使得银行可用资金减少，银行进而减少债券的投资。同样，央行正回购及央票大规模的发行意味着央行从商业银行回收大量资金，进而影响银行投资债券的规模，影响债券收益率的变化。而下调存款准备金率及央行进行逆回购操作带来的结果正好相反。2006 年 5—7 月，央行接连使用存款准备金率和定向央票的方式来回收市场流动性，最后导致债券市场的下跌。2007 年 10—11 月，大盘股密集 IPO 导致债券市场资金骤然趋紧，债券市场下跌。另外，2008 年金融危机蔓延，我国经济发展面临威胁，央行便连续下调存款准备金率来影响债券市场资金状况，也为债券大牛市创造了条件。同样，2010 年 12 月，央行再次上调存款准备金率给市场资金面带来了较大的冲击，债券收益率应声下跌。随后，随着央行通过公开市场净投放实现资金恢复。因此资金面是央行影响债券的重要途径。

二　通过影响市场利率来调节债券市场

由于商业银行等金融机构是债券的重要投资者，基准利率的调整影响商业银行获取资金的成本。一旦加息则会提高商业银行的资金成本，进而影响其对投资债券所要求的回报率。另外一个影响渠道是，当存贷款基准利率提高时，企业通过贷款获得资金的成本提高。则企业更倾向于选择发行债券的方式获得资金，进而增加企业债券的供给来推动债券收益率的上行，使得债券市场下跌幅度加大。2006—2007 年，通胀高起，央行通过加息及上调央票发行利率的方式来控制通胀。由于资金成本的提高，相应的债券收益率大幅上行，价格暴跌。2008 年下半年开始，受国际金融危机的影响，国内经济增速减缓，央行连续降息，市场迎来大牛市。

三　设置债券市场准入门槛来调节债券市场

央行等管理机构除了对资金面和利率水平进行调整影响债券市场之外，监管机构还可以通过市场准入机制来影响特定债券市场的供求关系，从而影响特定市场的走势。2010 年 10 月，“一行两会”（央行、证监会、银监会）宣布，国内上市银行正式获准进入交易所债券市场，允许参与债券交易。该政策实施之后，加大交易所公司债的潜在需求。2011 年 1 月，证监会、银监会、保监会及人力资源和社会保障部修订了《企业年金基金管理办法》，通过对企业年金投资于债券比例进行调整来影响债券的需求。2011 年 5 月，证监会发出通知允许公募基金投资于中票。从而使得中票的潜在需求明显增加。保监会也可以通过调整保险机构投资于债券市场的范围进行修改来影响部分债券市场的潜在需求。比如，2009 年 4 月 7 日，保监会宣布放行保险资金投资中期票据和地方债等投资品种。之后又下发《全国社会保障基金理事会委托投资通知》，明确社保组合可以投资中期票据和地方政府债券。2009年10月，保监会将保险结构投资企业债比例上调到40%。2010年1月，保监会下发通知《关于保险机构投资无担保企业债有关事宜的通知》，明确保险机构可以投资境内银行间市场发行的无担保企业债。银监会可以通过对信用风险权重进行调整来影响债券市场。2010年银监会将国开行人民币债券风险零权重适用期限延长至2011年年底。这就在一定程度上缓解了对国开债需求的减少。

四 调节债券发行审批进度来调节债券市场

政府除了可以制定影响市场需求的政策之外，还制定了影响供给的政策。国债发行取决于财政部，2008年金融危机之后，为了配合积极的财政政策，财政部加大债券发行规模，从而明显增加国债供给。政策性金融债由人民银行审批，同样是2008年金融危机期间，为了实施积极财政政策和宽松货币政策，国务院要求追加政策性银行贷款规模。受制于资金来源的限制，政策性银行加大了债券发行规模。短融中票由交易商协会管理。打算发行短融中票的企业首先需要在交易商协会注册，由注册专家会议对企业申报材料进行审核。通过注册之后，企业在规定的时间内发行，因此交易商协会往往可以通过调整注册会议的次数，以及适当要求补充申报材料的方式加快或者延迟债券的供给。企业债发行由发改委审批。2008年金融危机之后，国家提出“4万亿”的投资计划，为了配合中央政府的政策，地方融资平台大规模成立，而且基于地方融资平台的债券发行也受到发改委的照顾，加快债券审批。随着经济的复苏，地方融资平台债券的危机开始受到关注，此时为了控制风险和发行节奏。2010年11月20日，发改委发布了《关于进一步规范地方政府投融资平台公司发行债券行为有关问题》，提高了地方融资平台公司发行债券的标准，相应的企业债发行量也明显减少。近期，在政府大力推进保障房建设的背景下，2011年6月，发改委下发通知《关于利用债券融资支持保障性住房建设有关问题的通知》，要求地方融资平台公司申请发行企业债筹集的资金要优先用于各地保障性住房建设。预计在该政策的影响下，企业债会再次加快发行节奏。公司债则由证监会审批。通过加快或者放缓审批节奏来控制债券的供给量，从而影响市场走势。2011年3月证监会为了实现提高债务性直接融资工具占比，加快公司债券发行节奏，开通了“绿色通道”制度。之后，公司债的供给量明显加大。

表 5－3　　　　　　2006 年以来影响债券市场的大事统计

时间	事件
2006 年	
2006 年 4 月 28 日	上调贷款基准利率 0.27 个百分点
2006 年 5 月 16 日	央行发行 1 年期 1000 亿定向票据
2006 年 6 月 14 日	央行发行 1 年期 1000 亿定向票据
2006 年 7 月 5 日	上调金融机构人民币存款准备金率 0.5 个百分点，冻结 1500 亿
2006 年 7 月 13 日	央行发行 1 年期 500 亿定向票据
2006 年 8 月 15 日	上调金融机构人民币存款准备金率 0.5 个百分点
2006 年 8 月 19 日	上调存贷款基准利率 0.27 个百分点
2006 年 11 月 15 日	上调金融机构人民币存款准备金率 0.5 个百分点
2006 年 12 月 11 日	央行发行 1 年期 1200 亿定向票据
2007 年	
2007 年 1 月 15 日	上调金融机构人民币存款准备金率 0.5 个百分点
2007 年 2 月 25 日	上调金融机构人民币存款准备金率 0.5 个百分点
2007 年 3 月	企业年金基金获准进入全国银行间债券市场
2007 年 3 月 18 日	上调存贷款基准利率 0.27 个百分点
2007 年 4 月 16 日	上调金融机构人民币存款准备金率 0.5 个百分点
2007 年 5 月 15 日	上调外汇存款准备金率 1 个百分点，上调金融机构人民币存款准备金率 0.5 个百分点
2007 年 5 月 18 日	宣布将银行间即期外汇市场人民币兑美元交易价日浮动幅度由 3‰—5‰
2007 年 5 月 19 日	上调金融机构人民币存贷款基准利率 0.27 个百分点
2007 年 6 月 5 日	上调金融机构人民币存款准备金率 0.5 个百分点
2007 年 6 月 8 日	中国人民银行与发改委联合发布《境内金融机构赴香港特别行政区发行人民币债券管理暂行办法》，6 月 26 日，人民币开始在香港发行
2007 年 7 月 3 日	中国人民银行发布《同业拆借管理办法》，自 8 月 6 日开始实施
2007 年 7 月 21 日	上调金融机构人民币存贷款基准利率 0.27 个百分点
2007 年 7 月 30 日	上调存款准备金率 0.5 个百分点
2007 年 8 月 22 日	上调金融机构人民币存贷款基准利率 0.27 个百分点
2007 年 8 月 29 日	人民银行从境内商业银行买入财政部发行的第一期 6000 亿特别国债
2007 年 9 月 5 日	中国人民银行按照差别存款准备金制度有关标准，对实施差别存款准备金率的金融机构进行了调整，继续发挥差别存款准备金率政策正向激励与约束
2007 年 9 月 25 日	上调金融机构人民币存款准备金率 0.5 个百分点
2007 年 10 月 25 日	上调金融机构人民币存款准备金率 0.5 个百分点
2007 年 10 月 26 日	中石油网上申购，导致市场资金紧张，回购利率创新高

续表

时间	事件
2007年11月26日	上调金融机构人民币存款准备金率0.5个百分点
2007年12月25日	上调金融机构人民币存款准备金率0.5个百分点
2007年12月21日	上调金融机构人民币存贷款基准利率0.27个百分点
2008年	
2008年1月17日	上调金融机构人民币存款准备金率0.5个百分点，至15%
2008年3月19日	上调金融机构存款准备金率0.5个百分点
2008年4月22日	由人民银行主导的银行间债券市场另一创新性债务融资工具——中期票据成功发行，其中中国铁道中期票据采取招标方式成功发行
2008年5月14日	再次上调金融机构存款准备金率0.5个百分点，达到16.5%
2008年6月2日	央行公布了《中国人民银行关于保险机构以产品名义开立债券托管账户有关事项的通知》。这使得部分原来只能投资于交易所债券的资金可以进入银行间债券市场
2008年6月10日	准备金率上调1个百分点，升至17.5%历史高位
2008年7月1日	福禧事件，福禧投资为中国第一个发行短期融资券的非上市民营企业。事发后其主要财产遭法院冻结，投资者面临偿付风险。使得市场信用风险成为债券投资者必须考虑的因素
2008年10月9日	宣布下调存贷款利率和准备金率，暂免征收利息税
2008年10月30日	央行下调存贷款基准利率0.27个百分点
2008年11月9日	国务院宣布4万亿经济刺激政策
2008年11月27日	央行宣布再次下调存贷款基准利率和准备金率
2008年12月13日	国务院办公厅发布“金融30条”，多项内容涉及债市发展。其中包括“扩大债券发行规模，积极发展企业债、公司债、短期融资券和中期票据等债务融资工具。稳步发展中小企业集合债券，开展中小企业短期融资券试点。推进上市商业银行进入交易所债券市场试点”等
2008年12月23日	今年以来第三次“双率”齐降
2009年	
2009年1月7日	中国人民银行发布公告（人民银行公告〔2009〕第1号），取消了在银行间债券市场交易流动的债券发行规模须超过5亿元才可交易流通的限制条件，为中小企业通过发债进行小额融资创造了较好的政策条件
2009年3月11日	中国人民银行发布公告（中国人民银行公告〔2009〕第4号），发布新的《中国银行间市场金融衍生产品交易主协议》，使我国场外金融衍生产品交易均受统一的主协议管辖

续表

时间	事件
2009年3月18日	中国人民银行发布公告（中国人民银行公告〔2009〕第5号），允许基金管理公司以特定资产管理组合名义在全国银行间债券市场开立债券账户，并对其业务运作进行了规范
2009年3月18日	中国人民银行、中国银行业监督管理委员会联合印发《关于进一步加强信贷结构调整，促进国民经济平稳较快发展的指导意见》（银发〔2009〕92号），要求认真执行适度宽松的货币政策，促进国民经济平稳较快发展
2009年3月25日	中国人民银行发布《全国银行间债券市场金融债券发行管理操作规程》（中国人民银行公告〔2009〕第6号），进一步规范与完善金融债券发行管理，提高金融债券发行审核的透明度，健全市场约束与风险分担机制
2009年3月26日	中国人民银行发布《银行间债券市场债券登记托管结算管理办法》（中国人民银行令〔2009〕第1号），进一步规范债券登记、托管和结算业务开展
2009年7月	中国人民银行对部分贷款增长过快的商业银行发行定向央票，引导其注重贷款平稳适度增长
2009年9月1日	中国人民银行和中国银行业监督管理委员会联合发布公告〔2009〕第11号，明确汽车金融公司和金融租赁公司的发债条件，规范两类机构的发债行为
2009年10月22日	保监会发布《关于债券投资有关事项的通知》，通知将险资投资企业债券比例提高至40%
2009年11月12日	在中国人民银行的指导下，中国银行间市场交易商协会发布《银行间债券市场中小非金融企业集合票据业务指引》
2010年	
2010年1月18日	上调存款准备金率0.5个百分点，对小型金融机构暂时不上调
2010年2月25日	上调存款准备金率0.5个百分点，对小型金融机构暂时不上调
2010年5月10日	上调存款准备金率0.5个百分点，对小型金融机构暂时不上调
2010年6月19日	重启人民币升值
2010年7月30日	财政部、国家发展和改革委员会、中国人民银行、中国银行业监督管理委员会联合印发《关于贯彻国务院关于加强地方政府融资平台公司管理有关问题的通知相关事项的通知》（财预〔2010〕412号），对《国务院关于加强政府融资平台公司管理有关问题的通知》（国发〔2010〕19号）有关内容进行解释说明，并要求各地上报地方政府融资平台公司债务清理核实情况
2010年8月16日	中国人民银行发布《关于境外人民币清算行等三类机构运用人民币投资银行间债券市场试点有关事宜的通知》（银发〔2010〕217号），允许境外中央银行或货币当局、港澳人民币业务清算行和跨境贸易人民币结算境外参加银行使用依法获得的人民币资金投资银行间债券市场

续表

时间	事件
2010 年 9 月 30 日	中国证券监督管理委员会、中国人民银行、中国银行业监督管理委员会联合发布了《关于上市商业银行在证券交易所参与债券交易试点有关问题的通知》（证监发〔2010〕91 号）
2010 年 10 月 20 日	加息 0.25 个百分点，成为金融危机后首次加息
2010 年 11 月 16 日	上调金融机构人民币存款准备金率 0.5 个百分点
2010 年 11 月 29 日	上调金融机构人民币存款准备金率 0.5 个百分点
2010 年 12 月 20 日	上调金融机构人民币存款准备金率 0.5 个百分点
2010 年 12 月 26 日	加息 0.25 个百分点，中国正式进入加息周期

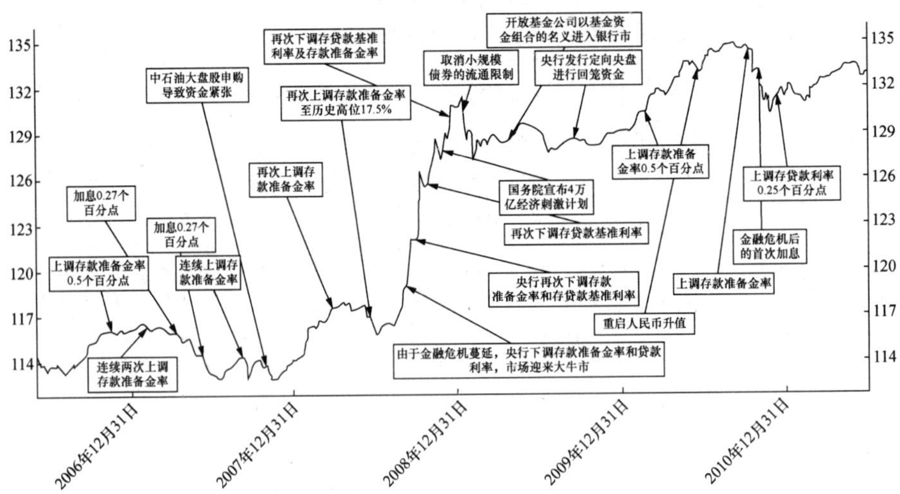

图 5－1　中债总指数

第三节　基于中国债券市场的实证分析

一　数据收集和处理

银行间 10 年期国债收益率曲线是从 2000 年 10 月开始公布，因此我们选取时间段为 2001 年第一季度到 2011 年第一季度，每个变量共计 41 个样本。其中 BOND 代表国债指数的增长率。在分析过程中，为了消除异方差性，我们对原始数据加上100指数化后，再取对数收益率。用y_{1t}、y_{2t}和y_{3t}分别表示经过处理后的第t季度的货币供应量增速、国债指数增速和GDP数据增速。本部分数据来自于Wind数据库。

二　基本统计特征

统计数据显示，其中货币供应量的变异系数最大，说明在这十年间货币供应量的波动比GDP和国债指数的波动要大；而GDP的变异系数最小，显示这十年我国经济呈现出又快又稳的增长。对三个时间序列变换整理后的数据进行ADF和JB检验（见表5－4）。结果表明在5%的显著水平下，三个变量均平稳，不含常数项和时间趋势项，而且均接受正态分布假定。

表5－4　　样本数据的描述统计结果

	GDP	M2	BOND
均值	10.53	18.05	3.44
中间值	10.50	17.57	3.32
最大值	14.50	28.95	4.87
最小值	6.60	13.50	2.48
标准差	1.91	3.79	0.60
变异系数	0.18	0.21	0.17

表5－5　　样本数据的平稳性和正态性检验

变量	(c, t, p)	*AIC*	*SC*	*ADF* 统计量值	*ADF* 临界值（5%）	*JB* 统计量（*P* 值）
货币供应量（M2）增速	(0, 0, 1)	－5.689007	－5.561041	－3.760381	－2.938987	5.197383 (0.074371)
国债指数（BOND）增速	(0, 0, 1)	－8.566917	－8.438951	－3.069915	－2.938987	3.447801 (0.178369)
GDP增速	(0, 0, 0)	－6.467189	－6.382745	－5.673984	－2.936942	2.72919 (0.250141)

说明：检验类型括号中c表示检验平稳性时评估方程中的常数项；t表示时间趋势项；第三项p表示自回归滞后的长度；*AIC*和*SC*准则来评价效果，选择*AIC*和*SC*最小的检验类型。

三　基于MGARCH均值方程模型的实证分析

在我国近十年经济呈现出又快又稳增长的时候，货币供应量和我国经济增长对国债市场扮演了什么样的角色，它们之间又有如何的相互关系？为了分析国债市场增速、货币供应量增速和经济增长速度之间的关系，我们按照 SC 和 AIC 准则，建立了合理的均值方程为：

$$y_{3t} = \alpha + \beta y_{3t-1} + \gamma \mu_{3t-1} + \delta y_{1t} + \xi y_{2t} + \mu_{3t} \quad (5-1)$$

我们假设各类参数在 5% 的显著性水平下，则估计结果见表 5-6。

表 5-6 基于 MGARCH 均值模型的参数估计结果

参数	δ	ξ
参数估计值	-0.058567	0.165008
Z 统计量	-2.336339	4.109167
P 值	0.0195	0.0000

上述结果表明，δ 和 ξ 在 95% 置信水平下都显著，说明货币供应量和经济快速发展对国债市场发展过程中起到了重要的作用，我国的货币政策与债券市场间存在着明显的相关性。由此我们可知货币政策应该要通过货币供应量关注债券资产价格水平。

四 基于 MGARCH—BEKK 模型的实证分析

当国债指数和货币供应量增速都对经济增长起到了非常大的作用，而且三者之间存在明显的相关性，因此我们对国债指数、GDP 和货币供应量三个变量的增速建立了 MGARCH—BEKK 模型来分析货币政策直接调控债券资产价格会否引起经济增长的剧烈波动。结果见表 5-7。

表 5-7 MGARCH—BEKK 模型的参数估计结果

参数	a_1	a_2	a_3	b_1	b_2	b_3
参数估计值	0.232004	0.978352	-0.051791	1.019579	-0.049544	1.032454
Z 统计量	0.848323	-0.031074	-0.126198	17.23779	3.311467	37.33154
P 值	0.3963	0.9752	0.8996	0.0000	0.0009	0.0000

从上面的参数估计结果得知，只有 b_1、b_2 和 b_3 的估计结果在 95% 的置信水平下表现显著。我们可以得出以下结论：

1. b_1b_3、b_1b_2、b_2b_3 分别显示出货币供应量、国债指数和经济增长之间两两联动都具有比较强的 MGARCH 效应，说明任意两者之间的相关波动冲击都存在着溢出效应。由此可知货币供应量在经济增长过程中扮演着重要的角色；当期的国债指数和货币供应量的相互作用能够影响到未来两者的相互关系，也说明了货币供应量是影响国债指数的重要因素；当期的国债指数和经济增长的相互作用能够影响到未来两者的相互关系，也说明了经济增长在国债市场发展中发挥了重要的作用。

2. 系数 a_1、a_2、a_3 均不显著，这表明国债指数、货币供应量和经济增长的波动都不具有明显的 MGARCH 效应，意味着当期国债指数、货币供应量和经济增长的波动对它们自身的冲击并不强烈。我们通过 BDS 来检验 a_1、a_2、a_3 之间的乘积是否显著（见表 5－8）。我们发现货币供应量、国债指数和经济增长任何两两之间的联动都存在着 MGARCH 效应。通过以上检验，我们可以得出，国债指数的增长率有着较明显的波动溢出效应，同时国债指数波动对货币供应量、经济增长波动都有实质性的影响。

表 5－8　　货币供应量、国债指数和 GDP 的 BDS 检验结果

条件协方差	BDS 统计量（维数 3）	Z 统计量	P 值
h_{12}	0.242941	8.569024	0.0000
h_{13}	0.285502	24.31227	0.0000
h_{23}	0.268184	14.62553	0.0000

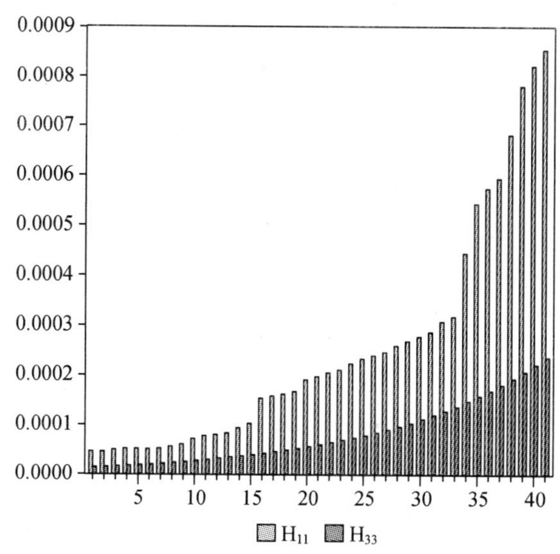

图 5－2　M2 和 GDP 条件方差变动趋势

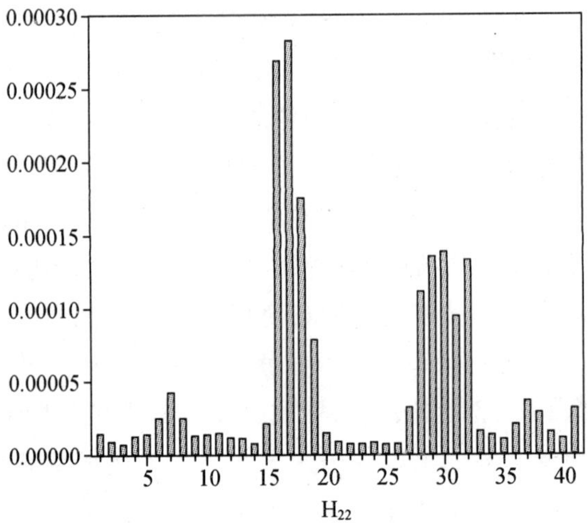

图 5-3 国债指数条件方差变动趋势

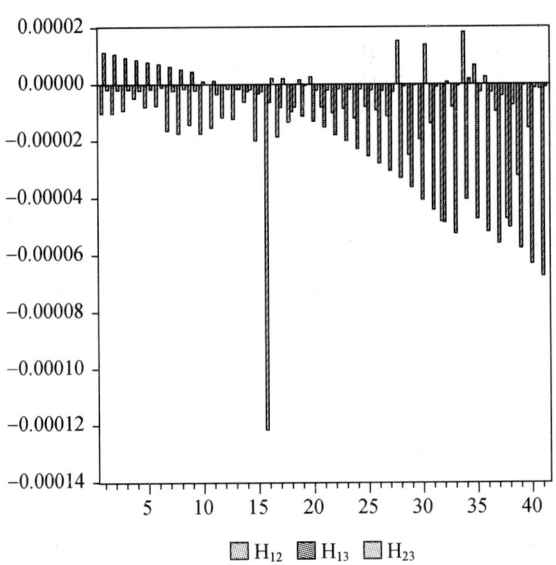

图 5-4 条件协方差变动趋势

上述三幅图分别显示了货币供应量、国债指数和经济增长的条件方差与条件协方差之间的变动趋势。从图 5-2 和图 5-3 中可以看出，经济增长率、货币供应量增长率和国债指数增长率三者的波动在样本期间都比较大。

但是从上面我们无法得知究竟是中央银行的货币供应量一直盯着国债指数的波动，还是货币供应量已经自然平抑了国债指数的部分波动。如果是后者，就显然说明了中央银行无须直接干预国债指数资产价格的波动。我们更深一层从变量波动的相关性来分析。图5－4给出了三个变量的条件协方差的变动趋势。由此可知，国债指数增长率与经济增长率的联动在零值左右几乎不发生变化，但是货币供应量增长率和国债指数增长率之间的联动却异常剧烈。由于债券市场受到经济增长、货币政策、监管体系、债券交易制度、债券相关产品推出的影响，所以，虽然从上面的波动性分析中我们发现国债指数和货币供应量的波动存在溢出效应，但是两者联动性表现得不够稳定，变动较为剧烈，因此货币政策不需要盯住债券资产价格的波动。

第四节　提高货币政策调节债券市场适当性的政策建议

一　货币政策制定和执行应当具有前瞻性

2006年以来，债券市场波动较大与央行货币政策的转向有很大关系。比如，2006年经济开始呈现过热迹象。央行并未及时加息将存贷款利率恢复到正常水平，直到2006年8月，才开始加息。随后考虑到通胀水平不高，怕加息伤害经济，而暂缓加息的进程，直到2007年3月CPI再创新高的时候，才开始考虑连续加息，但是货币政策已经错过最佳执行期。最后的结果是央行不得不连续加息和上调准备金率才将通胀控制。这个过程中债券市场经历了慢慢熊市，债券收益率连创历史新高。但是在货币紧缩至2008年下半年，美国次贷危机爆发，出于对国内经济稳定的考虑，央行连续大幅下调利率及存款准备金率。资金面趋于宽裕，市场迎来了大牛市。2008年，中国货币政策从紧缩转向极度宽松，交替时间仅仅用了3个月，债券市场也由大熊市转大牛市。债券市场呈现剧烈波动。2009年中国经济逐步从危机中复苏，2010年经济恢复更加稳健，同时通胀压力初见端倪。但海外经济依然不稳固，管理层对国内经济“二次探底”依然心存忧虑。一而再、再而三延迟加息的时点。直到7月、8月和9月三个月CPI连续超过3.0之后，10月才极不情愿地加息。但是，此时加息已经错过控制通胀的最佳时期，金融危机后的首次加息对债券市场的影响非常剧烈。如果央行在更早时间采取加息政策，则给市场形成稳定的预期。对稳定市场预期具有重要作用。另外，央行在使用存款准备金政策的时候也应该具有前瞻性。存款准备金政策对市场资金面影响比较明显，因此，在制定存款准备金政策的时候，央行应该对资金面有一定的预判。比如，2010年12月，由于年末商业银行面临诸多考核，资金面可能趋紧，但是央行依然在12月下旬上调存款准备金率，资金面骤然紧张。债券市场不可避免也受到明显影响，收益率大幅攀升。随着资金面的紧张，央行又采用逆回购的方式向市场投放货币。债券市场因此而出现剧烈波动。同样的情况也出现在2011年6月，由于存贷比日均考核以及半年末商业银行面临的其他考核，市场普遍预计资金面将趋于紧张。但是出乎市场意料之外的是央行在市场资金比较紧张的时候依然上调准备金率。直接导致商业银行出现流动性紧张，在这个时候央行又通过逆回购的方式向市场投放上千亿的资金。正是由于资金面瞬间紧张导致债券市场大幅波动。这些都是因为央行在制定和执行货币政策不具有前瞻性造成的。具有前瞻性的货币政策既可以避免政策超调的风险，又可以避免对债券市场产生不必要的波动。

二　多头监管的格局应该逐步得到改善

目前，债券参与主体参与债券市场受到不同监管部门的监管。比如证券公司和基金公司受到证监会的监管。保险公司则受保监会的监管。银行及信用社受银监会的监管。同时债券的发行也受到不同管理部门的监管。这就带来一些问题，某些监管部门为了使自己范围内的债券逐步壮大，往往限制本部门监管的机构投资其他类别的债券。比如，以前基金公司不能参与中票。保监会也对保险机构参与无担保企业债有诸多限制。为了促使国内债券市场完善和统一，尽量使各类参与机构有一个平等的参与环境。目前看已经有一定的进步，比如，商业银行已经获批参与交易所市场。证监会也已经批准基金参与中票投资。另外，随着地方融资平台债券的大规模发行，特别是保障房建设债券等低评级债券供给的增加，证监会可以适当考虑批准成立专门用于投资高收益债券的风险基金。这样则可以有效化解整个债券市场的信用风险，让市场更好地为信用风险定价。从而形成一个健康稳定的债券市场。

三　适时推出国债期货，逐步壮大利率衍生产品

利率衍生产品对于债券市场的作用近似于股指期货对于股票市场一样。尽管债券市场的波动性远小于股票市场，但是对于风险厌恶型的机构投资者来说，债券市场的波动有时也是无法承受的。因此发展国债期货可以为债券市场的风险管理提供有效工具，从而可以减弱债券市场的波动幅

度。国债期货将为金融机构资产配置的多元化与合理化再添有力砝码。尽管当前银行间市场上已经有了利率互换、信用缓释凭证等衍生品工具。但是当前实际参与者仅限于几个大行，也导致这些衍生产品流动性较差，无法利用其有效管理债券风险。过去几年随着资金成本的不断提高，利率下行空间也在不断压低。国债的现货市场越来越窄，而通过期货的杠杆效应，可以进行放大操作，对冲市场的利率风险。经过 30 多年的发展，国债期货已经成为全球最主要的金融期货品种，其套期保值和价格发现功能也早已被国际金融市场充分实践和认可。美国、德国等资本市场发达的国家，债券市场体系完备，包括发行、交易与风险管理。而其中的国债期货市场更是影响了债券市场的定价，也满足了投资者对其他金融风险资产的避险需求，构成了债券市场及市场发展的基础。因此国债期货市场的建立，将满足市场对风险管理的迫切需求，构建起完整的债券市场体系，使债券发行、交易、风险管理形成良性互动，增强债券持有者的持有信心，对完善我国债券市场结构、健全债券市场功能、扩大直接融资比例，促进债券市场长远发展具有重大意义。

四 净额结算制度

由于债券市场以机构参与为主，特别是银行间债券市场，交易规模较大。目前银行间债券市场的结算仍然是全额结算。在交易量明显增大的情况下，全额结算限制了机构的交易效率和资金占用。也使市场成员面临较大的结算风险和信用风险。为了提高债券市场交易的便捷性，银行间债券市场的结算方式应当逐步过渡到净额计算制度下。从国际情况来看，净额分为双边净额和多边净额。净额清算制度正日益受到国际金融市场的关注与应用。无论是在资本市场发达的美国与欧洲国家，在其他国家也受到追捧，比如新兴市场在外汇、利率等场外市场建立了集中净额清算制度，作为内在价值监管控制的重要指标与手段。尤其是 2008 年国际金融危机的爆发，集中净额制度的风险控制则更为凸显。不仅如此，它也有利于降低资金占用、提高清算效率，活跃市场交易。尤其是在中央对手方净额清算制度下，集中授信可部分解决双边授信中信息不对称问题，降低授信的谈判成本，有效缓解中小机构的授信额度制约，提高市场成员参与度，从而创造多样化的市场交易需求，活跃市场交易。

五 大力推进创新型债券的发行

目前市场上债券的利率类型还较单一。大多数采取固定利率、浮动利率或者含权累进利率的方式。近年来，国家开发银行发行了很多创新型债券，例如可以互换的债券，或者含特殊条款的债券。这个债券的特殊条款能够满足部分投资者的需求。品种的丰富也有利于债券投资组合的构建。同时个性化的债券发行也有利于债券发行人降低发行成本。

六　完善做市商制度

银行间债券市场存在这样一条规律，在债券市场趋冷的时候，投资者停止买券，即使收益率大幅提高也无法吸引投资者。市场流动性的缺失，导致债券估值收益率大幅上行，这就进一步打压债券价格。而市场趋暖时，交易活跃加强，市场又容易出现抢购潮。投资者的非理性导致市场波动性加大。因此，建立理性成熟的做市商制度是这个市场的根本需求与必然选择。原因在于这个制度有利于流动性的提高，有利于价格的发现，使不同债券品种收益率的确定、价格的形成更加敏感、合理与有效，在一定程度上遏制债券市场的非正常波动。银行间市场的有效程度大大增加。由此而形成的多层次的风险定价机制正是市场走向成熟的标志，这能够促进资本的流动，推进整体金融市场的深度发展。一方面我们需要积极引导债券做市商对关键期限债券进行做市，特别是在市场流动性缺失的时候，有效做市有助于减缓债券的大幅波动。另一方面不断完善做市商制度、积极扩大做市商队伍，建立科学的考核指标体系，进行动态管理，实现优胜劣汰。

第六章　货币政策调节期货市场的适当性研究

第一节　我国期货市场的发展历程

我国期货市场的实践始于1988年，是从对国外期货市场的借鉴研究开始，标志事件是1988年的政府工作报告，其中明确提出“加快商业体制改革的同时积极发展各类批发市场，探索期货交易”。总体而言，我国期货市场经历了从初步萌芽、清理整顿、规范发展与快速发展四个时期。

在初步萌芽阶段，由于市场发展不规范，所以市场风险点较多，可以说整个市场中风险不断积累。具体而言，由于缺少相关法律法规的约束，期货市场中各主体的交易行为存在很多不规范之处，不仅包括违规交易行为，还有透支交易。在这种不完善的市场中，机构与个人在信息与资金方面存在巨大差异，很多经纪公司过分倚重自营业务，使得整个市场的投机之风盛行，个人投资者大多损失惨重。这样的期货市场，无法发挥对现货市场的套期保值与价格发现功能，在一定程度上阻碍了期货市场的发展。

在此背景下，国务院与监管部门先后于1994年和1998年对期货市场进行了专门的清理与整顿，我国期货市场的发展也进入了清理整顿阶段。1994年的整顿主要针对交易品种，暂停了包括煤炭、钢铁、食糖、粳米等品种的期货交易，在国债期货“327”风波后，国债期货也被暂停。1998年开始的第二轮期货市场清理整顿工作主要针对期货交易所撤并及投资品种的管理，仅保留了上海、郑州和大连3家期货交易所，品种也降至12个。通过两次清理整顿，虽然这极大程度上规范了我国的期货市场，但是也产生了明显的负面效应，那就是期货市场的交易量骤减，这种情况持续了大约两年，直到2000年才开始好转。

在规范发展阶段，期货市场主要有四方面的特点：

1. 基础法律法规建设逐步完善。

随着《期货交易管理条例》以及证监会的相关配套规章文件的发布实施，期货市场具备了法律法规基础。此外，随着期货交易保证金的存管制度、投保基金以及针对期货公司以净资本为核心的风险监管体系相继建立，期货市场发展的环境逐步完善。

2. 期货品种创新速度加快。

2004 年起，随着“国九条”的发布，期货品种开始增加，包括玉米、豆油等在内的 10 个大宗交易品种上市；2008 年黄金期货上市。

3. 期货市场的价格发现职能逐步发挥。

随着期货市场的逐步发展，其价格发现功能日益明显，在国家宏观经济政策的制定中发挥着越来越重要的作用。生产部门也开始将期货价格作为安排生产的重要依据，并且通过期货对价格风险进行规避。此外，随着我国期货市场规模的不断扩大，在全球范围内对商品定价也开始产生影响。

4. 监管思路逐步发展。

随着市场规模的扩大，针对期货市场的监管思路也在不断进步，通过将期货市场监管权划归证监会，在期货品种管理、期货公司风险管理、期货市场技术性创新方面均作出了许多改进。

在快速发展阶段，我国期货市场的发展明显加速，期货市场的特点主要表现在以下几个方面：

1. 上市品种不断丰富。

2008 年 1 月 9 日，黄金期货在上海期货交易所上市，2009 年 4 月 20 日，早籼稻期货合约在郑州商品交易所上市，2011 年 3 月 24 日铅期货在上海期货交易所上市，2011 年 4 月 15 日，焦炭期货合约在大连商品交易所上市。2006 年 9 月 8 日，由上海期货交易所、郑州商品交易所、大连商品交易所、上海证券交易所和深圳证券交易所共同发起设立的中国金融期货交易所在上海成立，注册资本 5 亿元人民币。2010 年 4 月 16 日，沪深 300 指数期货合约的推出标志着中国金融衍生品时代的开始，对中国期货市场具有里程碑式的意义。股指期货成功上市不仅仅是新的品种的推出、投资品种的丰富、期货市场的大扩容，更意味着中国期货市场发展的一个新的阶段和层次。目前我国的期货交易所和对应的上市品种如表 6 - 1 所示。

表6－1　　　　我国的期货交易所和上市品种

交易所名称	交易所所在地	上市的期货品种
上海期货交易所	上海	天然橡胶、铜、铝、燃料油、锌、黄金、铅、钢材（螺纹钢、线材）
大连商品交易所	大连	大豆（大豆1号、大豆2号）、豆粕、豆油、玉米、棕榈油、LLDPE（线型低密度聚乙烯）、焦炭、PVC
郑州商品交易所	郑州	小麦（硬麦、强麦）、白糖、棉花、菜籽油、PTA（精对苯二甲酸）、早籼稻
中国金融期货交易所	上海	沪深300指数

2. 期货交易量和成交额快速增长。

2008年，我国期货市场累计成交量达到13.64亿手，比上年增长87.24%；累计成交金额约为71.91万亿元，比上年增长75.52%。2009年，我国期货市场累计成交量约为21.57亿手，比上年增长58.18%，成交金额为130.51万亿元，比上年增长81.48%。2010年，我国期货市场累计成交量为31.33亿手，比上年增长45.22%，成交金额为308.67万亿元，比上年增长136.51%。2011年上半年，全国期货市场累计成交量为4.92亿手，比上年下降28.11%；累计成交额为66.98万亿元，比上年增长13.65%。其中：大连商品交易所累计成交量为1.24亿手，累计成交额为7.74万亿元，比上年分别增长－14.57%和9.79%，分别占全国市场的25.18%和11.55%。上海期货交易所累计成交量为1.29亿手，累计成交额为17.44万亿元，比上年分别下降57.21%和40.83%，分别占全国市场的26.13%和26.04%。郑州商品交易所累计成交量达到2.18亿手，累计成交额为21.02万亿元，比上年分别增长－3.99%和77.53%，分别占全国市场的44.22%和31.39%。中国金融期货交易所累计成交量为0.22亿手，累计成交额为20.78万亿元，比上年分别增长77.97%和96.60%，分别占全国市场的4.47%和31.02%。

3. 监管措施和手段不断完善。

2011年4月12日，中国证监会正式颁布了《期货公司分类监管规定》。该监管规定对期货公司的分类是以期货公司风险管理能力为基础，将期货公司分为5类11个级别。期货公司分类监管规定的实施，对于有效加强对期货公司的监督管理，引导期货公司进一步深化中介职能定位，促进期货公司持续规范健康发展和做优做强，全面提升期货行业服务国民经济能力将起到非常积极的作用。

表 6 – 2　　全国期货市场交易概况（1993 – 2011 年）

年份	全年成交额（亿元）	全年成交量（万手）	全年总实物交割额（亿元）	全年总实物交割量（万手）
1993	5521.99	890.69		
1994	31601.41	12110.72		
1995	100565.3	63612.07	181.52	83.09
1996	84119.16	34256.77	174.13	78.33
1997	61170.66	15876.77	93.75	38.18
1998	36967.24	10445.57	48.04	20.56
1999	22343.01	7363.91	109.41	16.12
2000	16082.29	5461.07	65.11	8.40
2001	30144.98	12046.35	57.54	64.85
2002	39490.28	13943.37	101.44	141.16
2003	108396.59	27992.43	127.34	129.54
2004	146935.32	30569.76	181.68	31.32
2005	134463.38	32287.41	141.87	29.23
2006	210063.37	44950.82	216.93	28.68
2007	409722.43	72842.68		
2008	719141.94	136388.71		
2009	1305107.20	215742.98		
2010	3086652.50	313304.92		

总之，随着我国期货法律法规的不断完善，期货市场逐步走向规范，国内期货业将继续保持强劲的发展势头，迈入健康、稳定、持续发展阶段。

第二节　货币政策对我国期货市场的影响

影响期货市场的因素很多，总体可以分为两大类：一是期货品种自身的供求情况；二是宏观经济情况。宏观经济方面主要是经济周期、利率、汇率、财政政策、货币政策和产业政策等，本书主要探讨货币政策期货市场的影响。

一　我国货币政策概述（1999—2011 年 7 月）

（一）货币供应量

从图 6－1 可以看出我国货币供应量不断增长，但是不同时期同比增速不同。

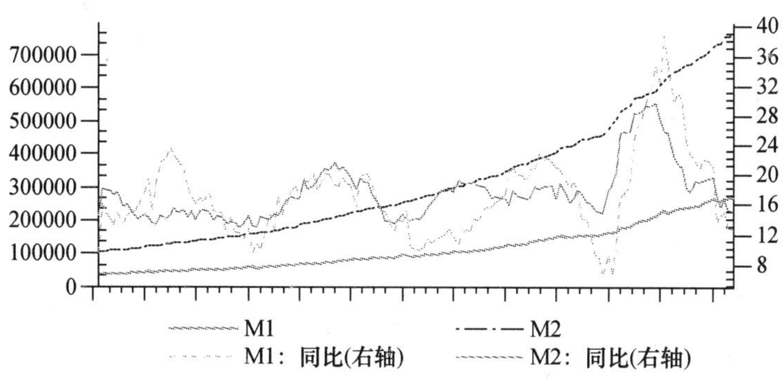

图 6－1　我国货币供应量与增速

（二）利率、存款准备金率

我国历次利率、存款准备金率调整如表 6－3 所示。

表 6－3　　我国历次调整存款准备金率情况表

序号	时间	大型存款类金融机构存款准备金率（%）	备注
1	1999 年 11 月 21 日	6.00	下调存款准备金率 2%
2	2003 年 9 月 21 日	7.00	提高存款准备金率 1%
3	2004 年 4 月 25 日	7.50	提高存款准备金率 0.5%
4	2006 年 7 月 5 日	8.00	提高存款准备金率 0.5%
5	2006 年 8 月 15 日	8.50	提高存款准备金率 0.5%
6	2006 年 11 月 15 日	9.00	提高存款准备金率 0.5%
7	2007 年 1 月 15 日	9.50	提高存款准备金率 0.5%
8	2007 年 2 月 25 日	10.00	提高存款准备金率 0.5%
9	2007 年 4 月 16 日	10.50	提高存款准备金率 0.5%
10	2007 年 5 月 15 日	11.00	提高存款准备金率 0.5%
11	2007 年 6 月 5 日	11.50	提高存款准备金率 0.5%
12	2007 年 8 月 15 日	12.00	提高存款准备金率 0.5%
13	2007 年 9 月 25 日	12.50	提高存款准备金率 0.5%

续表

序号	时间	大型存款类金融机构存款准备金率（%）	备注
14	2007 年 10 月 25 日	13.00	提高存款准备金率 0.5%
15	2007 年 11 月 26 日	13.50	提高存款准备金率 0.5%
16	2007 年 12 月 25 日	14.50	提高存款准备金率 1%
17	2008 年 1 月 25 日	15.00	提高存款准备金率 0.5%
18	2008 年 3 月 25 日	15.50	提高存款准备金率 0.5%
19	2008 年 4 月 25 日	16.00	提高存款准备金率 0.5%
20	2008 年 5 月 20 日	16.50	提高存款准备金率 0.5%
21	2008 年 6 月 15 日	17.00	提高存款准备金率 0.5%
22	2008 年 6 月 25 日	17.50	提高存款准备金率 0.5%
23	2008 年 10 月 15 日	17.00	下调存款准备金率 0.5%
24	2008 年 12 月 5 日	16.00	下调存款准备金率 1%
25	2008 年 12 月 25 日	15.50	下调存款准备金率 0.5%
26	2010 年 1 月 18 日	16.00	提高存款准备金率 0.5%
27	2010 年 2 月 25 日	16.50	提高存款准备金率 0.5%
28	2010 年 5 月 10 日	17.00	提高存款准备金率 0.5%
29	2010 年 11 月 16 日	17.50	提高存款准备金率 0.5%
30	2010 年 11 月 29 日	18.00	提高存款准备金率 0.5%
31	2010 年 12 月 20 日	18.50	提高存款准备金率 0.5%
32	2011 年 1 月 20 日	19.00	提高存款准备金率 0.5%
33	2011 年 2 月 24 日	19.50	提高存款准备金率 0.5%
34	2011 年 3 月 25 日	20.00	提高存款准备金率 0.5%
35	2011 年 4 月 21 日	20.50	提高存款准备金率 0.5%
36	2011 年 5 月 18 日	21.00	提高存款准备金率 0.5%
37	2011 年 6 月 20 日	21.50	提高存款准备金率 0.5%

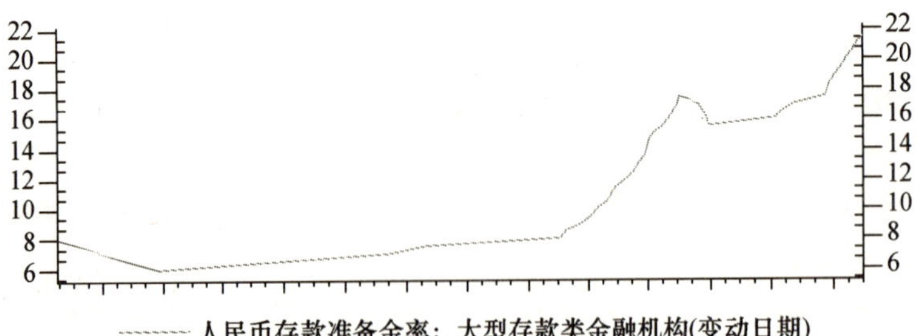

图 6－2　我国存款准备金率走势图（1999 年至今）

表 6－4　　我国历次调节利率情况表

序号	时间	存款利率（%）	贷款利率（%）	备注
1	1999 年 6 月 10 日	2.25	5.85	下调贷款基准利率 0.54%，下调存款基准利率 0.153%
2	2002 年 2 月 21 日	1.98	5.31	下调贷款基准利率 0.54%，下调存款基准利率 0.27%
3	2004 年 10 月 29 日	2.25	5.58	上调贷款基准利率 0.27%，上调存款基准利率 0.27%
4	2006 年 4 月 28 日		5.85	上调贷款基准利率 0.27%
5	2006 年 8 月 19 日	2.52	6.12	上调贷款基准利率 0.27%，上调存款基准利率 0.27%
6	2007 年 3 月 18 日	2.79	6.39	上调贷款基准利率 0.27%，上调存款基准利率 0.27%
7	2007 年 5 月 19 日	3.06	6.57	上调贷款基准利率 0.18%，上调存款基准利率 0.27%
8	2007 年 7 月 21 日	3.33	6.84	上调贷款基准利率 0.27%，上调存款基准利率 0.27%
9	2007 年 8 月 22 日	3.60	7.02	上调贷款基准利率 0.18%，上调存款基准利率 0.27%
10	2007 年 9 月 15 日	3.87	7.29	上调贷款基准利率 0.27%，上调存款基准利率 0.27%
11	2007 年 12 月 21 日	4.14	7.47	上调贷款基准利率 0.18%，上调存款基准利率 0.27%
12	2008 年 9 月 16 日		7.20	下调贷款基准利率 0.27%
13	2008 年 10 月 9 日	3.87	6.93	下调贷款基准利率 0.27%，下调存款基准利率 0.27%
14	2008 年 10 月 30 日	3.60	6.66	下调贷款基准利率 0.27%，下调存款基准利率 0.27%
15	2008 年 11 月 27 日	2.52	5.58	下调贷款基准利率 0.108%，下调存款基准利率 0.08%
16	2008 年 12 月 23 日	2.25	5.31	下调贷款基准利率 0.27%，下调存款基准利率 0.27%
17	2010 年 10 月 20 日	2.50	5.56	上调贷款基准利率 0.25%，上调存款基准利率 0.25%
18	2010 年 12 月 26 日	2.75	5.81	上调贷款基准利率 0.25%，上调存款基准利率 0.25%
19	2011 年 2 月 9 日	3.00	6.06	上调贷款基准利率 0.25%，上调存款基准利率 0.25%
20	2011 年 4 月 6 日	3.25	6.31	上调贷款基准利率 0.25%，上调存款基准利率 0.25%
21	2011 年 7 月 7 日	3.50	6.56	上调贷款基准利率 0.25%，上调存款基准利率 0.25%

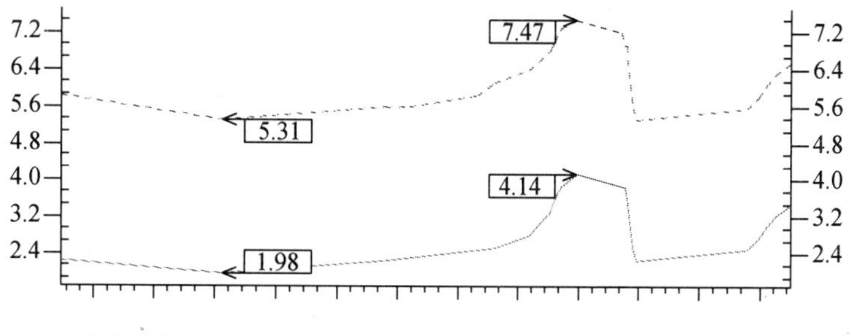

图 6－3　我国利率走势图（1999 年至今）

由上可以看出，从 1999 年以来我国的货币政策可分为四个明显的阶段：

（1）1999—2004 年，央行通过下调利率、存款准备金率实行偏松的货币政策。

（2）2004—2008 年，央行连续 9 次提高利率、连续 21 次提高存款准备金率实行偏紧的货币政策。

（3）2008—2010 年，2008 年由于全球经济危机，央行转变政策，通过 5 次下调利率、3 次下调存款准备金率实行相对宽松的货币政策来刺激经济增长。

（4）2010 年下半年开始，为了控制逐渐显现的通货膨胀，央行再次实行偏紧的货币政策，到 2011 年 7 月止，央行已经连续 5 次提高利率、连续 12 次提高存款准备金率。

二　货币政策对期货市场的影响

（一）货币政策对期货市场影响综述

货币政策对于期货市场的影响主要通过资金供给影响利率水平，进而影响期货市场的价格变动趋势。具体说来，包括以下三个方面的影响：首先，利率的降低会增强在当期消费的冲动，企业由于资金价格较低，也会扩大再生产，从而增加需求，推高现货商品的价格。其次，在国际贸易的背景下利率下降可能引起资本的溢出，通过增加出口推高国内现货价格。最后，利率的下降会推高资产价格，增加居民财富从而增加需求，进而推高现货价格。现货价格的上升会反映到期货商品。由于货币政策会直接影响利率水平，从而影响期货价格，并影响投资者在货币资产与期货资产之间的资产配置。

此外，宽松的货币政策对期货市场同样存在长期影响。当货币流速保持不变时，货币数量的变化会导致产出的货币价值发生变化，当货币供应量增加，而产出没有显著变化时，会使得商品价格出现上涨，可以看成是商品的贬值。

而紧缩的货币政策对于期货市场的影响与宽松货币政策的影响正好相反。

（二）货币政策对具体期货品种的影响

下面我们以当前国内最具代表性的金属铜和橡胶这两个期货品种为例，具体分析货币政策对它们的影响。

1. 货币政策对天然橡胶期货的影响。

（1）1999 年至今天然橡胶期货行情综述。

第一阶段，1999—2002 年，沪胶处于低位弱势震荡，震荡区间 6400—9600 元。

第二阶段，从 2002 年开始至 2006 年年中，沪胶处于震荡上行的趋势，至 2006 年 5 月，沪胶一度到达 3 万元以上。运行区间 6400—31000 元。

第三阶段，2006 年年中至 2008 年，高位震荡到大幅下跌。从 2006 年年中开始，沪胶开始回落，进入震荡调整阶段，总体呈高位宽幅震荡的走势，2007 年年初至 4 月中旬期间，沪胶承接 2006 年年底的反弹走势，展开以震荡上升为主基调的走势行情，4 月下旬开始，供应增加，胶市进入传统旺季的下跌行情，经过两个多月跌至 1.7 万元左右，之后反复震荡至 9 月。11 月，受美国次级债危机的影响，日胶大幅下跌，但国内因合成胶的大幅上涨导致天胶需求旺盛，同时泰国产胶区天气恶化，大宗市场供应紧张，胶价走出一波上涨行情。2008 年是一个需要在历史记录中大书一笔的年度，在这一年里，中国经历了很多影响重大的事情，同时也是在这一年中，号称一代人一遇的全球金融危机不期而至，世界经济遭受了暴风骤雨般的冲击，2008 年的国际大宗商品市场可谓是腥风血雨，哀鸿遍野，在全球经济大环境和品种自身基本面因素的共同作用下，作为大宗商品重要代表之一的天然橡胶价格在 2008 年上半年完成了大幅攀升后，随即走出了一波令人瞠目结舌的暴跌行情，并以迅雷不及掩耳之势完成了一个中长期牛转熊转换的过程。

第四阶段，2008 年年底至 2011 年年初，一波大牛市。2008 年的金融危机，使天然橡胶价格崩盘，需求萎缩，但在各国经济刺激政策的拉动下，国际油价触底反弹，下游需求逐步复苏，天胶价格自 2008 年年底触底反弹，并一直延续至 2009 年年底，天胶市场价格体系逐步恢复，世界主要产胶国缩能限产，天胶产量下降，为保护价格，降低出口。中国车市火爆，产销两旺，轮胎市场需求增加，刺激天胶进口再创新高，复合胶进口几乎翻倍，为增加对中国复合橡胶的供应，马来西亚进口天胶猛增，2009 年进口国排名，马来西亚或排第三。为缓解美国国内市场压力，美元大幅度贬值，导致国际市场石油等大宗商品价格的相应上涨，推动天胶价格攀升，2010 年，中国适当调低天然橡胶从量计征的税额标准，并继续对来自东盟八国的复合胶执行零关税，降低输入性成本压力。2010 年，世界经济复苏，带动汽车消费迅猛增长，天胶价格因势利导，2010 年节节攀高，不论是期货还是现货报价，均创历史高位，2010 年 10 月开始，天胶的主产国泰国由于受到天气影响，供应明显降低，使得天胶的价格上涨。而中国由于是目前新兴的汽车主产国，国内市场对于天胶的需求十分巨大，国际天胶价格的走高推动国内天胶的价格走高，沪胶至2011年1—2月，一度冲破40000元关口，触及43000元。

第五阶段，2011年2月至2011年7月。由于促进汽车消费政策的退出，汽车产销大幅放缓，紧缩性货币政策也逐步发挥作用，以及日本大地震导致汽车产业链受到重创，一系列利空因素影响下，沪胶迅速下跌，2—5月，沪胶由43000元跌至30000元左右，跌幅约30%。

（2）货币政策与天然橡胶走势分析。

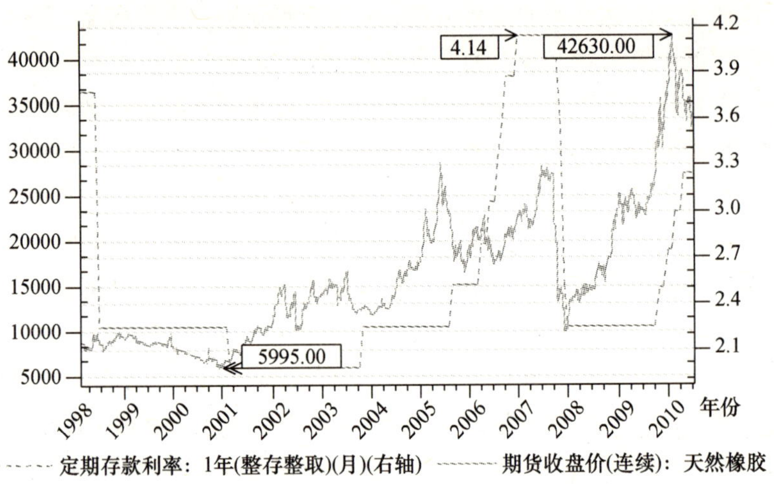

图6－4　天然橡胶与利率走势图（1999—2011年7月）

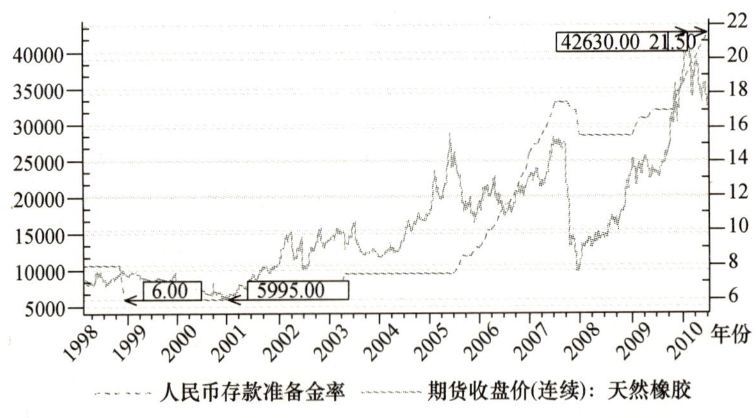

图6－5　天然橡胶与存款准备金率走势图（1999—2011年7月）

从图6－4和图6－5可以看出，2006年以前中央银行对利率、存款准备金率这两种货币政策工具使用较少，货币政策对橡胶的走势影响不是非常明显，1999—2001 年，亚洲金融危机的消极影响依然存在，整个大宗商品处于弱势，虽然央行下调了利率、存款准备金率，但是没能改变橡胶弱势震荡的走势。2002 年开始，央行进一步调低利率，低利率、低存款准备金率的宽松货币政策逐渐发挥作用，橡胶迎来一波大牛市，一直持续到 2004 年，涨幅超过 100%。2004 年，央行上调利率、存款准备金率，橡胶价格有较大回落，但是当时经济处于过热状态，回落之后继续向上走，并没能改变大势，到 2006 年年初，橡胶价格已经冲到 30000 以上。2006—2008 年，央行采取了一系列上调利率、存款准备金率的措施，橡胶处于高位震荡。2008 年，由于全球金融危机，整个大宗商品市场以迅雷不及掩耳之势暴跌，虽然央行采取了一系列下调上调利率、存款准备金率，但是由于当时极度恶劣的经济环境，没能改变橡胶跌入谷底的命运，最大跌幅超过 70%。从 2008 年年底开始，低利率、低存款准备金率主导的宽松的货币政策效应逐步显现功效，橡胶等大宗商品价格节节攀升，为了控制通货膨胀，从 2010 年下半年开始，央行屡次提高利率、存款准备金率，但是由于货币政策的时滞性，并且整个全球经济一片大好的环境，加上政府刺激汽车消费的措施激励下，汽车消费增长迅速，对橡胶的需求猛增，大大高于天然橡胶需求的增长，导致橡胶一直到 2011 年年初才停止上涨。2011 年央行继续推出从紧的货币政策，6 次提高准备金率、3 次加息，存款准备金率达到了纪录高位 21.5%，1 年期存款利率也达到了 3.5%。在这种持续的紧缩政策的影响下，并且随着供应进入旺季以及日本大地震导致的汽车产业链的断裂和刺激汽车消费的政策的退出的共同作用下，橡胶价格出现了较大回落，重回 30000 点附近震荡，4 个月内下跌约 30%。

总的来说，宽松的货币政策会导致橡胶期货上涨，紧缩的货币政策会导致橡胶期货下跌。短期内这种影响比较明显，只是 2012 年以来提准、加息比较频繁，市场的预期在增强，导致这种趋势逐渐减弱。影响期货中长期走势的因素很多，不同的时期，货币政策对天然橡胶期货的影响程度不一，因为有时候货币政策的效果会被其他因素所抵消，导致这种影响在长期看有时候会大打折扣。另外，货币政策对天然橡胶期货的影响有半年至一年左右时间的时滞。

2. 货币政策对铜期货的影响。

(1) 1999 年至今期铜行情综述。第一阶段：1999—2001 年。东南亚金融危机之后，铜价处于极度的疲软，这种状况一直延续至 1999 年年初。

随着国际、国内铜市在各方面因素的作用下摆脱了连续几年的熊市格局，期价迅速回升。在1999年年末基金采取高举高打的方式，拉开价格空间，促使多头部位安全离场，致使整个2000年价格陷于高位震荡之中，并于2001年受整体经济环境的影响，期价迅速低落至历史低位。2001年商品价格不断走高的原因与1968年的情况极其类似，均优于成本不断上升从而导致的通货膨胀。20世纪，全球曾经发生过2次严重的通货膨胀，20年代后期至30年代初期，以及70年代，同时促升了3次商品牛市(1906—1923年、1933—1953年、1968—1980年)。推动的因素都是一致的，就是生产成本推动型的通货膨胀。

2001年的商品资产价格上涨的主要原因是随着全球经济的高速增长，美元资产出现贬值从而导致了能源价格的上升。

2001年1月，美联储采取了14年来最为强有力的降息措施，在一个月之内将联储利率下调了1个百分点，且在2001年西方七国财长会议召开前，美国新任财长奥尼尔的谈话令金融市场揣测新政府可能改变美国长久以来的强势美元政策，该论调使得美元兑欧元下跌了1%。虽然奥尼尔在其后的G7会议上宣称原有的强势美元政策不变，但美元汇率仍然走弱，这就使以美元计价的LME铜又多了一个反弹的外因。

美国利率的降低对铜市的稳定或走强有几个看得见的好处。首先，降息意味着疲软的美元，而美元坚挺和价值高估正是亚洲金融危机以来基础商品价格低迷的主要原因之一。降息可以消除国际资本云集美国的不合理资本流动，美元贬值和价值重估在所难免。事实上，自2000年年底美元指数（美元兑其他一揽子货币的比价）见顶119点以来，美元已踏上回归路，这对以美元标价的基础商品价格的稳定大有裨益。其次，降息有助于产生充裕的投机资本，在股市泡沫破裂后，投机资本早晚会光临商品市场，这对铜市来说无异于久旱遇甘霖。最后，降息对美国经济的强心剂作用不可低估，尽管有滞后效应，但它对总需求的提振应予重视。退一步说，即使美国经济放缓，也并不表明全球总需求下降，这是因为对美国经济依赖大的国家（如加拿大、马来西亚、墨西哥等）对铜市的影响不值一提，而对铜市最有发言权的欧元经济区和日本对美国经济的依存度仅为1%—3%。同时由于资本流向的关系，各国经济周期不同步，各国经济间存在此消彼长的关系，这都表明业界对需求降低的担忧言过其实了。

从铜市长期交易的历史看，低利率意味着交易充满活力，价格波幅巨大（如1987—1989年），而铜市长期在低位徘徊等令人沮丧的行情都在高利率时代（如 1982—1985 年）。就近期 LME 铜走势而言，在美国首次宣布降息的一个多月中，铜价在 1735 处止跌并转而在不到 100 美元的范围内区间整理，这不是巧合，应该说是降息带来了铜价稳定。从技术上看，这一个多月的盘整对于铜价的稳定有如镇海神针，它排除了从 1935 基点开始的下跌为主跌浪的可能性，即使短期内铜价恢复下跌势头，其下跌目标也会因技术面的好转而大大缩减；而如向上突破 1840/1860 基点，则意味着短期跌势的结束，降息就显得更加功不可没。

第二阶段：2002—2005 年。2001 年年底至 2006 年铜价展开了一轮波澜壮阔的上涨行情，其在 2001 年年底世界经济由衰退向复苏的背景下，在经历了底部长期徘徊的基础后积蓄了上涨大幕的力量。以美国、中国、欧盟、日本为代表的世界主要经济体各自纷纷采取相关经济政策推动经济增长，为全球经济带来恢复生机。降息、减税、货币贬值等多种刺激经济发展的政策，宽松的货币环境极大改善了企业的生存环境，制造业强劲复苏，支持了金属价格的走强。

2002 年，降息和减税政策效力开始显露。经济衰退发生以后，美联储在 2001 年连续 11 次降息，2002 年 11 月 6 日再度降息 50 个基点，基准利率 1.25% 已经达到了 41 年来的低点。利率的降低不仅迫使投资者把存款转变为消费和投资，同时也使投资者减轻了对贷款的担忧，从另一个方面增加了市场上的货币流量。铜价的漫漫熊市在 2002 年已经渐渐离我们远去了，牛市已经具备其产生、发展的内因和外因，即将逐步展示其磅礴的气势。随着世界经济的好转，铜供求关系的进一步改善，全球铜市场将踏上牛市的辉煌道路。

2003 年以来，美国政府为摆脱经济低迷的状态采取了包括降息、减税、货币贬值等多种刺激经济发展的政策，宽松的货币环境极大改善了美国企业的生存环境，美国的制造业强劲复苏，支持了金属价格的走强。央行在 2004 年 10 月 28 日升息 27 个基点，标志中国进入了加息周期。美国和中国的紧缩货币政策经过一段传导时滞将大大降低流动性，从而使铜价下跌。2004 年后美国和中国的货币政策开始趋向于紧缩，经过一段传导时滞铜价下跌开始加剧震荡，但由于基本面的支持铜价仍然保持着向上的趋势。

第三阶段：2006—2008 年。2006 年的期铜市场可谓是波澜壮阔，铜价的大起大落让人们见识到了铜价的疯狂，从 2006 年 1 月 1 日的 4440 美元/吨到 3 月 9 日的起涨点 4800 美元/吨，直到 5 月的最高点 8790 美元/吨，疯狂的涨势让无数人为之疯狂。然后进行的调整却给了疯狂的人们当头一棒，6 月的最低点 6525 美元/吨让很多人清醒过来，随后半年的走势完全是宽幅震荡，3 次上冲 8000 美元/吨未果，随之是铜价重心放低，年底的铜价离前期的低点已经不远。中国国内对房地产以及冶炼行业的调控限制了铜价的上涨力度，与智利签署的进口协议以及对出口铜铝和对福利企业政策的调整都将影响铜价。中国当年公布了加工贸易禁止目录，其中铜、镍、铬等各种有色金属和黑金属初级原材料都不允许出口。2006 年中国精炼铜出口量升势明显，未来国家对精铜及铜材出口的进一步抑制以及禁止加工贸易政策实施，都将减缓中国消费旺季对于进口精炼铜的需求，在一定程度上抑制铜价。

2007 年铜价走势可用“宽幅剧烈震荡”形容再为不过，LME 铜价自 2006 年 5 月 12 日创出 8800 美元历史新高后开始调整行情，并一直持续到 2007 年 2 月中旬，随后 LME 铜价展开了一波中级反弹，并在 7 月 23 日上涨到 8335 美元，并再次展开调整，截至 12 月 7 日，铜价处于 7000 美元左右震荡。中国为紧跟美国加息的步伐，抑制通货膨胀，在 2007 年多次加息。但是在成本增加的大背景之下，全球性的通货膨胀仍然有可能再次发生。

2008 年全球铜价受美国金融危机的影响，消费前景的突然恶化是导致铜价转入熊市的最根本因素，而美元的持续反弹更加快了铜价转入熊市的进程。虽然全球部分铜矿已经处于生产亏损的状态，成本因素开始对铜价起到一定的支撑作用，但是宏观经济的惯性下滑趋势依然没有明显的改变，而原油、电力等价格的持续下跌也正在使得铜矿生产成本逐步下降。在全球需求没有有效回升前，2009 年铜价延续探底的走势。

2008 年年底的中国“4 万亿”救市计划及其后相关救市振兴经济措施的出台，包括实行积极的财政政策和适度宽松的货币政策，出台更加有力的扩大国内需求措施，加快民生工程、基础设施、生态环境建设和灾后重建，提高城乡居民特别是低收入群体的收入水平，促进经济平稳较快增长。虽然 2009 年全球精铜面临较为严重的供应过剩的压力，但是近期随着中国政府一系列拉动内需政策的出台，其中许多措施都对铜需求的回升起到积极的拉动作用。

第四阶段：2009 年至今。席卷全球的金融危机继续蔓延，巨大的恐慌从金融市场迅速蔓延到实体经济，进而对大宗工业产品产生历史性的抛空，一直持续到 2009 年年初。随着中国因素的强大需求，巨大的进口带动了整体有色金属的上涨，并持续保持到至今，同时各国量化宽松货币政策以及中国的 4 万亿发展计划给予了商品期货市场足够的上涨动力。虽然近阶段通货膨胀以及货币紧缩政策对期价产生了波动，但市场总体仍处于高位运行，随着供应的长期影响，以及各国经济复苏对于大宗商品的需求，推使价格继续上行。2011 年，紧张不安触动了商品市场，大多数商品的价格因此而回落。然而，随着宏观经济担忧的频率不断地上升，无论是希腊还是中国，总体金属价格和矿业领域相对于成交的其他商品保持良好向上态势。随着基本面进入第三了度后可能改善，中国调控所带来的恐惧的缓解，预期价格环境在未来的几个月里仍然是强劲的。

（2）货币政策与期铜走势分析。从图 6－6、图 6－7 中可以看出，1999—2001 年，央行通过降低存款准备金率、下调利率，使利率、存款准备金率保持在较低的水平，实行相对宽松的货币政策，但是由于亚洲金融危机的阴影还没有散去，期铜在低位震荡。从 2002 年后，全球经济逐渐好转，利率、存款准备金率依然处于较低水平，宽松的货币政策逐渐显现作用，铜市出现了一波大牛市，铜价由 2002 年的 15000 元左右冲到 2006 年的 80000 元以上，从 2006 年开始，为了调控当时过热的经济，央行连续提高利率和存款准备金率，铜价上升受阻，从 2006 年至 2008 年，铜价一直维持高位震荡。2008 年，金融危机席卷全球，铜价在很短的时间内暴跌入谷底，全球经济也一片萧条，为了刺激经济增长，全球都实行了宽松的货币政策，我国央行也屡次下调利率、存款准备金率，从 2008 年年底开始，全球经济逐渐回暖，铜价再次迎来大牛市，铜价由 2008 年年底的 25000 元左右涨到 2011 年年初的将近 80000 元。2010 年下半年开始，央行再次上调利率、收紧货币，并且全球经济增长也明显放缓，从 2011 年年初开始，铜价出现了较大回落。

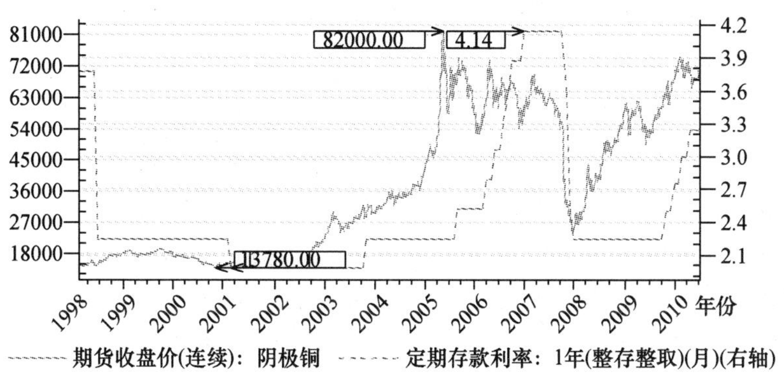

图 6－6 铜与利率走势图（1999 年—2011 年 7 月）

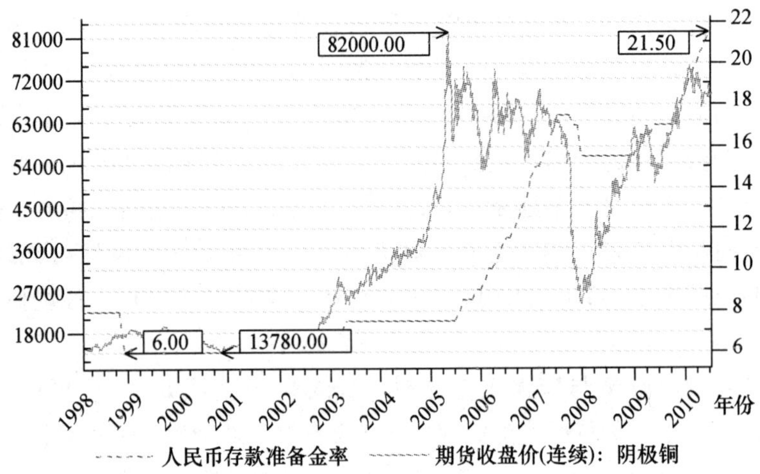

图6－7 铜与存款准备金率走势图（1999—2011年7月）

总的来说，持续的紧缩性货币政策会导致经济收缩，需求减少，铜价下跌，而宽松的货币政策会导致经济扩张，需求增加，铜价上涨。从长期来看，这种关系非常明显。短期来说，影响铜价的因素较多，有时候会被其他因素抵消，这种关系相对稍弱。而且铜作为世界性的大宗商品，铜价不仅和我国的货币政策相关，与其他经济大国的货币政策也有紧密联系。

第三节 基于中国期货市场的实证分析

一 数据收集和处理

本章选取沪铜指数季度增长率、M2数据、GDP增长率的季度数据作为原始数据，分别代表期货市场、货币供应量和经济增长。其中M2数据为月度数据，本章通过算术平均法修正成季度数据。由于1997年后的宏观数据比较容易获得，1997年以前的中国资本市场容量也很小，而且1997年也是东南亚金融危机发生的年份，因此我们选取时间段为2000年第一季度到2011年第一季度，每个变量共计45个样本，样本数量也基本符合统计分析的需要。在分析过程中，为了消除异方差性，我们对原始数据加上100指数化后，再取对数收益率。我们用、和分别表示处理后的第 t 季度的货币供应量增速、沪铜指数增速和GDP数据增速。本部分数据来自 Wind 数据库。

二　基本统计特征

对货币供应量（M2）、沪铜指数（CUL）和 GDP 作基本统计分析（见表6－5）。从变异系数结果可以看出，沪铜指数（CUL）的变异系数（3.55）是最大的，这说明在这十年间沪铜指数的波动非常剧烈。GDP 的波动相比最小，显示这十年我国经济呈现出又快又稳的增长。对三个时间序列变换整理后的数据进行 ADF 和 JB 检验（见表6－6）。结果表明在显著水平5%的情况下，三个变量水平值下均平稳，不含常数项和时间趋势项，而且均接受正态分布假定。

表6－5　　样本数据的描述统计结果

项目	GDP	M2	CUL
均值	10.38	17.73	4.32
中间值	10.30	17.19	4.11
最大值	14.50	28.95	39.28
最小值	6.60	13.50	(55.61)
标准差	1.89	3.76	15.35
变异系数	0.18	0.21	3.55
偏度	0.48	1.41	(1.02)
峰度	2.74	4.91	6.65
观察值	45.00	45.00	45.00

表6－6　　样本数据的平稳性和正态性检验

变量	(c, t, p)	AIC	SC	ADF 统计量值	ADF 临界值 (5%)	JB 统计量（P 值）
货币供应量（M2）增速	(0, 0, 1)	−5.732240	−5.609365	−3.877803	−2.931404	21.83553（0.100018）
沪铜指数（CUL）增速	(0, 0, 0)	−0.582155	−0.501056	−6.580001	−2.929734	32.66631（0.120000）
GDP 增速	(0, 0, 0)	−6.563079	−6.481980	−6.158763	−2.929734	1.871719（0.392249）

说明：检验类型括号中 c 表示检验平稳性时评估方程中的常数项；t 表示时间趋势项；第三项 p 表示自回归滞后的长度；AIC 和 SC 准则来评价效果，选择 AIC 和 SC 最小的检验类型。

三 基于 MGARCH 均值方程模型的实证分析

从上面的描述性统计中，可以知道，近十年我国经济呈现出又快又稳的增长。那么货币供应量和期货市场近十年又是如何影响我国经济增长的呢？我们将建立均值方程模型来考察期货市场增速和货币供应量增速对经济增长速度的影响。通过 SC 和 AIC 准则，确定均值方程中经济增长速度和残差项的最优滞后阶数为 1，我们建立了合理的均值方程，为：

$$y_{3t}=\alpha+\beta y_{3t-1}+\gamma\mu_{1t}+\delta y_{1t}+\xi y_{2t}+\mu_{3t} \tag{6-1}$$

各参数在 5% 显著性水平下的估计结果见表 6－7。

表 6－7　　基于均值模型的参数估计结果

参数	δ	ξ
参数估计值	0.129341	0.004258
Z 统计量	5.683295	1.671466
P 值	0.0000	0.0095

模型估计结果表明，δ 和 ξ 在 95% 置性水平下都显著，即沪铜指数增长率和 M_2 增长率对 GDP 增长率有显著影响。货币供应量和期货市场在经济快速发展过程中起到了非常大的作用。经过十几年的发展，中国期货市场已经是国内企业投资和规避风险的重要渠道，也是投资者分享国家高速经济发展成果的渠道，期货市场和经济发展逐步形成良性循环，资本市场正在为中国经济发展发挥重要的作用。

四 基于 MGARCH—BEKK 模型的实证分析

货币供应量增速和沪铜指数增速都对经济增长起了非常大的作用，那么直接调控期货资产价格会不会引起经济增长的剧烈波动呢？由于 BEKK 模型是一种多元 MGARCH 模型，通过这个向量模型能够很好地反映出各个变量的波动溢出效应。因此，对沪铜指数、GDP 和货币供应量三个变量的增速，我们进行了基于 MGARCH—BEKK 模型的实证分析，结果如表 6－8 所示。

表 6－8　　MGARCH—BEKK 模型的参数估计结果

参数	a_1	a_2	a_3	b_1	b_2	b_3
参数估计值	0.223803	0.078363	0.126491	0.990413	1.005838	1.058618
Z 统计量	0.632127	0.186888	0.290232	12.08605	19.08254	6.576247
P 值	0.5273	0.8517	0.7716	0.0000	0.0000	0.0000

从上面的参数估计结果来看，只有 b_1、b_2 和 b_3 的估计结果在 95% 的置信水平下表现显著。我们可以得出以下的结论。

第一，b_1b_3 显示出货币供应量和经济增长的联动具有较强的 MGARCH 效应，说明货币供应量和经济增长的相关波动冲击具有持久性，货币供应量与经济增长之间的波动存在溢出效应。这个结果表明货币供应量是影响经济增长的重要因素。

第二，b_1b_2 显示出沪铜指数和货币供应量的联动具有较强的 MGARCH 效应，说明沪铜指数和货币供应量的相关波动冲击具有持久性，即当期的沪铜指数和货币供应量的相互作用能够影响到未来沪铜指数和货币供应量的相互关系，也就是说，沪铜指数与货币供应量之间的波动存在溢出效应。这个结果也说明了货币供应量是影响沪铜指数的重要因素。

第三，b_2b_3 显示出沪铜指数和经济增长的联动具有较强的 MGARCH 效应，说明沪铜指数和经济增长的相关波动冲击具有持久性，即当期的沪铜指数和经济增长的相互作用能够影响到未来沪铜指数和经济增长的相互关系，也就是说，沪铜指数与经济增长之间的波动存在溢出效应。这个结果也说明了经济增长是影响沪铜指数的重要因素。

第四，系数 a_1、a_2 和 a_3 均不显著，表明沪铜指数、货币供应量和经济增长的波动均不具有明显的 MGARCH 效应，即当期沪铜指数、货币供应量和经济增长的波动对它们自身的冲击并不强烈。我们通过 BDS 检验来检验 a_1、a_2 和 a_3 之间的乘积是否显著（见表 6－9）。我们发现货币供应量、沪铜指数和经济增长两两之间的联动都存在 MGARCH 效应。通过以上检验，我们认为，沪铜指数的增长率有明显的波动溢出效应，沪铜指数波动对货币供应量、经济增长波动都有实质性的影响。

表 6－9　　货币供应量、沪铜指数和 GDP 的 BDS 检验结果

条件协方差	BDS 统计量（维数 3）	Z 统计量	P 值
h_{12}	0. 248663	8. 664057	0. 0000
h_{13}	0. 253535	16. 06393	0. 0000
h_{23}	0. 245497	12. 33511	0. 0000

图 6－8、图 6－9 和图 6－10 分别显示了货币供应量、沪铜指数和经济增长的条件方差与条件协方差的变动趋势。从图 6－8 和图 6－9 可以看出，经济增长率的波动在样本期间呈现平稳缓慢上涨，而货币供应量增长率和沪铜指数增长率的波动变化较大。

但是从上面我们无法知道是中央银行的货币供应量一直盯着沪铜指数

的波动，还是货币供应量已经自然平抑了沪铜指数的部分波动，如果是后者，显然说明了中央银行无须直接干预沪铜指数资产价格的波动。我们进一步从变量波动的相关性来分析。图 6－10 给出了三个变量的条件协方差的变动趋势。可以发现，沪铜指数增长率与经济增长率的联动几乎在零值附近不发生变化。虽然从上面的波动性分析中我们发现沪铜指数和货币供应量的波动存在溢出效应，但是，两者联动性表现得不够稳定，变动较为剧烈，因此货币政策不需要盯住期货资产价格的波动。

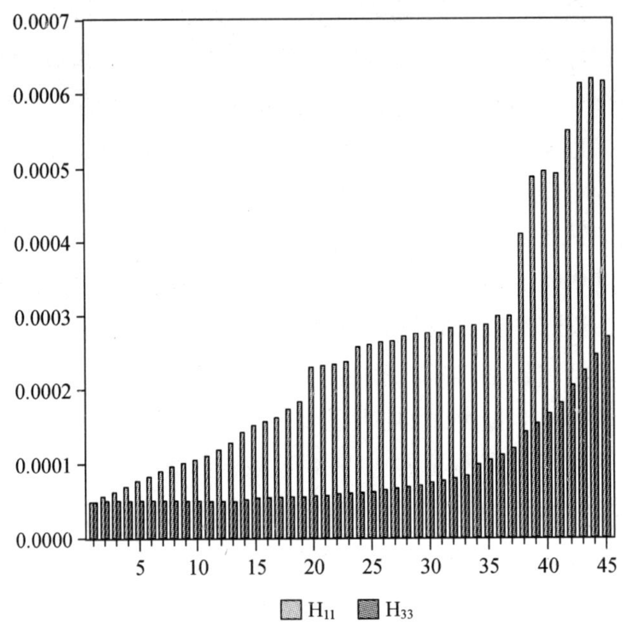

图 6－8　M2 和 GDP 条件方差变动趋势

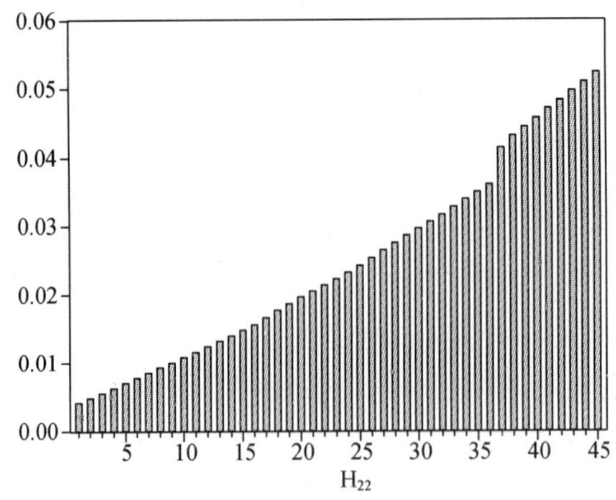

图 6－9　沪铜指数条件方差变动趋势

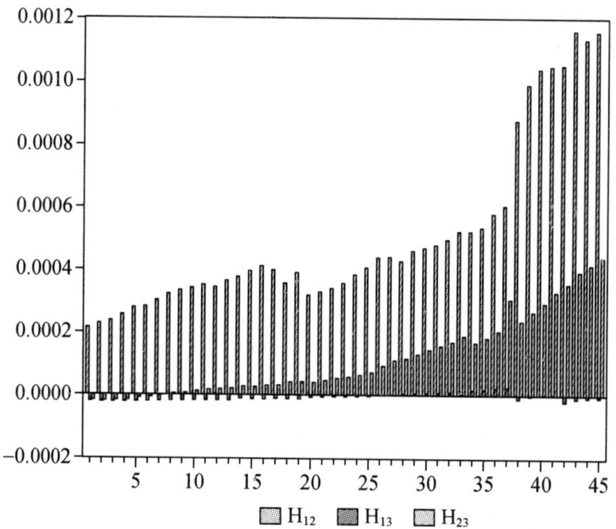

图 6－10　条件协方差变动趋势

第四节　提高货币政策适当性，完善期货市场的政策建议

中国期货市场经过 20 多年的发展，交易品种不断丰富，交易规模、期货业管理水平和抗风险能力均不断增加并提高，与现货市场、国际市场的关联度不断提高，在优化资源配置、提高生产经营效率方面起到了积极的作用，国际影响力不断增强，取得的成绩有目共睹。通过吸收国际成熟经验，建立健全了期货基础法规制度、市场交易制度和交易规则。产品结构进一步完善。目前期货品种 23 个，涵盖了大宗商品、农产品、金属等，覆盖了国民经济主要产业领域。在金融期货方面，股指期货的推出使得我国期货市场开始了资本市场的建设阶段。股指期货上市以来，市场运行平稳有序，市场参与面不断扩大，市场功能逐步发挥。在期货经纪公司方面，通过净资本监管制度，行业合规水平和抗风险能力明显增强，公司财政状况明显改善，资本实力、抗风险能力不断增强。防范化解风险能力显著提高，妥善处理防范风险与市场效率关系，逐步建立了一套既符合国际市场运行规律，又结合我国实际的风险防范化解机制。此外，期货市场在国民经济中的地位日益重要，发挥了风险管理与价格发现的职能。

但是，我们需要认识到期货市场在取得巨大成就的同时，也面临着诸多问题，主要体现在：第一，我国目前的期货行业监管存在较为浓厚的行政色彩，相关立法较为落后；第二，我国期货市场的国际定价功能较弱，虽然我国目前是全球大宗商品的最大买家，但是对一些主要商品缺乏定价权；第三，期货市场的国际化较为落后，与国际主要期货市场之间的合作较少，缺乏完善的合作机制，投资者无法参与跨市场的套利交易，也无法在国际期货市场对冲风险，与国际投资者处于不平等地位；第四，对从事境外套期保值和境外投机交易限制较多；第五，我国目前金融创新能力不足，尚未推出期货期权。机构投资者培育迟滞，成熟市场中的投资者应以包括证券基金、银行、保险公司、养老基金、对冲基金以及产业机构投资者和期货公司等机构投资者为主，直到最近，政府才允许基金投资期货，我国机构投资者的培育才刚刚开始。

在当前世界经济环境之下，我国期货市场必须吸收借鉴国际先进经验，结合我国当前的基本国情，通过金融创新、货币政策调节的适当性，不断完善我国的期货市场，具体建议包括以下七点。

第一，本章的实证分析模型估计结果表明，沪铜指数增长率和 M_2 增长率对 GDP 增长率有显著影响，货币供应量和期货市场在经济快速发展过程中起到了非常大的作用，货币供应量与期货价格有正相关性。从波动性分析中我们发现沪铜指数和货币供应量的波动存在溢出效应，但是两者联动性表现得不够稳定，变动较为剧烈，因此货币政策不需盯住期货资产价格的波动。

第二，加强监管，防范风险，守住不发生系统性风险的底线。通过对期货市场风险的识别、分类、管理等风险管理手段，进一步完善期货市场交易规则。

第三，突出国家监管中的国家立法，避免行政过多地直接干预市场，充分发挥期货业协会和交易所的监管职责和自律建设，对《期货管理条例》进行修订以在适时推出《期货法》。

第四，深化发展已上市期货品种，加强新品种的研发上市，促进品种结构升级，支持符合实体经济需要且市场条件具备的产品上市交易。品种是期货市场赖以生存和发展的基础，过少的上市品种严重制约了我国期货市场的功能发挥。因此，按市场化原则改革期货品种的上市机制；简化审批程序、减少审批环节；加快推进原油期货市场建设；完善国债市场体系，积极推进国债期货市场建设；适时推出外汇期货；加快金融期货期权的的研发和培育力度；加快推出境外期货品种。

第五，不断完善投资者结构，鼓励更多的现货生产商、销售商进入期货市场进行套期保值，鼓励基金公司参与期货投资，使期货市场与证券市场一样，拥有更多的社会机构投资者。引导实体企业结合自身经济模式和实际情况，建立和完善风险管理体系，规范期货业务的套期保值性质和操作规范，倡导理性投资。鼓励实体企业设立专门部门或配备专门人员负责期货业务，鼓励企业建立期货、现货业务综合考核的评价体系。引导实体企业强化企业内部各部门之间的协调监督，形成完善的风险内控制度。

第六，扩大市场开放程度，支持市场投资主体多元化发展。允许国内投资者参与境外投资，放开对境外期货市场投资的限制。渐进扩大境外机构投资者参与国内期货交易的范围，允许国内期货公司在境外设立分支机构或参股当地期货公司，甚至参股当地期货交易所。

第七，加强与国际期货机构的横向合作，包括建立市场对冲机制、建立市场监管合作机制、不同时区的期货市场之间建立共享平台等。

第七章　我国货币政策、影子银行产品与经济增长

第一节　影子银行与经济增长

一　我国影子银行现状

影子银行是金融创新的产物，与发达国家相比，由于我国金融创新能力较弱，使得我国影子银行的发展仍处于初级阶段。

从发达国家情况来看，影子银行主要由非金融机构主导，核心是资产证券化，具有高杠杆、批发融资、机构投资者参与程度较深的特点。反观我国，情况与发达国家的差别较大，首先影子银行仍由商业银行作为主导，并且较少涉及资产证券化，价值杠杆率较低，使得机构投资者的参与较少，大多数的购买者为个人投资者，产品的销售也不存在“批发”。但是，我国与发达国家的影子银行也具有一定的相似性，主要表现在：影子银行均具备了期限转换与流动性转换的功能；影子银行均未被纳入目前的监管体系之中；影子银行均缺乏存款保险公司的保险和央行贴现窗口的流动性支持。

从融资主体与融资特征来说，我国目前影子银行大约可分为四类：一是因受到监管限制而从中套利的业务。通过个人理财、委托贷款、信托贷款、受让信贷或票据等方式提供融资，主要流向地方融资平台与实体经济。二是不受或较少受审慎监管的非银行金融机构，包括各类投资公司、担保公司、典当行等。三是建立在金融创新基础上的“影子银行”业务，如资产证券化和衍生产品交易。四是以私募股权基金、产业投资基金等为代表的融资方式。从机构层面看，我国影子银行体系中最具代表性的机构包括：信托公司、小贷公司、财务公司、证券机构、投资银行、按揭金融

公司、私募股权基金、投资基金等。

中国的影子银行体系自2010年起迅速扩张，但是由于对影子银行定义存在分歧，使得统计口径也存在较大的差异，因此不同机构对于影子银行规模的估算也存在一定的差异。

自2011年起，人民银行正式统计和公布社会融资规模数据，这是目前我国市场上发布的与影子银行相关的最具有权威性的数据。根据央行发布的数据来看，社会融资规模主要包括外币贷款、人民币贷款、信托贷款、委托贷款、企业债券、未贴现的银行承兑汇票、保险公司赔偿、非金融企业境内股票融资、投资性房地产和其他金融工具融资十项指标。据央行透露，未来该数据还将增加私募股权基金、对冲基金等新型融资渠道数据。2013年12月，国务院发布了《关于加强影子银行业务若干问题的通知》（国办发〔2013〕107号文），采取列举法对影子银行进行定义，将以下三类金融机构划为影子银行的范围，包括：①未被监管、没有金融牌照的信用中介机构；②监管不足，没有金融牌照的信用中介机构；③虽然持有金融牌照，但从事监管不足或可以规避监管业务的金融机构。

总结目前主要机构对我国影子银行规模的计算，我国影子银行的规模为15万亿—30万亿元人民币。中国社会科学院世界经济与政治研究所按照影子银行最窄口径统计，即只计算银行理财产品和信托公司产品规模，2012年我国影子银行体系的规模达到14.6万亿元，占GDP比重达到29%，而基于市场数据规模或达到20.5万亿元。

根据展恒理财发布的《2012中国影子银行报告》，采用的是狭义影子银行，包括银行、信用社、证券公司、保险公司、信托公司、证券基金公司、汽车金融公司、财务公司、金融租赁公司等国家正规金融机构，影子银行信用的路径主要为银行渠道和非银行金融机构渠道。通过银行渠道提供的影子银行规模包含银行理财产品（非保本型）4.2万亿元，其中含银信合作、银证信合作和银证合作部分；未贴现银行承兑汇票1.12万亿元；委托贷款6.5万亿元。通过非银行金融机构渠道提供的影子银行规模包含非银信合作信托产品4.6万亿元（总共7万亿元，扣除银信、银证信合作规模）；券商资产管理计划1.5万亿元（不单独计入总规模）。据此估算，中国影子银行总体规模约为18.82万亿元。而根据中金公司采取广义影子银行定义，规模大约为28万亿元。

表 7－1　　中国影子银行规模估算　　单位：亿元人民币

信用路径	计算口径	估算规模	备注
银行渠道	银行理财产品	42000	兼保本型
	银证值合作	21000	
	银信合作	3000	
	银运合作（通道业务）	7000	
	未贴现银行承兑汇票	11200	
	委托贷款	65000	
非银行金融机构渠道	信托产品	70000	扣除银值，银证值规模
	券商资产管理计划	15000	不单独计入总规模
	担保公司融资性担保	15000	不单独计入总规模
	小额贷款公司	5330	
	典当行	300	
非金融机构渠道	私募基金（债权部分）	5000	仅计算债权类规模
	民间倍货	40000	供义民用借贷

说明：所有数据统计时点有一定差异，以能够获取的最新数据为结算交易。

资料来源：中国人民银行、信托业协会、银监会、业务部、滑科研究中心、基金研究中心。

由于影子银行的发展时间短，对经济增长与货币政策的影响目前还很难以做出实证分析，本书更多地采用定性分析。

二　影子银行对经济增长的推动作用

目前，一部分学者由于“影子银行”所暗藏的风险，对其持批判态度，认为应对其施以有效的监管手段。但是，我们无法否认的是中国的影子银行问题归根结底是在转轨时期中国金融体制下金融深化的产物，在一定程度上倒逼我国金融领域持续推进深层次的改革，客观上促进了实体经济的发展。这种促进作用主要表现为两方面，一是影子银行作为社会融资总量的一部分，对经济增长具有明显的推动作用；二是影子银行体系的发展有利于促进我国利率市场化的形成。

长期以来，我国社会严重依赖间接融资，导致金融市场欠发达，金融业对社会服务不够，特别是对中小企业服务不足。我国可以看作是“金融过剩”与“金融不足”并存的国家，银行信贷是国内生产总值的约 120%（2010 年年底），社会融资严重依赖银行体系，很多中小企业融资困难。而影子银行恰恰就是在这种背景之下产生的。从社会融资总量角度来看，影子银行在其中所占比重正日益提高。按信托贷款、委托贷款和未贴现银行承兑汇票这三类最接近影子银行类别来看，在融资总额中的占比正不断提高，在2013年的占比已经达到30%，创下历史新高（见图7－1）。

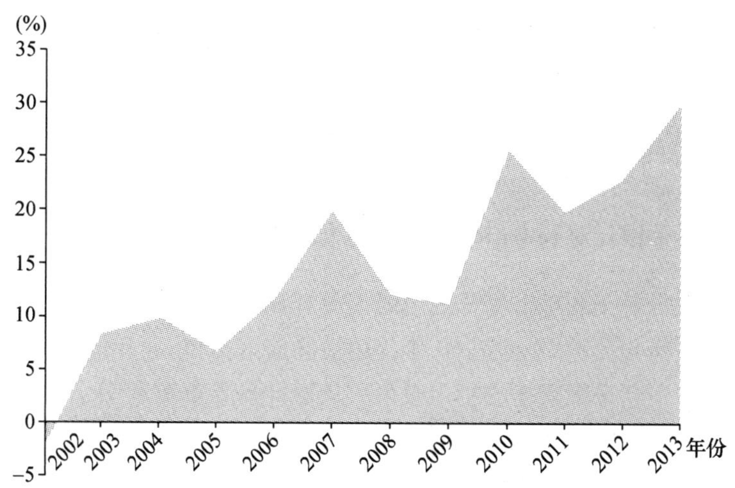

图7－1　影子银行在社会融资总额中的占比

首先，影子银行弥补了我国金融体系的不足，特别是在当前中国间接融资、银行传统存贷款业务占比过大的市场结构下，影子银行的资金大部分流入到实体经济，填补了在正规银行信贷服务里满足不了的融资功能，能够进一步满足实体经济资金需求。以影子银行的一个重要组成委托贷款为例，其有效缓解了中小企业面临的融资难问题，使企业不再拘泥于银行信贷、票据贴现等传统方式。正是这些优势使得委托贷款在社会融资总额中的占比不断提高，从2013年1月的8%上升至2014年1月的15.37%，几乎翻番。

其次，影子银行体系也突破原有的资金价格管制，为社会资金提供了多元化的、高收益的投资渠道。例如，从委托贷款的资金借出方的角度看，企业的闲置资金以定期或活期存款的形式存在银行，将直接面临负利率的困境，而通过委托贷款，由金融机构根据委托人确定的贷款对象、用途、金额、期限、利率等，代为发放、监督使用并对贷款协助收回，可获得明显较高的利息收入，何乐而不为？

最后，影子银行对金融创新也具有显著的推动作用。在我国当前背景之下，由于监管较为严格，影子银行发展的动力主要来自监管套利与对风险管理的需求，甚至可以说影子银行从本质上来说就是一种金融创新，可以发挥传统商业银行无法发挥的基金作用，包括在监管宽松的环境下，可以对技术发展等新生事物更快反应等。

此外，影子银行也可以助推传统商业银行转型升级。由于影子银行对于当前金融需求的满足程度更高，将对传统商业银行的竞争业态产生影响，促进传统商业银行进行转型升级，从而从行业整体的角度提升活力与创新的动力。

综上，影子银行对于促进我国经济与资本市场发展具有显著的正面推动作用。

三　影子银行对利率市场化改革的推动作用

影子银行对于利率市场化的形成也具有显著的推动作用。我国目前的利率市场情况与美国20世纪60年代的情况较为类似。当时的美国为应对通货膨胀，不断采取紧缩的货币政策，从而推高了市场利率，而传统商业银行由于受到Q条例的限制，在存款利率方面缺乏吸引力，产生了存款脱媒现象，为解决这些问题，美国银行通过金融创新，开发出了众多创新金融产品，绕过监管提供市场化的利率，包括大额可转让定期存单等，以满足市场需求。这些金融工具之后迅速发展并受到了市场的积极反应，使得当时市场上的利率监管名存实亡，推动了美国利率市场化的发展。可以说，美国的利率市场化是由金融创新推动而成的，监管层仅是通过放开利率管制，给予了金融创新产品合法的身份。

反观我国，影子银行爆发式增长的最重要因素就是我国利率市场化没有完全实现。尽管我国经历了30年的金融市场改革，但至今离一个自由市场机制还相距甚远：基准利率仍由中国人民银行监管、政府仍然影响资金分配，而核心问题就是正规的银行体系利率被压制。由于实际贷款利率偏低，所以导致对信贷的过度需求，这又导致信贷资源在分配中存在偏差，金融机构只能通过影子银行这种金融创新来满足市场需求。影子银行的快速发展使得我国央行针对表内业务的调控政策逐步失效，未来改革已经无法避免，而利率市场化无疑是影子银行所推动的改革中的主要内容。

第二节　影子银行的风险

由于缺乏有效的监管，在信贷政策趋紧的环境下，影子银行体系业务日渐扩大，风险呈上升趋势。

一 影子银行风险的形成原因

影子银行最近几年才刚刚兴起，随着金融创新的不断深入，以及金融机构的制度不规范，会带来一定的风险，这些风险可以总结为以下五个方面。

（一）期限错配造成的流动性风险

影子银行体系存在的最主要风险是由于期限错配所导致的流动性风险。从负债方的角度来看，迫于竞争压力，影子银行的产品呈现出短期化的趋势，产品期限在1—3个月的理财产品比重已经从2006年的不足20%上升至2012年的60%。而从资产方的角度来看，在收益率的驱动下，影子银行资金一般倾向于流向中长期项目，例如城投债，而这些项目的平均期限远远长于1—3个月。从理论角度，只要影子银行产品可以不断滚动发行，则不会存在期限错配的问题。然而实际上，一旦市场环境发生变化引发对影子银行产品的需求降低，打断了短期理财产品的滚动发行，就会造成影子银行产品无法依靠短期负债来匹配长期资产。在这种情况下，影子银行要么进行流动性拆借，要么提高收益率吸引购买，要么抛售长期资产。而这三种情况都会对整体金融体系造成负面影响。

并且由于影子银行一方面所受监管较少，所以期限错配的问题更加严重，另一方面由于无法在央行进行贴现，所以一旦市场出现变动，影子银行受到的期限错配的冲击将远远大于传统的银行体系。

而且目前流行的资金池—资产池的理财业务还会进一步放大影子银行的期限错配。影子银行通过将不同的理财产品销售所获得的资金汇入总资产池，然后将资金投资于不同的项目，使得资金的收支犹如在“黑匣”之中，难以区分资金与资产的对应情况，一旦某一个投资项目出现违约风险，将影响整个资金池中的资金，甚至引发集中赎回的风险。

（二）信用违约风险

由于影子银行所要求的收益率较高，使得影子银行一般投资的项目具有较高的风险，进而使得影子银行的信用违约风险较大。从影子银行的投资项目来看，工商企业、基础事业与房地产是占比最高的三类项目，而这三类项目均不同程度地存在问题。

在工商企业方面，由于过去十年间的高投资收益率吸引了大量资金进入工商企业，造成了产能过剩的问题，在这种背景下，影子银行资金进入工商企业，一旦企业无法还本付息，影子银行也就面临一定的风险。

在基础事业方面，同样存在“产能过剩”的困扰，主要表现为基础事业的使用率过低，无法通过收入覆盖贷款本息。尤其是在2008年的财政刺激方案之后，各地掀起了一轮新的基础事业投资热潮，加剧了基础事业的“产能过剩”。

在房地产方面，受到政府政策调控的打压，很多房地产企业出现了资金链断裂的问题，不得不通过出售土地或楼盘来满足流动性，在这种背景下，中小房地产企业所受影响最为明显，而这些企业恰恰是影子银行的主要投资对象。

（三）行业杠杆率高

由于我国法律法规没有对杠杆系数进行规定，而我国金融市场上的贷款担保公司在利益的驱动下，尽量放大杠杆，追求更高的利益，导致担保的规模非常大，杠杆系数也非常高。因而，对行业和机构的杠杆风险不可小觑。近几年，我国信托行业飞速发展，信托公司为了获得高额的利润，通过发行信托产品加大杠杆放款给房地产公司，在近一两年国家对房地产行业严格调控和严控银行贷款后，信托行业的风险也在不断累积。另外，我国在货币市场和资本市场也开通了回购和逆回购交易，影子银行为了获得更多的利润，通过杠杆化操作投资于各类金融衍生品和有价证券。在股票市场上的约定购回交易、股票质押式回购等都是杠杆化工具，通过循环操作，可以不断地加大杠杆。此外，在回购市场上，影子银行利用回购协议获得资金，然后拿获得的资金购买有价证券后再回购，从而放大杠杆。我国的期货以及即将推出的期权实行保证交易，最高可以把杠杆放到20倍左右。因此，影子银行的杠杆风险不可小觑。

（四）利率限制

由于我国对利率进行管制，所以正规金融机构尽量满足央企、大型企业的资金需求，而中小企业的资金需求很难满足，在这种情况下就造成了地下银行的扩张。利益的驱使，使很多企业家和其他富裕人群无意把资金存入正规金融机构，而是通过影子银行等非正规渠道借给资金受限的中小企业及私营企业，从中收取高额的利息。由于影子银行等非正规金融机构的扩张，导致市场资产价格的波动，增加了风险以及市场的不稳定性。

（五）国内的分业监管导致影子银行监管缺失

2008年全球爆发金融危机前，欧美等国家在竞争理念的指导下，相信市场的力量，认为市场能够使金融产品的购买者去购买低风险的金融产品，监管当局尽量放松对金融创新的限制，任由影子银行自行发展，金融机构自行进行风险控制。正是由于监管当局的放纵以及影子银行机构交易的隐蔽性，导致在影子银行出现严重问题时对金融体系都难以控制。而在我国金融监管体系中，影子银行游离于“一行三会”的监管之外，加之其比传统银行弹性更大、更加脆弱，使得在其面临流动性危机时，不但得不到中央银行的资金支持和政府的救助，而且更容易引发资产价格暴跌，企业倒闭破产，投资人、债权人和其他关联人蒙受损失，影响金融体系的稳定。因而要首先在法律上明确影子银行的程序以及监管体系，避免影子银行造成经济的不稳定性。

二　影子银行风险的形成与传染过程

影子银行创造了大量的金融衍生品，随着影子银行体系的迅猛发展，金融衍生品成为货币的替代工具，由于衍生品普遍具有高杠杆率，导致整个社会信用及社会资产总量的大规模扩张，成为一种新的流动性创造方式。

当经济处于正常状态时，随着资产价格的上涨，投资者存在投资需求，使得各种金融产品具备流动性，而当经济状态出现逆转或恶化时，投资者的投资需求会显著降低，可能会大量抛售所持有的金融产品，导致金融链条的断裂，使得影子银行无法通过产品销售获得资金。在这种条件下，金融机构同样会选择降低杠杆率，这种继续推动资产价格的下降，最终引发信用链条的断裂。

21 世纪以来，全球金融体系的高度繁荣实际上与金融市场中杠杆率大幅放大、投机交易规模急剧增长以及监管当局的监管缺失等直接相关。影子银行比传统商业银行的增长更快速，并游离于美国原有的金融监管系统之外，也不在美国最后贷款人机制的保护范围之内。影子银行在美国金融危机中表现出严重的系统重要性问题。2007 年初现端倪的次级住房抵押贷款问题，直接引发了影子银行的资产负债期限错配缺陷的爆发，从而产生了流动性危机，并逐步蔓延演化为大萧条以来最为严重的全球金融危机。在美国资本市场主导的金融体系中，传统商业银行和其他信贷机构基于资产贷款的重要性逐步淡化，而其他可以采取杠杆操作的业务，比如自营业务、做市商、投资银行和风险管理等，却急速扩大。该体系下，影子银行由于受金融监管机构的监管相对有限，只需留存少量准备金（甚至没有留存准备金），资本运作的杠杆率很高，这样整个金融体系的杠杆率随之升高。由于影子银行金融创新、杠杆操纵和过度交易等带来的风险，自然地转移分散到金融市场的各个角落，这样影子银行体系的风险就演化为整个金融体系的风险。影子银行在信息不透明的条件下进行高杠杆操作，致使流动性更加脆弱，加上这些行为都是规避监管性质的金融活动，系统风险就被放大了。

第三节　影子银行对我国货币政策执行效果的影响

近年来，在我国金融改革进一步深化的背景下，随着银行传统信贷业务投放范围和存贷比的限制，商业银行资金流入实体经济领域的增长动力有所减弱。与此同时，房地产等银行信贷资金投放受限的行业对资金渴求程度有增无减。

影子银行的产生是金融发展、金融创新的必然结果，作为传统银行体系的有益补充，在服务实体经济、丰富居民投资渠道等方面起到积极作用。在满足经济社会多层次、多样化金融需求的同时，影子银行也暴露出业务不规范、管理不到位和监管套利等问题。经验表明，影子银行的风险具有复杂性、隐蔽性、脆弱性、突发性和传染性特点。

一　影子银行对货币政策中介目标的影响

影子银行对货币政策中介目标的影响主要表现在三方面，在中介指标方面，由于影子银行具有一定的货币职能，使得央行所获得的货币供应量数据失真。在货币周转率方面，影子银行通过提高货币周转率，削弱了央行通过调节货币存量与最终调节目标之间的相关性。在利率调控免疫方面，由于传统调节工具对影子银行体系的利率无法进行调节，使得央行无法通过利率引导资源配置。

二　影子银行对货币政策操作目标的影响

影子银行对货币政策操作目标的影响主要通过对资金库存的影响发挥作用。由于影子银行体系的存在，使得银行可以从中快速得到资金补充，原先的存款准备金等调控手段对于银行的限制作用越来越小。

三　影子银行降低了货币政策传导的可控性

首先，影子银行属于不受监管的表外业务，这时传统的监管机制有效性受到挑战，货币政策的传导可控性下降；其次，影子银行通过理财产品的方式进行投资，对传统信贷形成了替代作用，增加了货币供给，减弱了货币政策在数量方面的可控性。

四 影子银行增加了货币政策传导时滞的不确定性

由于影子银行游离于商业银行的监管体系之外，而其存在的对存款与信贷的替代作用影响了货币政策传导各环节的主体，改变各主体投资决策的制定。而货币政策传导的每一各环节均会对货币政策传导产生影响，传导环节复杂性的增加势必增大其时滞性，增加了货币政策调节的难度。

第四节 中国货币政策调控的改进与完善

一 完善货币政策中介目标

在影子银行存在的金融体系中进行货币政策的调控，首先需要构建明确的社会融资总规模的指标体系。

二 完善货币政策调控工具

首先，应该建立完备的数量型货币政策条件供给的指标体系，通过对银行存款准备金统计口径进行调整，将原先游离于现有监管体系之外的各类资金划入统计范围，增强现有货币政策调控工具的有效性。

其次，基于现有金融体系的特点，建立针对不同金融机构的差别化准备金制度，提高对资金杠杆率的监管，达到提高准备金制度运行效率的目的。

三 提高中央银行再贴现工具的效力

提高再贴现工具的效果，应该一方面实现以票据市场利率为基础的再贴现利率市场化形成机制，强化央行对货币数量进行调控的效果；另一方面，通过构建完备的国债市场，形成包括同业拆借市场、短期债券市场和票据市场在内的不同期限市场的联动性与协调性，为我国构建利率市场化提供基础。

四 完善货币政策传导机制

将现有商业银行的资产证券化、理财产品等表外业务纳入表内，进行规范管理，通过从影子银行的需求端出发，解决中小企业融资难等问题，为货币政策提供稳定有效的传导路径。此外，通过运营利率等价格型货币政策工具对影子银行的资金价格进行管理，力争将影子银行纳入货币政策的调控体系之中。

第八章　我国系统性金融风险防范研究

2007年以来，美国次贷危机和欧洲主权债务危机引发的金融危机迅速波及全球各大经济体，给世界各个国家带来深刻的影响与沉重的打击，至今全球各国仍然缓慢地行进在复苏的进程中，复苏的前景还不明朗。金融危机给人民带来了非常痛苦的灾难，自危机以来美国失业率一直居高不下，最近才开始逐步下降，中国在2009年春节开始涌现农民工归乡潮，沿海地区许多外贸企业大量倒闭或停产；金融危机给各国政府带来政治的不稳定，随着失业率的增加，欧洲青年涌上街头进行抗议，而美国甚至出现了占领华尔街的行动。金融危机所造成的巨大破坏性影响让人触目惊心。因此，如何防范系统性金融风险成为各国政府关注的当务之急，中国中央政府多次强调要守住防范系统性、区域性金融风险的底线。

为应对系统性金融风险，美国专门成立了系统性风险委员会，欧洲也在现有的银监局、证监局、保监局构筑的监管体系中心成立了系统性风险委员会。我国的理论界、实务部门也在积极探索我国统一协调的监管架构，除此以外，各国开始在具体的风险测度、预警等技术指标上进行研究。本章将专门就如何防范我国系统性金融风险进行研究与实证检验。

第一节　系统性金融风险有关研究与文献综述

一　现有文献对系统性风险的定义

系统性风险的概念在金融危机之后，其定义日益明确与清晰，并展现出与以往不同的视角。十国集团（G10）认为，系统性风险是指导致金融体系重要部分受到经济价值或信心的损害，并随着不确定性的上升对实体经济造成负面影响的风险（Sylvester，2001）。美国联邦储备委员会认为系统性风险是一个金融机构的违约会导致其他金融机构同样发生违约的风险，并最终会导致实体经济出现支付困难的这种风险。国际货币基金组织（IMF）、金融稳定理事会（FSB）和国际清算银行（BIS）认为，系统性风险是指金融体系部分或全部受到损害导致的大范围金融服务中断并给实体经济造成严重影响的风险（BIS，2008；IMF，2009）。哈特和津盖尔斯（Hart 和 Zingales，2009）则认为，系统性风险是指一家机构的倒闭引起系统内其他机构的倒闭并对实体经济产生影响的风险。我国通常认为，系统性风险是由于金融主体自身对于风险的不可控，进而使得其他金融市场参与者共同面对风险，这种风险一般指的是宏观因素。如王大威认为系统性金融风险是由于单一金融机构出现支付困难、违约，甚至破产清算或可能引发危机的金融事件爆发从而传播至其他机构甚至不相干第三方机构，或者是风险不断聚集或在迅速扩散后导致风险爆发引起全国性或全球性经济危机的风险。通过对上述不同定义进行梳理，我们发现系统性风险的不同定义有以下几个共同点：首先，系统性风险所涉及的主体是金融体系或者是其重要组成部分；其次，不同定义均认为风险存在外溢性，也就是说，风险会在不同金融机构之间进行扩散并传导至实体经济。但我们也注意到，不同的定义之间也存在差别，包括风险来源的确定等。

二　系统性金融风险形成机制的相关研究

（一）从顺周期性探讨系统性金融风险的形成机制

从顺周期性探讨系统性金融风险的形成机制主要表现在以下四个方面。

第一，行政干预和经济发展所处时期可能出现不相适应或顺周期现象。对于行政干预，学术界一直存在争议，但一般认为政府只应该在出现市场失灵时进行的干预才是有效的，否则只会降低市场的资源配置效率。在发展并不完善的经济体中，当由于市场机制不完善而产生风险时，政府则应该进行干预，但是如果干预不当或是干预的深度不适当时，很有可能危害经济的平稳运行。

第二，金融监管呈现出顺周期性。金融监管产生的顺周期性主要表现在两方面，一个是金融监管模式与当前金融发展阶段不匹配。从本次金融危机来看，由于危机之前的金融监管较为宽松，虽然极大促进了金融的发展，但是也使得风险不断孕育；另一个是金融监管的配套措施与金融体系不匹配，涉及的配套措施包括法律法规、财务、会计信息披露等。

第三，利率市场化进程与金融体系现状不匹配。目前很多国家的利率尚未市场化，使得利率无法反映真实的资产价格，而这与金融自由化相互冲突，容易导致系统性风险的产生。

第四，汇率制度的选择与宏观经济条件下和宏观经济环境下的变化并不协调。对于是固定汇率制还是浮动汇率制可以有效抑制金融系统性风险能力的尚未达成共识。可是众所周知，选择何种汇率制度主要看宏观经济条件变化。汇率制度的选择对于金融系统的稳定尤其重要，如果选择失误，将会加大金融风险的不稳定性，损害国家的贸易基础条件和外汇储备。值得研究者特别注意的是汇率政策的适用性和调整性。如果一国汇率制度过于僵化，当出现风险时，不能根据国内外的条件的变化而变动，由此可能导致本币高估，将严重威胁外汇储备，乃至整个金融系统构成的稳定，这一论点在亚洲金融危机中已经得到验证。

（二）从其他角度探讨金融系统性风险形成机制

Hoeing（2008）认为金融体系中的信息不对称是导致美国次贷危机发生的主要原因，由于信息不对称既会产生逆向选择和道德风险，从而引发挤兑风险。在金融危机中，金融机构只追求利润，忽视了风险管理，加之薪酬体系对于管理人风险偏好的影响也在一定程度上产生了系统性风险（De Larosière Group，2009）。

在此方面，国内学者在这方面也做了多方面的研究，张晓朴（2010）认为金融体系所固有的脆弱性、监管难度日益增加、宏观经济调控失误、经济周期和非理性是系统性风险产生的主要原因。范小云（2002）认为，中国系统性金融风险的根源就在于整个金融体系的脆弱和不完善，累积在银行业的大量不良金融资产是引发系统性金融风险的重要诱因。杨军（2011）认为，系统性风险的产生是由于不同金融机构及金融体系之间存在的内在相关性。魏国雄（2010）认为，金融机构业务的同质化及风险过于集中，使得风险在不同市场之间无法相互抵消是系统性金融风险产生的主要原因。

三　关于金融系统性风险的测量

对于金融系统性风险的测量，主要包括综合指数法与早期预警法两种，两者相较而言，如果指标构建得当，综合指数法的效果优于早期预警法，但是由于指数构建需要基于历史数据，这使得该方法在发展中国家的运用受到了限制。

在金融危机之后，受宏观审慎监管理念的影响，学术界与实务界开始对系统性风险的识别与测量进行分析。主要观点包括两方面的内容：一是对于系统性风险的测度不能仅基于资产负债表数据，还需要将市场交易数据等强时效性的数据纳入度量模式中；二是不仅考虑宏观经济对金融体系的影响，还需要考虑金融体系的内部关联性与传染性度量。

（一）资产负债数据的系统性风险度量

在金融危机之前，由于受到对系统性风险认识的限制，一般采取的是综合指数法与早期预警法两种对系统性风险进行测度，而在金融危机之后，主要采用的风险测度方法为网络分析法，运用双边敞口矩阵对风险在不同金融机构之间的传染进行分析。

综合指数法是通过构建反映金融系统性风险状况的指标体系从而达到对系统性风险进行度量的目的。具体来说，综合指数法的构建包括两个步骤，首先是确定可以反映系统性风险的指标；其次是对各指标进行量化，并通过加总获得最终的综合指数。在相关研究方面，Illing 和 Liu（2003）、Hakkio 和 Keeton（2009）、Cardarelli 等（2009）对于不同国家的指标体系中所包含的被解释变量进行了研究。针对不同指标的权重问题，一般包括因子分析、信用权重、主成因分析、AHP 层分法等。国内学者在这一方面，也提出可以运用逐步回归、银行经营指标等方法进行构建。总体而言，综合指数法是一种使用较为灵活，可以根据实际情况进行调整的风险度量方法。

早期预警法是通过对历史上金融危机进行分析，从中寻找共同点，通过对共同点的预警实现对未来金融危机的预警。早期预警法的代表模式是弗兰克尔和罗斯（Frankel 和 Rose，1996）提出的 FR 概率模式，这一模型要求能准确定义并识别金融危机。国内学者基于国外的研究结论，提出了一些改进建议，包括从经济转型、经济周期和财务因子的角度引入 Logistic 模型（李关政，2012）。此外，早期预警法还有 KLR 信号法、STV 模型、DCSD 模型、基于时变转移概率的马尔科夫转换模型等。

网路模式是由 Jeannette Müller（2006）首先开始使用，主要基于银行间的风险敞口与交易数据进行网络分析，通过对风险在网络中的传染情况，测算单一银行的风险对整个网络的影响。在此基础上，Ghosh 使用了双元递归数方法，使模型可以不受变量变换的影响，从而增加引入定序的结构型变量的便利性。侯明扬和伍海华（2008）还使用复杂网络分析的方法对其模拟过程进行了扩展，但在向宏观整体过渡的过程中依然缺乏理论基础。

（二）基于股票和债券市场数据的时间序列模型

在基于股票市场时间序列数据的系统性风险度量中，主要通过对传统的 VAR 模型和 MGARCH 模型的改进进行测度，而针对衍生品市场的数据主要通过 CoRisk 模型。

虽然 VAR 模型在风险测度方面的使用较为广泛，但是其自身也存在无法克服的缺陷：首先，运用 VAR 模型计算的风险无法满足可加性的要求；其次，VAR 模型对分数点以下的左尾损失的估计不足，而这恰恰是金融危机爆发时应该关注的；再次，VAR 模型要求风险服从正态分布，这与实际情况存在较大差别；最后，VAR 模型是基于历史数据，这使得其缺乏前瞻性以及对未来的极端事件的预警功能。学者也对 VAR 模型进行了需要有益的改进，包括考虑市场流动性的 LVAR 模型、侧重于极端情况的 EVT 方法、考察尾端损失的 ES 模型等。

CoRisk 模型主要用于债券和衍生品的风险度量。在现实中，由于金融机构的风险变量之间的相互影响并不是线性的，Adrian 和 Brunner Merrier 提出运用分位数回归的方法衡量非线性关系，可以被看做是 CoVaR 方法的一种实现。

（三）基于多市场数据的系统性风险度量模型

在基于多市场数据的模型方面，一般采取基于 Copula 函数相关性分析方法的未定权益分析（CCA）模型和危机联合（JPOD）模型。未定权益分析（Contingent Claims Analysis，CCA）模型由 Lehar（2003）提出，Gray & Jobst（2009）将其发展。根据资产回报率协方差矩阵的分解结果，运用蒙特卡罗模拟对预警事件对因变量的变动进行模拟，当一定比例总资产的银行破产时，则认为系统性风险的暴露。通过重复模拟，得出每一时点的系统性风险指标。

这种以模型设计与测度的系统性风险方法，有较大的风险。原因在于将社会中众多因素进行筛选，所选取的变量与模型难以真实地模拟现实金融实践。社会经济生活的复杂多变，使假设出来的模型质量比较差，数据又难以获得。因此，这种方法可信度比较低。或者说其要求非常高，非常苛刻，必须能够严谨地分析各种逻辑关系与内在机理。而美国次贷危机已经显示风险模型要比想象中的可信度低很多。所以拥有复杂的模型，所有的压力测试，所有的数据，只是研究中的花拳绣腿。躲过危机的，往往是那些拥有良好管理的机构，而不是依靠模型技术实现的。在不信任模型的同时却又积极地使用它们则是一个悖论。目前研究者对模型赋予的期望，已经超过了其实际的能力范畴，就像对涵盖经济金融体系总风险的系统性风险的测度一样。脱离理论支撑而单纯对模型进行技术上的修正，不断地进行估测是愚蠢的，因为虽然可以得到数据，但却是毫无意义的数据

（Jón Danielsson，2008）。

从我国目前系统性风险的测度情况来看，存在以下几个方面的问题：首先，模型的使用与实际情况存在一定的偏离，随着我国经济的不断发展，金融体系也日益复杂，现有模型对于风险刻画不准确情况日益增加。其次，由于目前的风险测度模型大多基于历史数据，而我国金融体系的发展时间较短，在历史数据的支持方面也存在不足。最后，我国的系统性金融风险测度模型对于不断开放的国内金融环境适应性不足，外部冲击尚未纳入风险测度的指标体系之中。

第二节　金融系统性金融风险的测度

防控金融系统性风险的重点在于能够及时、准确地测度金融系统性风险，而正确选取恰当的方法和金融指标则是及时防范系统性危机发生的关键。

随着社会经济的不断发展，一国的金融系统性风险越来越错综繁杂，联系颇广。因为，目前所有国家的金融体系都包括了各类银行、保险、证券期货、信托投资等各类金融机构以及货币市场、资本市场、外汇市场等各类金融市场，而各类金融机构及其创造、运用的金融工具与各类金融市场之间的联系又呈现出立体的蛛网状结构。

总结国内外现有的相关文献，我们认为可以从六个维度选取 28 个指标来测度金融风险，见表 8－1，这其中就包括：利用宏观经济指标来反映宏观经济环境的稳定性；用金融机构指标来监测银行系统的危机；用外部冲击风险指标来反映货币危机；泡沫风险指标考虑由资产价格变化导致的风险；全球经济指标考虑国外主要经济实体的变化对中国的影响和债务风险指标考察政府的稳定性。

表 8－1　　备选金融系统性风险指标体系

维度	指标	维度	指标
宏观经济环境	1. GDP 增长率；2. M2 增长率；3. 通货膨胀率（消费价格指数）；4. 工业增加值增速	外部冲击风险指标	1. 汇率波动程度；2. 国内外实际存款利差；3. 国外间接投资/FDI；4. 错误和遗漏/贸易收支；5. 经常项目逆差/GDP；6. 外汇储备支持进口时间；7.（FDI＋经常项目逆差）/GDP

续表

维度	指标	维度	指标
金融机构指标	1. 银行体系整体资本充足率；2. 商业银行不良贷款率；3. 信贷增长率；4. 贷款/存款；5. 储蓄存款/M2	债务风险指标	1. 财政债务依存度；2. 财政赤字/GDP；3. 外债总额/GDP；4. 外汇储备/外债总额；5. 短期外债/外债总额；6. 短期外债/外汇储备
泡沫风险指标	1. 股市平均市盈率；2. 股价指数波动率；3. 房价增长率；4. 房价指数变化率	全球经济指标	1. 国际原油价格变化率；2. 美国经济增长率

第三节　模型方法与参数估计

在时间序列模型中，很多时候资产的价格会因为某一个可以识别的重大事件发生很大的改变，例如在以周为单位的时间序列中，美联储的利率和国债利率是相关联的，但是放在更长的时间段来看，美联储的利率还会受到各种货币财政政策的影响，例如 1979 年美联储的一次公开市场操作就造成了利率的不连续变化。那么这个时间序列将会被分为两段来进行研究。很多经济上的重大事件都会影响金融的时间序列，例如第二次世界大战和欧佩克突然的减少石油供给，这些都应该被认为是金融时间序列中可以识别的一段时期。

下面我们反过来想，假设我们不知道金融时间序列被划分为了哪几个时期，但是我们知道所有的金融时间序列数据，当我们看到不连续的时间序列数据时，我们可不可以推测出时间序列数据已经进入另一个时期的可能性呢？答案是肯定的。如文献综述中提到的，H – M. Krolzing（1997）提出马尔科夫区制转换的向量自回归模型（Markov – Switching Vector Autoregress，MS – VAR）成功解决了这一难题。

MS – VAR 可视为基本有限阶 VAR（q）模型的推广。考虑如下一个 X 维时间序列构成向量 $y_t = (y_{1t}, \cdots, y_{xt})$ 的 q 阶自回归过程：

$$y_1 = v + A_1 y_{t-1} + \cdots + A_q y_{t-q} + u_t \tag{8-1}$$

其中，$t = 1, 2, \cdots, T$，$u_t \sim N(0, 1)$，$y_0, \cdots, y_{t-q}$ 均为既定值，v 是 $y_t K \times 1$ 维均值。如果误差项是服从正态分布，$u_t \sim N(0, 1)$，则上述方程式（8 – 1）为稳态高斯 VAR(q) 模型的截距形式，它可以表示成如下

的均值调整形式：

$$y_t-\mu=A_1(y_{t-1}-\mu)+\cdots+A_q(y_{t-q}-\mu)+u_t \tag{8-2}$$

其中，$\mu=(I_x-\sum_{j=1}^{q}A_j)^{-1}$。

在实际研究中，如果时间序列受到区制变化的支配，且假设有 N 个区制，并且假设不可观测的区制已实现值 $S_t\in\{1,\cdots,N\}$ 是一个离散时间和离散状态的马尔科夫链，其转移概率为：$p_{ij}=p(S_{t-1}=j|S_t=i)$，$\sum_{j=1}^{M}p_{ij}=1,\forall i,j\in\{1,\cdots,M\}$。

则方程（8－2）可以写成阶数为 q，区制数为 N 的马尔科夫区制转移式：

$$y_t-\mu(S_t)=A_1(S_t)[y_{t-1}-\mu(S_{t-1})]+\cdots+A_q(S_t)[y_{t-q}-\mu(S_{t-q})]+\mu_t \tag{8-3}$$

其中，$u_t\sim N(0,1)$，μ_{st}，$A_1(S_1),\cdots,A_q(S_q)$，$\sum(S_t)$ 用来描述参数 μ，A_1，…，A_q 和 $\sum$ 对于已实现区制 S_t 依赖的变参数函数，即：

$$\mu(S_t)=\begin{cases}\mu_1 & S_t=1\\ \cdots & \\ \mu_N & S_t=N\end{cases} \tag{8-4}$$

在模型（8－3）的模拟过程中，假如一个区制发生一个当即的一次性跳跃，那么模型会随之改变。

利用汉密尔顿（Hamilton）给出的马尔科夫区制转移类模型的极大似然估计（ML）算法——期望最大化算法（EM）估计模型（8－3）中一个区制转换到另一个区制的概率（转移矩阵）。通过估计区制变量 S_t 的取值概率来划分区制变量的主要状态。当然这会带来巨大的计算量，尤其是当区制数 N 和变量个数 q 增大时，计算量将呈指数级增加。因此，虽然*H－M. Krolzing* 在 1997 年就已经提出此模型，但是其真正广泛的应用却还是得益于国外一些学者将该模型程序化并将程序源码公布于网上。

本书将使用国外学者提供的程序包，利用中国的经济数据，对中国经济从一种状态（区制）向另一种状态转换的概率进行检验和预测，以此来对经济健康情况发出预警。首先，我们可以将金融风险的恶化程度，这个区制变量设置为“低风险”、“中风险”和“高风险”三种状态。然后我们定义：以这个区制的平滑概率估计值是否大于 0.5 为衡量标准，若大于

0.5，则表明其处于某相应风险区制下的系统安全状态。即当低度风险区制的平滑概率估计值大于0.5时，为风险较低状态，预警系统安全；当中度风险区制的平滑概率估计值大于0.5时，预警系统则发出警报信号为中度风险状态；当高风险区制的平滑概率估计值大于0.5时，预警系统将会发出高度警报信号。

第四节　系统性金融风险预警指标描述与选取

一　金融风险预警指标体系

通过对历年经济金融危机的总结，可以将危机分为三个种类：一是由一国货币迅速贬值造成的危机，例如墨西哥危机、东南亚金融危机等。二是由于银行迅速扩张信贷又无力收回，引发挤兑潮，造成由银行危机引起的经济危机。例如1933年美国内华达州和爱荷华州银行被挤兑停业后，挤兑潮蔓延到全美国，导致全国大部分银行"放假"，引发金融危机。三是由一个国家的资产泡沫迅速累积，然后破灭引发的危机，例如1989年日本的金融危机。三种危机的经济学原理及常见指标见表8－2。

表8－2　三类危机风险指标体系

类型	经济学原理	指标名称
货币危机	货币价值高估，外汇储备耗尽后，货币迅速贬值，进口成本急剧增加，外债无法偿还，引发货币危机	汇率 国家外汇储备 国内利率
银行危机	银行快速扩张信贷，当国内利率升高，营业成本升高，贷款又无法按时收回时，会发生破产情况，引发整个银行业的挤兑危机	贷款/存款 实际利率 货币供应量
资产泡沫危机	资产价格快速上涨引发资产泡沫，泡沫破灭使资产价格快速缩水，引发灾难性的金融危机	股票价格指数 房价指数

基于表8－2分析，本书现构建货币危机指数、银行危机指数和资产泡沫指数来预警金融风险。由于使用频率较高的月度数据可以更加准确地预警，考虑到数据的可得性，本书选取1998年1月到2011年6月的月度

数据进行研究。数据来自 Wind 数据库，其中 GDP 没有月度数据，本书中的月度 GDP 是利用 Wind 软件转换得到。

二　压力指数的构建

在确定了监测指标体系后，我们可以构建压力指数作为模型的因变量，分别反映货币危机、银行危机和资产泡沫风险情况。由于经济的波动是通过一系列的经济活动来传递和扩散的，即任意一个经济变量本身的波动过程都不足以代表经济整体的波动过程。所以本书采用多项指标来合成危机压力指数。

（一）货币危机指数

一般来说，外汇危机过程是资本的突然流出而引起的本国货币价值突然贬值，因此，很多研究结果都是用外汇突然贬值来作为货币危机发生的基准。但是，资本突然流出时，政府是可以有两种选择的。第一个选择是放弃固定汇率体制或外汇市场的干预，使本国货币贬值并由市场决定新的汇率。第二个选择是通过提高利率和减少外汇储备来干预外汇市场，使汇率保持在一个适度的水平，但是这将导致国内经济萎缩，并且本国货币大幅度下降的预期也会导致经济的不稳定。因此，压力指数的构造要综合考虑汇率突然贬值、利率上升和外汇储备的减少这三个方面来测定发生外汇危机压力。我们用 ER（Exchange Rate）表示外汇汇率，用 IR（Interest Rate）表示国内利率，用 FER（Foreign Exchange Reserves）表示国家的外汇储备，用 MP（Monetary Pressure）表示货币危机指数，由汇率变动、国内利率、国家外汇储备变动计算得到的压力指数。计算公式如下：

$$MP_T = \omega_{ER}\left(\frac{ER_t - ER_{t-1}}{ER_{T-1}}\right) + \omega_{IR}\left(\frac{IR_t - IR_{t-1}}{IR_{T-1}}\right) - \omega_{FER}\left(\frac{FER_t - FER_{t-1}}{FER_t}\right) \tag{8-5}$$

其中，权数 ω_{ER}、ω_{IR}、ω_{FER}分别表示汇率变动、利率变动、外汇储备变动的相对精度。相对精度通过每个变量的标准差的倒数来确定。权数的选择是使这三部分的条件方差相等。具体计算公式为：

$$\omega_i = \left(\frac{1}{STDEV_i}\right)\left(\frac{1}{STDEV_{ER}} + \frac{1}{STDEV_{IR}} + \frac{1}{STDEV_{FER}}\right) \tag{8-6}$$

其中，i 分别为 ER、IR、FER。本书使用人民币指数来表示外汇汇率，使用一年期人民币存款利率减去当月 CPI 指数（实际利率）来表示利率，计算得到的货币危机指数如图 8-1 所示。

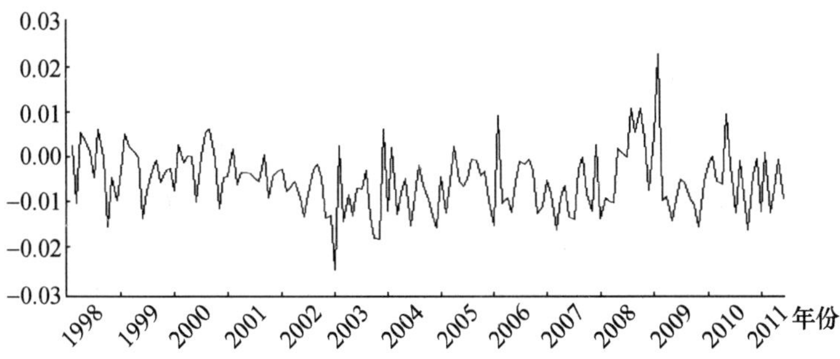

图 8－1　货币危机指数

（二）银行危机指数

根据表 8－1 的分析，我们可以采用银行的存贷比（the Ratio of Loan to Deposit，LD）、实际利率 IR（Real Interest Rate）和货币供应量 MS（Money Supply）这三个指标来合成银行危机指数。在这里我们借鉴 Jeffrey D. Sachs、Aaron Tornnell 和 Andres Velasco（1996）的方法，采用 M2/GDP 来代替货币供应量。M2/GDP 的提高可以代表金融深化，也可以代表金融风险的增加，因为 M2 的过快增长，通常意味着银行不良贷款的急剧增加。用 CP（Banking Crisis Pressure）代表银行危机指数，计算公式为：

$$CP_T = \omega_{LD}\left(\frac{LD_t - LD_{t-1}}{LD_{t-1}}\right) + \omega_{IR}\left(\frac{IR_t - IR_{t-1}}{IR_{T-1}}\right) + \omega_{MS}\left(\frac{MS_t - MS_{t-1}}{MS_t}\right) \quad (8-7)$$

权重系数 ω_{LD}、ω_{IR}、ω_{MS} 的计算方法和货币危机指数中的权数计算相同。计算结果如图 8－2 所示。

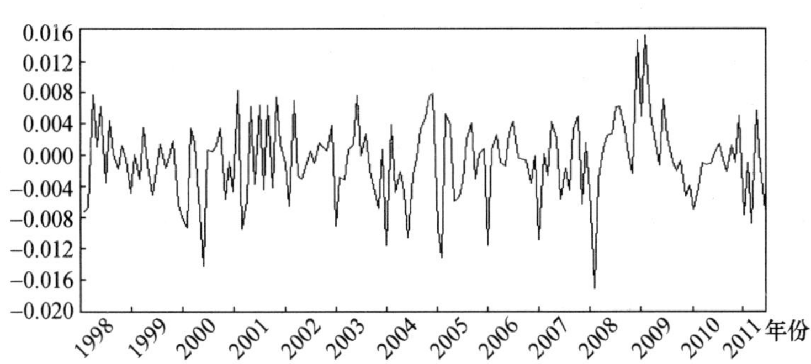

图 8－2　银行危机指数

（三）资产泡沫指数

在我国，资本市场主要包括股票市场和房地产市场，其他的市场和交易品种虽然也有，但是要么交易不活跃，要么交易量比较小，因此，本书主要研究股票价格和房地产价格带来的泡沫。股票价格和房地产价格的变动是多种经济变量共同作用的结果，因此不能简单地认为股价或者房地产价格上涨了泡沫就产生了，还需综合考虑。

本书使用A股流通市值/（M2－M1）作为股票市场泡沫的指标：

M0＝流通中的现金

M1＝M0＋企业活期存款＋机关团体部队存款＋农村存款＋个人持有的信用卡类存款；M2＝M1＋城乡居民储蓄存款＋企业存款中具有定期性质的存款＋信托类存款＋其他存款。

实际上，M1大体相当于实体经济部门的短期现金流，而M2则是全社会的现金流。M2－M1则是全社会可供支配的自由现金流。可供支配的现金流流入股市的比例越大，股市泡沫越大，而A股流通市值/（M2－M1）正是代表这一比例，因此本书使用A股流通市值/（M2－M1）作为衡量股票市场泡沫的指标。

衡量房地产泡沫的通用指数是房价收入比，因此本书用我国房价指数和居民收入指数的比值来代表全国的房价收入比指数，用来衡量我国的房地产泡沫。

假设使用 *SH* 代表A股流通市值/（M2－M1），用 *HR* 代表我国房价收入比指数，用 *BP*（Financial Bubble Pressure）代表资产泡沫指数，计算公式为：

$$BP_T = \omega_{SH}\left(\frac{SH_t - SH_{t-1}}{SH_{t-1}}\right) + \omega_{HR}\left(\frac{HR_t - HR_{t-1}}{HR_{t-1}}\right) \tag{8-8}$$

为了更好地说明股价和房价的变化情况，我们采用同比变化率来反映资产泡沫变化。权重系数 ω_{SH}、ω_{HR}的计算方法和货币危机指数中的权数计算相同。计算结果如图8－3所示。

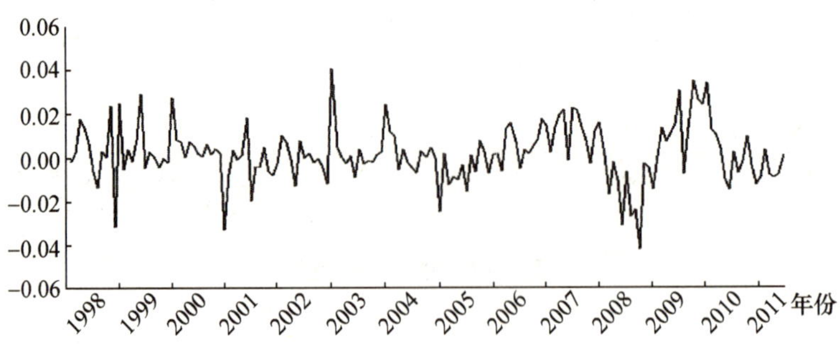

图8－3 资产泡沫指数

第五节　模型与实证检验

本节将使用上一节计算得到的 1998 年 1 月到 2011 年 6 月的货币危机指数、银行危机指数和资产泡沫指数作为变量，将金融风险状态分为三个状态，分别为“低风险”、“中风险”和“高风险”。根据 AIC 准则、HQ 准则、SC 准则及对数似然值综合判断，本书发现 MS（3）-VAR（1）模型的解释能力较强。利用 MATLAB 软件，使用 MS（3）-VAR（1）模型，对该模型的预警能力做出检验，看其是否能够对经济金融危机发出准则有效的预警。最后利用 ARIMA 模型对三大危机指数中变量的 2011 年下半年的数据进行预测，从而达到对 2011 年下半年的金融风险状况进行预警的作用。

一　货币危机预警模型检验

用货币危机指数为自变量，设置状态（区制）参数，使用 MS（3）-VAR（1）模型得到的结果如图 8-4、图 8-5 和图 8-6 所示。

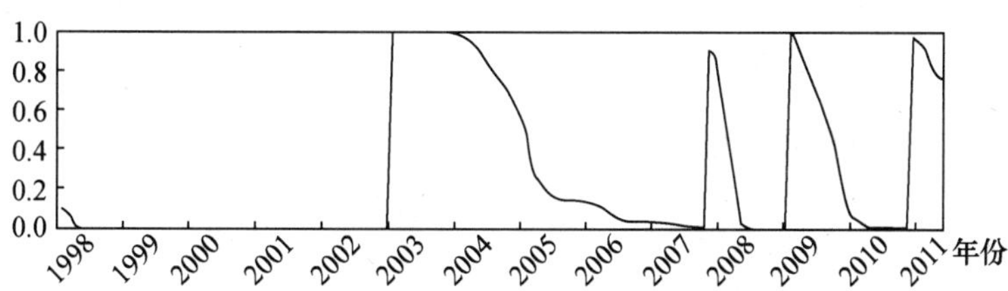

图 8-4　货币危机指数低风险区平滑移动概率

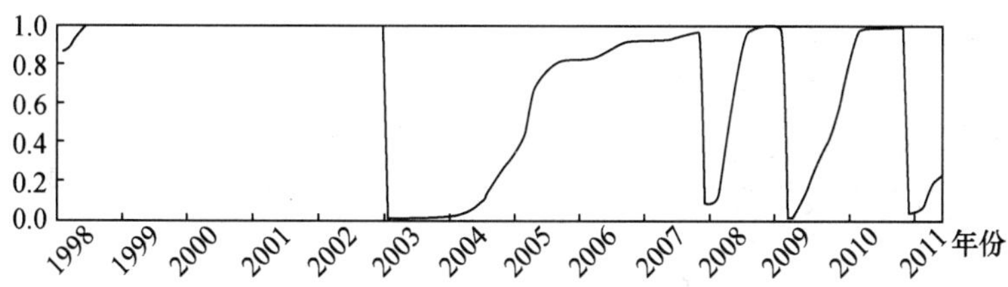

图 8-5　货币危机指数中风险区平滑移动概率

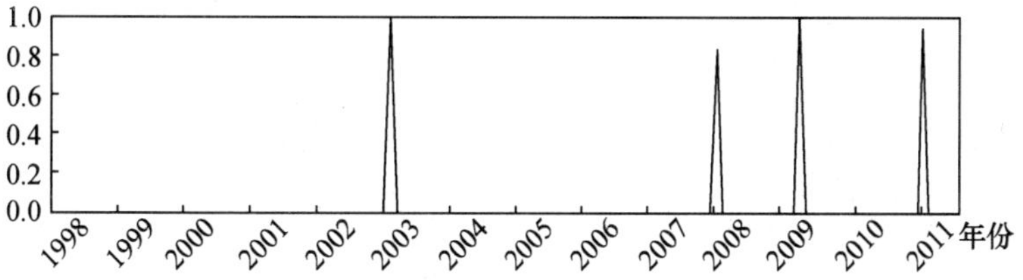

图 8-6　货币危机指数高风险区平滑移动概率

从图中可以得知，从1998年1月到2011年6月，多数时间我国货币危机指数都处于低度风险和中度风险状态下；从表8-3中可以得知，这两种区制的转移概率分别为0.92、0.97，表明它们的稳定性非常高。只有极少时间处于高风险情况下，高风险区转移概率发出预警的时间：2002年11月到2003年1月，2007年9月到2007年12月，2009年1月到2009年2月，2010年11月到2010年12月。2002年年底，我国刚开始实施一揽子货币改革政策，汇率变动频繁，导致模型发出预警信号。2007年年底，次贷危机开始显现，国际资金开始回流，导致我国汇率出现波动，模型发出预警信号。2008年年底，雷曼兄弟破产，加重危机，模型继续发出预警信号。2010年年底，随着欧债危机愈演愈烈，模型再次发出预警信号。由此可见，货币危机模型具有较强的预警能力。

表8-3　　区制转移概率矩阵

转移概率	区制1	区制2	区制3
区制1	0.92	0.00	1.00
区制2	0.08	0.97	0.00
区制3	0.00	0.03	0.00

二　银行危机预警模型检验

此模型用银行危机指数为自变量，设置状态（区制）参数，使用MS(3)-VAR(1)模型得到的结果如图8-7、图8-8和图8-9所示。

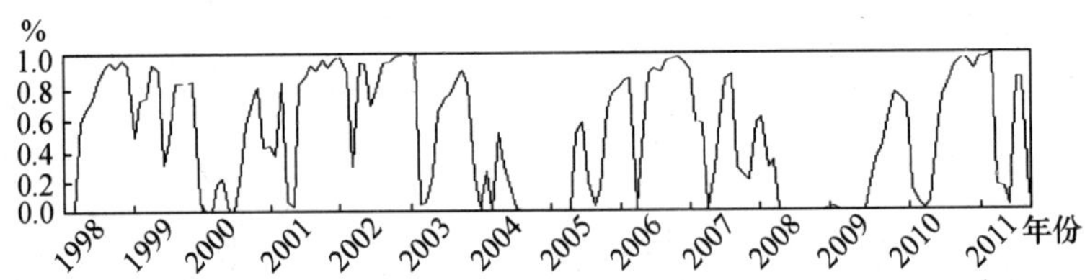

图8-7　银行危机指数低风险区平滑移动概率

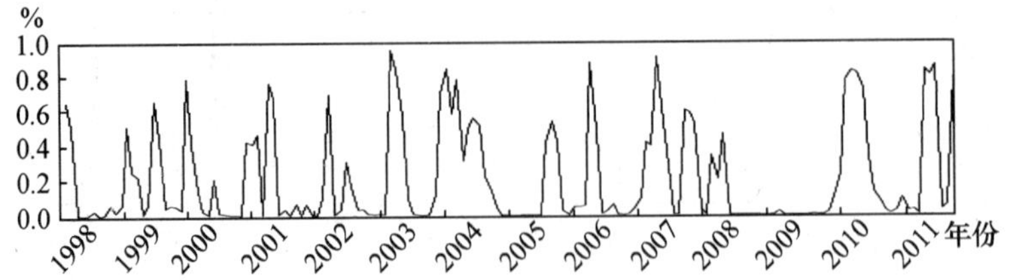

图8-8　银行危机指数中风险区平滑移动概率

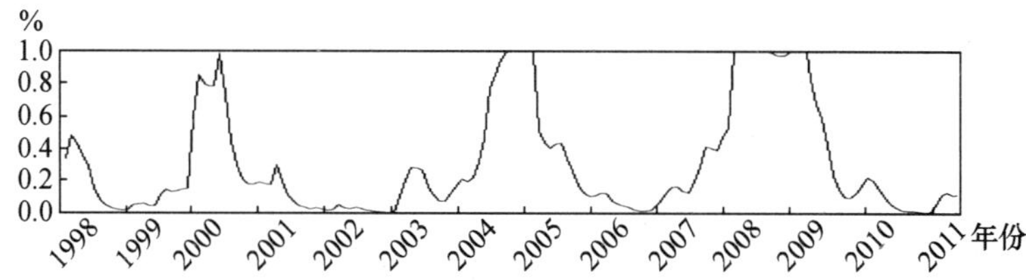

图 8－9　银行危机指数高风险区平滑移动概率

以上图表显示，银行危机指数在 1998 年 1 月到 2011 年 6 月大部分时间处在低风险和中风险区域，较少处在高风险区域；从表 8－4 中可以得到，三个区制的转移概率分别为 0.80、0.52 和 0.89，表明这三个风险区制的稳定性较高。图 8－9 显示，2000 年 1—5 月，模型发出高风险预警信号，2004 年 7 月到 2005 年 1 月模型发出高风险预警信号，2008 年 1 月到 2009 年 2 月，模型发出高风险预警信号。

表 8－4　区制转移概率矩阵

转移概率	区制 1	区制 2	区制 3
区制 1	0.80	0.32	0.11
区制 2	0.20	0.52	0.00
区制 3	0.00	0.18	0.89

我国银行业在这三个区间内风险较大与其面临的实际情况是吻合的。在经历过 1997—1998 年的金融危机后，经济动荡造成我国银行业高达 34% 的不良贷款率，这自然增大了银行业 2000 年期间的风险。虽然 2000—2004 年，各家银行努力降低不良贷款率，但是随着房地产市场的升温，银行总的贷款量持续上升，2004—2005 年模型发出高风险预警信号。2005 年我国实行国有银行股份制改革，国有银行上市融资缓解资金压力，风险迅速降低，直到 2007 年次贷危机出现，再次引发银行不良贷款率上升，加上国家四万亿投资计划，加大货币供应，M2/GDP 升高，使得模型发出高风险预警信号。

三　资产泡沫预警模型检验

用资产泡沫危机指数为自变量，设置状态（区制）参数，使用 MS（3）－VAR（1）模型得到的结果如图 8－10、图 8－11 和图 8－12 所示。

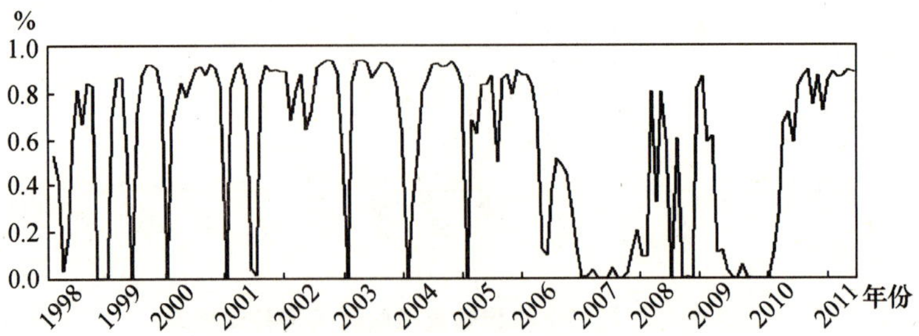

图 8-10　资产泡沫危机指数低风险区平滑移动概率

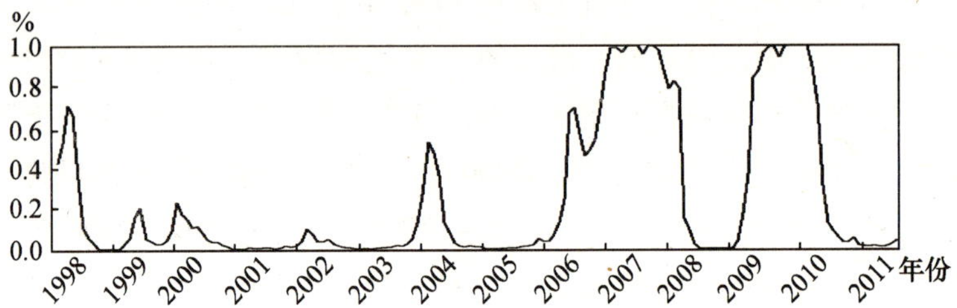

图 8-11　资产泡沫危机指数中风险区平滑移动概率

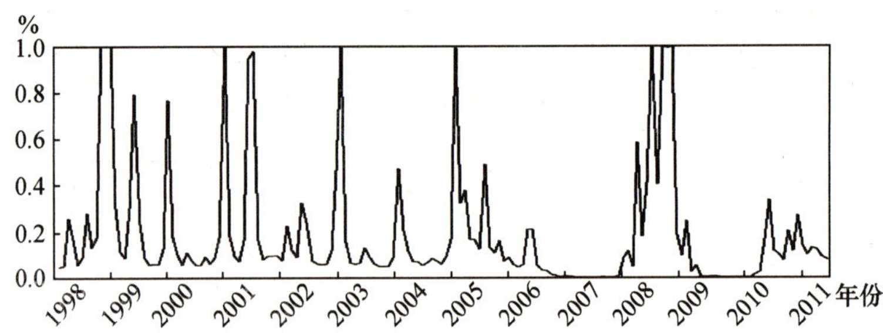

图 8-12　资产泡沫危机指数高风险区平滑移动概率

如表 8-5 所示，资产泡沫指数各区制的转移概率分别为 0.77、0.88 和 0.47，表明这三个区制的稳定性较高。资产泡沫指数在 2006 年 7 月之前和 2009 年 12 月之后大多数时间低风险阶段，处于高风险阶段的时间极短；2006 年 7 月到 2009 年 12 月则一直处于中高风险阶段，尤其在 2008 年大多数时间处于高风险阶段，模型发出高风险预警。

表 8-5　　区制转移概率矩阵

转移概率	区制 1	区制 2	区制 3
区制 1	0.77	0.12	0.53
区制 2	0.05	0.88	0.00
区制 3	0.18	0.00	0.47

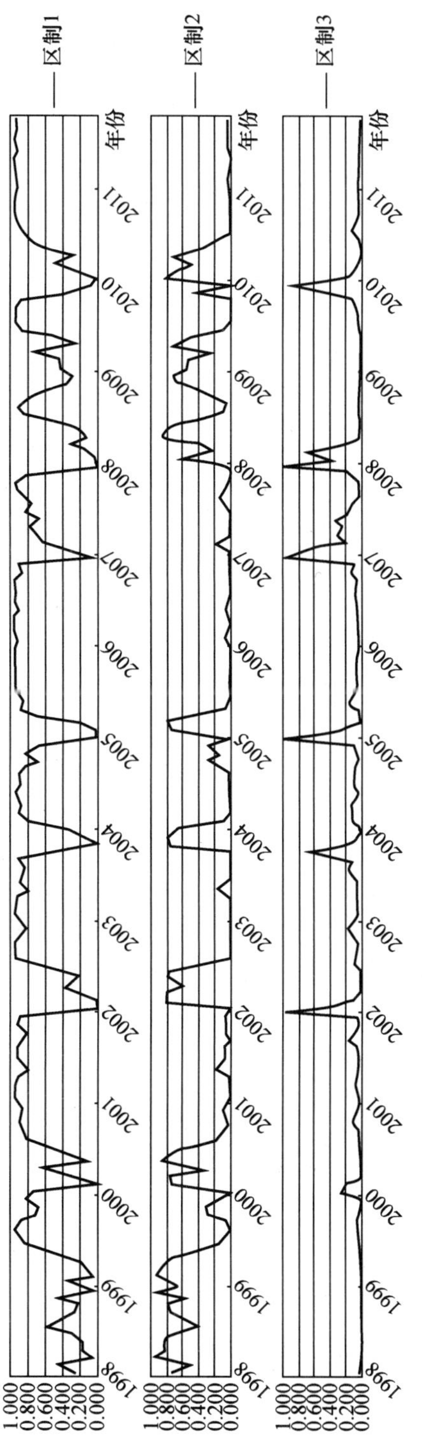

图 8－13　货币危机指数预警模型平滑移动概率（预测 2011 年下半年）

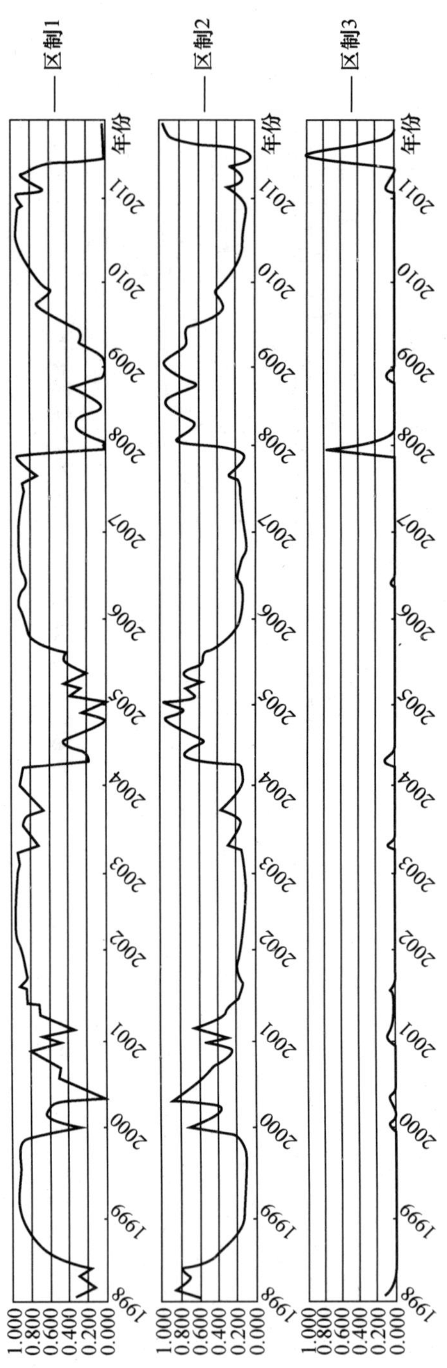

图 8-14 银行危机指数预警模型平滑移动概率（预测 2011 年下半年）

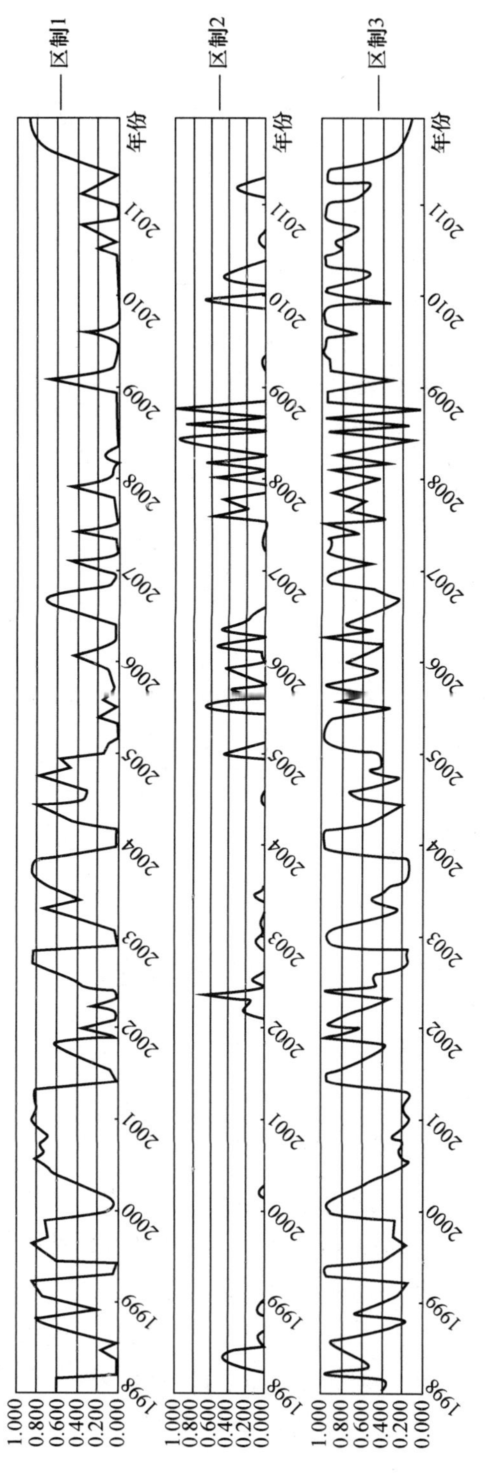

图 8－15 资产泡沫危机指数预警模型平滑移动概率（预测 2011 年下半年）

1999 年，我国 A 股市场展开了一波快速上涨的牛市行情，社会资金开始迅速涌入资本市场，模型发出预警信号；2001—2003 年我国房地产市场改革初见成效，房价涨幅开始大幅超越居民收入指数涨幅，模型三次发出预警信号。2004 年年底，由于股改带来 A 股流通市值增加，使得模型发出了预警信号。2006 年 7 月后，随着一波空前绝后的大牛市到来，股市出现了巨幅的上涨，短短的一年时间上证指数就上涨了 4 倍多，股市泡沫开始累积至危险阶段，模型开始发出危机预警信号，虽然 2008 年金融危机期间，我国 A 股市场下跌幅度较大，但是房地产市场在“四万亿”的推动下经过短暂的休整后继续高歌猛进，使得我国资产泡沫的危险一直居高不下，模型持续发出危机预警信号。

四 金融风险状况预警

为了对我国 2011 年下半年的金融风险进行预警，本书首先采用 ARIMA 模型对三大风险指数中的各变量的 2011 年下半年的各月度数据进行预测，接着将预测数据和原先样本进行合并，运用 MS（3）－VAR（1）模型进行估计，得到三大风险指数的各区制的转移概率，如图 8－13、图 8－14 和图 8－15 所示，最终我们得到了各区制的风险预警状况。研究结果证明：当货币危机和资产泡沫危机预警模型发出低度风险预警时，银行危机预警模型则会发出中度风险预警。

第六节 结论与政策建议

一 实证研究结论

通过实证分析本研究得出如下结论：

（1）本书使用的货币危机指数、银行危机指数、资产泡沫危机指数能够很好代表和反映整体经济的运行状况，是整体经济情况的晴雨表。

（2）本书选用的 MS（3）－VAR（1）模型能够对 1998 年 1 月到 2011 年 12 月发生的危机都做出预警，预警效率比较高，说明将风险等级划分为“低风险等级”、“中风险等级”和“高风险等级”是比较符合我国经济情况，该模型是适合我国国情的预警模型。

（3）利用已经建立好的预警系统，对我国 2011 年的金融风险状况进行了预警，结果表明：2011 年年初发出银行危机高风险预警信号，在

2011 年下半年发出中度风险预警信号，表明我国的银行不良贷款率将会上升，建议银行加大对贷款风险控制；模型在 2010 年至 2011 年 6 月的资产泡沫高风险预警信号增强，因为此时的股市跌幅较大，表明房地产泡沫危机较大。

不过，需要明确的是，本书中所选取的指标体系与模型只能对研究中所选取的数据做出合理的判断和解释，由于指标数据的处理会损失相关信息，降低相关模型预警精度。

二　宏观政策建议

虽然我国由于金融管制较为严格，到目前为止尚未爆发系统性的金融危机，但是在严格监管之下的金融创新必然蕴涵了一定的风险，这使得我国在金融深化改革的过程中需要构建适合的系统性风险防范机制。具体来说包括以下几点。

（一）继续保持宏观经济的平稳、健康、可持续发展

保持经济平稳、健康和可持续的发展与只追求 GDP 之间存在显著差别，前者要尽可能地避免经济发展过程中出现波动，包括过快或过慢的增长，通过合理引导通胀预期，避免恶性的通货膨胀。在银行体系方面，需要把握资金投放对实体经济的支持作用，控制金融机构及金融体系内部的不良资产，加强对影子银行的监管，在丰富金融工具的种类及数量和拓宽投融资渠道的同时，加强对从基础金融产品中衍生出的创新产品的风险监控。

（二）建立灵敏的、与中国信息化程度相适应的中国金融风险预警信息系统

数据是风险预警信息系统的基础，我国需要加强与国际间的沟通与协调，建立完善的风险预警数据库，建立数据集成处理系统，统一数据计算口径并提升数据处理能力，强化配套软硬件设施的建设，为消除风险提供技术支持与保障。

（三）建立立体的、一体化的金融风险预警体系

针对地域层面、行业层面改成国家层面上分别建立有效的预警机制，并最终在国家层面将各层次的预警机制统一起来；重视研究、开发有效的金融风险预警模型，根据经济变量关系的变化来适时调整预警系统，以便能准确及时捕捉到风险扩张的苗头，对风险进行有效控制；对整体金融系统风险实施综合评级，对重点风险预警指标进行重点管理，从而做到点面兼顾、结合监管，提高监管效率；通过类比国外相似业绩、资本规模以及性质的金融机构的风险特性，提高风险监管的效率、准确度和科学性。

（四）建立及时的、适度的金融风险监测和纠偏机制

充分利用预警信息系统的数据库资源，筛选出重点监测指标及其相应的数据信息，对数据信息的变化及异常及时进行处理、分析，及时识别风险，并通过相应的预警模型，对风险进行判断，及时防范、降低和化解金融风险；同时，建立信息反馈机制，通过对风险监测、防范和化解过程中的薄弱环节及时进行识别反馈，对预警指标参数和预警阈值及时进行更新等措施，协助管理当局进行逐步改进和完善现有预警机制。

第九章　我国金融体系宏观审慎监管研究

第一节　金融监管理论

一　金融监管概念界定

金融监管是金融监督和金融管理的总称。在世界各国，任何一个实行市场经济体制的国家，政府对金融体系的控制是客观存在的。金融监管，从本身含义来讲，指货币当局对金融机构实施全面和定期的检查和督导，以促进金融机构稳定发展。而金融管理是指货币管理当局根据法律对金融机构及其业务活动进行组织、领导、控制和协调的一系列活动。金融监管可分狭义和广义，狭义金融监管是指金融监管当局对整个金融业（包括金融机构和金融服务）按照符合国家法律对其实施的金融监督与管理。广泛的金融监管，除上述含义外，也包含对金融机构的内部管理和审计监督、社会中介机构的监督和行业自律组织的监管。

按照新古典经济学的观点，由于自由的银行制度及全能金融机构天生的脆弱性和不稳定性，金融监管机构作为公共利益的代表，将充分利用国家法律赋予的权利，确保整个金融体系稳健运行。同时，通过优化配置金融资源，有效金融监管将金融风险控制在一定的程度和范围之内，并在最大程度上化解金融风险，避免金融风险积聚并演化成金融危机。金融监管在实际中包括两个部分：金融监管部门对金融机构的运作空间进行的规范调整以及对金融机构具体活动的监管，是在市场失灵的情况下由政府提供的纠正市场失灵，保障金融市场良性运行的金融管理制度。从这一角度看，金融监管具有帕累托改进的性质，进而提高金融效率，增进社会福利。

二　金融监管制度的构成要素

一套完善的金融监管制度至少包含以下四个基本要素。

（一）金融监管主体

主要包括两大类主体：第一类主体是金融监管当局，他们负责制定并执行金融监管法规及规章制度，一旦金融机构及其从业人员违反了监管法规与规章制度，金融监管当局将采取处罚措施。第二类监管主体是各类非官方、非企业的民间机构，他们的权利来自人员的普遍认可。在我国，金融监管主要有“一行三会”即中央银行、银监会、证监会、保监会分别对银行，信托、证券期货以及保险业实施监管。

（二）金融监管的对象

从理论上来说，金融监管的对象不仅包括向金融市场提供产品的金融机构，而且包括金融市场参与者的交易行为。作为监管对象的金融机构，比如境内外银行、信托公司、证券公司、保险公司等与金融体制有关。如果是实行混合经营的金融体制，那么同一个监管主体监管的对象是所有金融机构。如果是分业经营的金融体制，那么监管主体是分离的，监管对象也是分开的，例如我国目前实行分业经营体制，监管的对象也分为银行、证券公司和保险公司。

（三）金融监管的内容

金融监管的内容主要包括事前的预防性监管、事后“最后贷款人”责任及救助行为、存款保险三方面的内容。首先，预防性监管主要包括以下几个方面的内容：①对银行准入的监管；②对银行资本充足的监管；③对银行清偿力的监管；④对银行业务活动的监管；⑤对贷款集中程度的监管；⑥对与银行有关人员贷款的监管；⑦对外汇交易的监管；⑧对国家风险的监管（国际借贷业务中与借款人所在国的经济、社会、政治环境有关的风险）。其次，最后贷款人责任及中央银行救助是指商业银行的倒闭会引起巨大的经济损失，因此中央银行不能坐视其自生自灭，而是应当积极对流动性不足的商业银行加以贷款支持，提供最后的流动性来源，即“最后贷款人”责任。最后，存款保险制度的组织主要有三类：①政府出资设立存款保险机构，如美国、英国、加拿大等国；②政府和银行界共同组建存款保险机构，如比利时和日本；③由银行同业协会在官方支持下组建存款保险机构，如法国、德国、荷兰、瑞士等国家。

（四）金融监管的基本原则

金融监管的基本原则包括合法原则、公正原则、公开原则、公平原则、控制系统风险原则、内部监管与外部监管结合原则、母国和东道国共同监管原则七大类。

三　早期的自律型金融监管理论

从银行业诞生到19世纪中后期，全球主要资本主义国际崇尚经济自由，对“无形之手”顶礼膜拜。这段时期，市场和自律监管成为当时银行监管的主基调。该理念基础是古典经济学中的“货币中性”理论。因为货币是中性的，它不会对实体经济活动产生实质的影响，所以对货币为直营业务的银行只需采取自律监管即可。亚当·斯密的“真实票据”理论成为了当时金融监管的主要理论依据。斯密认为，如果银行投资是在真实的经济活动基础上产生的短期商业票据，就不会导致通货膨胀，银行经营就是稳健与安全的，也不存在所谓的挤兑现象。但是，随着别的学派比如桑顿理论的“银行学派”和20世纪初发生的全球金融危机，自律型金融监管理论逐渐走向没落。

四　金融监管的需求理论

19世纪30年代的金融危机打破了经济固有均衡，逐渐显现出不稳定性，经济干预思想逐渐成为主导思想，在此背景下，凯恩斯主义经济思想开始盛行，政府对经济运行的干预和调控力度增强，这也产生了金融监管理论的需求。这一时期的金融监管理论主要包括公共利益规制理论和金融脆弱性理论。

（一）公共利益规制理论

1. 负外部性规制理论。负外部性规制理论的基础是负外部性，认为在自由发展的金融体系中，自律监管会产生负外部性，因此政府有必要对金融机构的行为进行监管，防止负外部性。拉尔夫认为，中央银行应使用信贷管理，控制信贷动荡促进经济稳定，并提出了一些补救手段，如央行的贴现率和公开市场操作手段。凯恩斯认为，经济周期产生的主要原因是资本的边际效率循环的变化所导致的。一个典型危机，加息可能只是诱因，而资本的边际效率的突然下降才是主因。危机不仅仅是过度投资以及投资环境不稳定的问题，因此，政府的宏观调控十分必要。

2. 公共产品规制理论。非竞争性和非排他性是公共产品拥有的两大特征，而金融体系提供的稳定、公平和有效的金融产品，在一定意义上，属于公共产品的范畴。“搭便车”是公共产品面对的主要问题。个体理性和集体的非理性会导致“挤提”的传染性，金融机构追求利益最大化而违背审慎经营原则，会导致金融系统蕴藏过高风险。金融体系的这种独特性质，需要政府对各个金融机构及关联系统实行规制，保持金融产品供应的稳定。

3. 信息不对称规制理论。由于信息不对称在金融系统中广泛存在，阿克洛夫（Akerlof）以此为背景形成了“柠檬理论”，即信息不对称的金融市场会导致金融市场失灵，特别是由信息不对称所导致的逆向选择与道德风险会产生巨大的负面影响。

4. 自然垄断规制理论。作为经营信用的机构，金融机构具备天然的优势，在市场经济的竞争中，金融机构的过度发展会形成垄断。而高度集中的垄断，不仅会降低经济效率，并降低消费者的福利，但也有负面的社会影响。因此，解决金融体系的不稳定，需要政府规制消除垄断和维护金融体系的稳定性，以及克服金融市场的自然垄断。

（二）金融脆弱监管理论

1. 金融不稳定假说。该假说认为，由于信用创造机构和借款人本身特征，导致金融体系产生了天然的内在不稳定性，这种不稳定是现代金融体系的基本特征。明基斯基（Minskey）认为，金融危机在很大程度上归因于经济的周期性波动，金融自身内在特征与金融危机的爆发是密切相关的，从而金融自身的内在不稳定性成为导致危机发生的一个重要因素。明基斯基承认银行危机和经济运行周期变化的内生性，并且该周期变化受到市场自我调节的约束，政府干预并不能从根本上消除银行的脆弱性和危机发生。

2. 银行挤提理论。挤提也被称为银行挤兑，储户集中大量提取存款，并随之产生一种突然、集中和灾难性的危机。消费者对银行的支付能力失去信心，大量从银行提取现金，往往以银行不能取款等谣言为诱因，使银行储户产生恐慌，并恐慌性取款蔓延成“银行挤提”。银行是经营信用的，不会保持所有的现金在手，只保留一定比例现金，所以出现银行挤提，银行会有相继倒闭的危险。同时，金融系统本身和挤提具有高度传染性，一旦发生“银行挤提”，如果不采取及时措施，往往会导致更大的挤提，甚至可能导致金融风暴。戴蒙德等在分析了商业存在的内在不稳定后，提出了银行的D—D模型，用以研究金融市场有可能存在的多重均衡。D—D模型得出了信息不对称是银行遭遇挤提的主要原因这一结论，并进而认为商业银行遭遇挤提会对实体经济带来严重影响。他们据此认为，对脆弱的金融体系进行监管非常重要。而监管的重点则是加强对信息的管理，即增加信息的透明度与对称性，以使全社会对经济和金融体系更具信心。

五　金融监管的效应理论

20 世纪 70 年代以后，全球经济表现出了层次性的特点，首先，发达国家出现了滞涨现象；其次，发展中国家在第二次世界大战后得到迅速发展，并且经济地位逐渐提升，但也面临着资金问题，资本极度缺乏，因此对于金融创新有较强烈的需求。在此背景下，金融监管逐渐得到了发展，并且开始转型，其研究内容也由早期的“危机防范”过渡到“运作效率”。

集团利益理论主要包括：早期的政府掠夺理论、后期的特殊利益论以及多元利益论三方面。

首先介绍早期的政府掠夺理论，该理论认为政府具有管制以及监督的权力，但是政治家以及政府并不是代表社会利益的，他们是理性人，所以他们要使自己效益最大化，也就是他们拥有自己的效用函数，其目的便是使效用函数达到最大值，因此，他们自身的利益与社会利益肯定是存在差异的。因此，在这一环境下，作为监管金融业的主体，政府并不是以调控物价、投资等为基础来进行操作的，而是为了自身的利益，使自身获取最大收益，这样，政府监管便会失去其应有的作用。之后，又有学者提出了特殊利益论以及多元利益论。他们认为，早期的政府掠夺理论主要是研究了政府，而政府是抽象的，因此，在进行金融监管时无法进行明确的界定。另外，他们认为金融监管是由多个部门、政党组合而成的，因此是多元的。

集团利益理论的出现开辟了一个新的研究领域，它通过政治经济学的视角对金融监管的产生与发展进行了重新的审视，并且为中国学者的研究提供了新的方向，为金融监管研究领域打下了良好的理论基础。

六　金融监管失灵理论

在上述理论之后，金融监管有效性逐渐成为理论界关注的重点。主要形成了以下四种理论。

（一）管制供求理论

管制供求理论是施蒂格勒提出的，他继承了集团利益理论的核心内容，他赞同政府金融监管以自己以及利益集团利益为重心而不是公共利益的观点，然后利用供求关系理论研究了金融监管效率的问题，从而形成了管制供求理论。他认为政府的调控之所以可以生效，因为政府可以提供多种监管手段调整各方利益，主要监管手段包括：控制新的竞争者进入、干预配套产品的生产（比如替代品和补充品），价格管制与货币补贴等。对于金融行业来说，这些因素主要是市场对于业务活动的限制、利率的上限规定以及市场准入管制等因素。首先，供给方面，由于利益集团的存在，政府部门在进行监管时通常不是首先考虑社会利益，而是使利益集团以及自身利益最大化。这种情况下，政府部门在执行工作时就会为了自身利益选择产品供给，因此，就会使得金融监管效率低下。另外，波斯纳曾指出，在政府相关部门进行行业监管时，他们是建立在被监管集团的利益基础之上的，这样必然会损害消费者的利益，也就是公共利益会遭受损害。但是，事物都具有两面性，监管不仅可以为被监管者带来利益，还需要消耗一定的监管成本。随着理论的发展，由于缺少明确的监管方式界定以及评判标准，管制供求理论的发展受到了限制。

（二）管制寻租理论

管制寻租理论是对金融监管范围内寻租行为的一种解释。寻租理论是由克鲁格提出来的，他认为政府部门通过利用政治工具，利用政治特权，获得了资源的拥有权，在损害了他人利益的前提下，使自己的收益大于租金。寻租行为对于社会是一种有害行为，本身不能创造社会财富，而且还会减少社会资源，进而造成整个社会福利降低。不论在其他行业还是金融监管行业，政府部门的寻租行为都是存在的，因此，政府的寻租行为同样会对金融监管的效率产生影响。管制寻租理论认为，政府部门对于金融监管的管制，不但没能更好地对金融行业进行监管，反而创造了更多的寻租机会，因此，市场的竞争机制更加不完全，有失公正。所以，在寻租行为盛行的环境下，企图利用政府来对金融行业进行监管是不现实的，反而会使得金融行业市场秩序混乱，导致更多的不公正现象发生。因此，在该理论框架下，政府部门应该对金融行业放松监管，从而避免大量的寻租现象。

（三）俘获理论

俘获理论主要研究政府提供金融监管产生的后续影响，以政府掠夺理论为理论基础。主要内容包括：政府实施监管的内在动力来自于大量的监管收益，被监管方对于监管的态度是变化的，起初可能反对监管，但当大型企业集团某种程度上控制着制度制定权，以及垄断资本，掌握着资本主义的经济命脉，对金融监管的立法程序又极为熟悉时，这些大型企业就产生了获得更多收益而试图影响管理者的立法程序的冲动与能力。伯恩斯坦（Bernstein）在创立的“管制机构生命周期理论”中提出：虽然管制机构最初可以独立运用管制权力，但逐渐会被垄断企业所俘虏，所以公共利益的监管必要性理论是天真的、不切实际的。

（四）社会选择理论

瑞德（Reid）是基于特殊利益理论提出了“社会选择理论”的理论。在他看来，金融监管最初是为公众利益而建的监管机构，然后是监管部门被动地反映被规制集团的利益，最后是监管机构获得自我控制和独立性，其规制应该有一个非常强的自我实现功能，当然这种自我实现的监管制度只能在监管发展到一定程度时才可能出现。该理论表明认为，只有当监管机构实现自我控制和较强独立性之后，监管机构才能发挥作用，监管才是动态有效的。

以上理论说明监管存在与市场调节同样的失灵性，所以不能有效地解决市场失灵问题。并且与公众利益的维护相比，金融监管更在乎自身利益的最大化。

七　金融监管辩证法理论

凯恩（Kane）建立了规避管制理论和动态博弈模型，认为金融创新的出现就是为了突破现有的监管政策，而监管也会不断适应金融创新，从而形成动态博弈循环。金融机构和监管当局恰似“跷跷板的两端”，不断相互适应，形成了黑格尔式的辩证过程，促进金融深化和发展。

管制辩证法理论认为，金融监管，一方面需要与当前的经济社会发展阶段相适应，另一方面，可以反映出当前的监管需要用金融创新予以突破，表明目前的监管体系存在不恰当之处。

八　金融监管的政策理论

20 世纪 90 年代以后，监管的重点成为如何确保金融体系在全球化浪潮中稳定增长，这一时期的监管背景的特点是“市场失灵”与“监管失灵”并存。

（一）功能监管理论

功能监管理论认为金融监管应该依据金融体系的功能进行安排，对于开展同种业务的金融机构应该采取统一的监管措施。功能监管强调以功能来架设组织结构、功能的稳定性和相似性，特别是金融体系在本质上其基本功能具备同一性，从而政府在应对机构变化设计政策和监管制度时，更有针对性和灵活性，可以更好应对国内与国际金融变化。金融服务可以随着竞争采取不同的形式，但功能的变化却是相对稳定的。因此，功能监管具备法规的制定和实施更稳定与更高效的特点，同时可以降低机构“监管套利”的可能性。

（二）激励监管理论

激励监管理论通过对合约的分析，寻找对于监管者与被监管者双方行为的最优均衡解，并且对监管中存在的很多问题从本源内生性的角度进行分析，认为由于金融市场存在信息不对称等问题，监管并非最优解。根据此理论基础，德瓦特里邦（Dewatripont）和梯若（Tirole）建立了“最优相机监管模型”。该模型以分散的且偏好“搭便车”的存款人在信息不对称条件下的行为为研究对象，因个体理性引起的集体失灵问题，并重点研究了金融监管作用的时间和范畴（比如何时何地对金融活动进行外部干预和监管），以及针对外部人监管的激励方案。

按照不完全契约理论[③]，不同主体由于利益差异，各自风险偏好不同，比如股东是凸收入结构，公司经营越好，控制权越强化；而债权人是凹收入结构，公司经营不善时，他们的控制权得到强化。而且对凹收入结构的人相对来说，更愿意引进外部干预和监管。该模型指出，一个国家是否采取相机性监管，取决于监管机构的独立性，否则，缺乏独立性的，不能将金融消费者利益内化到监管组织内部的，最好是采取基于规则的非相机性监管制度。

（三）资本监管理论

布特（Boot）和萨克（Thakor）认为，由于监管者对于监管目标设定与公众利益之间存在偏离，使得监管政策发生扭曲。基莉（Keeley）、德姆塞茨（Demsetz）等通过实证分析的方法发现，银行业的特许权价值对银行的谨慎性监管具有显著影响：特许权价值降低会激励银行投机，从而增加了资产配置风险；反之，投机的可能性会降低，资产的配置风险下降。同时，竞争加剧也会降低特许权的价值。在此基础上，赫尔曼（Hellmann）在一个充分竞争和金融自由化的市场环境下，银行的存款利率如果不受到一定的限制，必将会导致银行对资产的投机性选择，以资本充足率作为监管手段不能达到帕累托最优。赫瓦奇米娜（Hovakimian）和凯恩将莫顿（Merton）单期的存款保险期权模型扩展为无限期的股东收益模型，通过对美国商业银行1985—1994年资本监管有效性和风险转移有效性的实证分析，结果表明，商业银行资本监管的没有有效地防止风险转移，为了防止风险转嫁，政府给银行大量的补贴，特别是在危机的时候，但结果却诱发了转移风险的激励。

（四）市场纪律监管理论

伴随金融监管理论的深入发展，人们开始发现市场失灵和监管失灵是金融体系存在的固有故障。除了激励性监管等理论，市场纪律监管理论也对市场失灵和监管失灵做出了很大的贡献。该理论认为市场和政府监管存在盲区，通过将市场和政府监管二者的结合，运用市场纪律监管可以对金融监管有效性的发挥起到重大有利的作用。

基莉的实证研究显示，监管效用在很大程度上取决于银行资产的市场价值，而要提高监督的有效性，需要关注市场对银行的约束力。汤姆森（Thomson）指出，当银行及存款机构利益相关者在监管体系和金融安全网作用下会致使其忽视银行存在的风险及其运作，从而市场的激励约束作用下降。存款和资本难以在银行间得到最佳配置，资金从差的银行向好的银行流通通道受到阻碍，金融机构制造高风险的市场约束被削弱。如果政府调控和市场纪律结合起来，将会改善政府监管效率，比如可以适当降低存款保险比例。

凯恩认为，降低信息不对称的核心任务是恢复市场秩序，及时向社会和监管机构提供各金融机构、存款保险机构以及监管当局的准确信息，存款保险和最后贷款人并不能解决信息不对称等引起的银行危机，而自由的银行体系，对银行保持充足资本数量在激励方面有正向作用，所以要注重市场配置资源的约束作用。

九　金融监管理论变迁

（一）古典经济学思想影响下的早期有限监管阶段

金融管制思想最早可追溯到重商主义时期，一些法律上的货币禁令成为了金融监管的最早萌芽。

英国制定并于1720年6月20日生效的《泡沫法》，规定成立上市公司必须经过议会批准，这是历史上第一部证券市场监管法案；法国成立了官方的证券交易所，对上市公司进行监管。美国堪萨斯州于1911年通过了《蓝天法》（*Blue Sky-Law*），这是第一部规定强制性信息披露的州证券法，标志着美国州一级证券监管的正式开始。

现代金融监管理论的发端是19世纪中央银行制度的普遍确立。由于货币发行和票据清算统一之后，银行激进的经营策略极易引发信用危机并且有可能最终引发货币危机，在这种背景下，一旦央行紧缩信用货币就会引发恐慌，反之则可以缓和恐慌，这时的央行不得不开始承担信用保险的责任，并且开始为金融机构提供资金支持和信用保证。

总体上，此时期证券市场的发展是以行业自律为主，监管理论不是此时期的理论主流。政府对金融的监管与干预有限，逃避监管相对容易。

（二）20 世纪 30 年代至 70 年代初：凯恩斯主义影响下的安全优先监管理论

以 1929 年开始的美国大萧条发端，引发了 20 世纪 30 年代全球性经济大危机的爆发。古典经济学自由放任的思想遭到质疑，以凯恩斯为代表的主张干预的思想在罗斯福新政的实施中逐渐占据了理论的主导地位。凯恩斯主义经济学的出现和发展是政府干预与自由放任的一次正面交锋，并且政府干预的主张在此后 30 年左右的时间里占据了绝对优势。凯恩斯学派认为可以通过货币信用对策治理资本主义的经济危机，主张控制货币与信用的社会供给，通过扩张或收缩货币信用，干预经济、调节经济增长。

此时，金融体系的货币监管思想逐步发展成熟，安全优先成为这一时期金融监管的核心原则。各国政府纷纷建立起完备的金融体系，针对银行业的特性，引入了资本充足率、贷款集中度等指标进行监管。针对证券行业建立了专门的证券监管机构，同时更新和完备了证券法规体系。美国于 1933 年和 1934 年分别制定了《证券法》与《证券交易法》两部证券监管法律；美国 1956 年又制定了《统一证券法》。

在垄断资本主义阶段，金融监管手段经历了从单一法律监管向综合监管的发展历程。在这一时期，监管重点是针对银行进行监管，目标是维护金融体系的安全与稳定。而监管理论主要包括市场失灵理论和公共利益理论。

（三）20 世纪石油危机后：新自由主义影响下的效率优先监管理论

以米尔顿·弗里德曼（Milton Friedman）为代表的现代货币主义，作为新自由主义经济思想的起点开始兴起。在此思想影响下，人们认识到过去 30 年间金融管制忽视了金融效率问题，过分强调了维护金融体系的安全与稳定。世界金融市场发生的显著变化，使人们开始关注维护金融创新的金融环境问题。理论研究一方面从制度安排的角度质疑金融监管的效率，另一方面从金融市场效率本身探讨监管的适度性问题。

质疑监管制度安排的学者从以下几方面提出了疑问。“管制俘获说”认为，大企业由于其对于资本主义制度的控制，可以影响甚至控制管制。“管制寻租说”的代表人物克鲁格（Krueger，1974）提出了寻租理论，指出广义的寻租活动指非生产性的追求经济利益活动；狭义的寻租指利用行政法律的手段来阻碍生产要素在不同产业间的自由流动、自由竞争，以维护或攫取既得利益的行为。麦克切斯尼（1987）则提出“政治创租”和“抽租”概念，“政治创租”是指通过管制增加企业利润，监管者从中获利；“抽租”是指监管者通过向经营者威逼利诱进而获利。“管制供求说”认为，经济管制可以被看作是一种政府通过行政力量对特定的个人或集团提供利益，手段包括货币补贴、控制新竞争者进入、干预替代品和互补品生产等。以上三种理论合称为“监管失灵理论”，均认为监管双方的博弈会导致监管者在监管时难以达到监管初期设计时的监管目标，管制者和被管制者很容易形成利益合谋和利益共同体，从而导致金融管制无效。

同时，全球金融监管与协调初见雏形。随着金融自由化思想进一步深入，金融创新工具模糊了银行、保险、证券业的界限，三者的产品和业务日益趋同。混业跨界经营成为常态，加上互联网的发展，加大了监管的难度。全球各国证券市场联系越来越密切，单独监管的难度越来越大，监管机构之间的合作监管成为常态。证券市场开始注重监管的国际合作、风险防范、监管者本身的监管、危机的预警与防范，证券市场本身特殊性及其风险产生、传导机制的研究，合理协调安全、稳定与效率之间的关系。1990 年美国国会通过了《国际证券执法合作法》（*International Securities Enforcement Cooperation Act*），旨在加强防范证券欺诈的国际间合作。

（四）20 世纪 90 年代至今：安全与效率并重的审慎监管

进入 20 世纪 90 年代，各地区金融危机依然不断，比如包括墨西哥在内的拉美洲、巴西、东南亚等相继爆发金融危机，危机的深度与广度不断扩大。新自由主义思想再次受到实践和理论界的质疑。监管理论在前期理论的基础上，开始注重对危机的传染与反传染、金融活动具体管理、防范金融体系系统风险的研究，实行安全与效率并重的监管。此时期，理论界注意到，市场调节与政府监管都有本身的不足，再加上证券市场中各方目标的不一致，导致了金融市场问题不断出现，针对金融监管部门的监管治理理论开始兴起，审慎监管得到认同。

昆汀（Marc Quintyn）和泰勒（Michael W. Taylor）（2002）在《监管的独立性和金融稳定》中提出了金融监管治理的两维标准，即独立性与问责性。Udaibir S. Das 和 Marc Quintyn（2002）则在上述报告基础上，在《危机防范和危机管理：监管治理的角色》中首次提出金融“监管治理”的概念，并提出了良好金融监管治理的标准：监管机构的独立性、负责和尽职性、透明性、监管人员的操守，并就正常时期和危机时期的监管治理安排进行了区分，同时报告就发达、发展中和转轨国家的监管治理，银行业、证券业以及保险业的监管治理分别进行了评估。昆汀和泰勒（2003）再度撰文指出，不适当的监管安排对于近些年来系统性银行危机爆发的深度有着很重大的影响。

在此阶段形成了内容丰富的监管理论。监管激励理论将激励问题引入对监管双方监管者与被监管者问题的分析中，功能监管是指监管者根据金融的功能设定监管程序。通过功能监管可以降低“监管套利”，同时有利于被监管者的金融创新。缺点是监管成本高，没有机构为系统性风险负责。1999 年美国国会通过的《金融服务现代化法案》就是功能监管理论的成就。

虽然 20 世纪 90 年代美国的信贷危机使美国金融监管部门再次对金融监管重视起来，再次强化了金融管制，但此时的金融监管已大大削弱了对金融业的直接干预力度，目的在于建立一个新型的，既能保障安全性，又富有竞争性，稳健与效率并重的金融体系。

第二节　国际金融监管新趋势

一　发达经济体金融监管最新进展与趋势

2008 年，美国次贷危机开始爆发，美国金融业受到了 1929 年大萧条以后最为严重的冲击，而且冲击迅速蔓延至全球，并最终演变为一场金融海啸，给世界各国带来了不可承受的痛。痛定思痛，世界主要经济体开始全面思考此次危机发生的深层次原因，并积极地推进金融监管体系与法律的改革。

（一）美国应急金融监管的主要内容

为遏制市场恐慌情绪的扩散，2008 年 9 月 19 日晚，美国财政部部长保尔森与美联储主席伯南克提出了旨在稳定金融市场、增加市场流动性的“问题资产救助计划”（Troubled Asset Relief Program，TARP），获得布什政府支持并提交国会表决。该计划的主要内容是政府出资 7000 亿美元购买金融机构持有的不良抵押贷款相关资产，同时要求给予财政部充分授权和操作灵活性。TARP 的主要目的是全面切断金融危机传导根源、稳定金融市场、增强投资者信心、提高信贷市场流动性和促进经济增长。在国会辩论中，正式定名为“紧急经济稳定法案”（Emergency Economic Stabilization Act of 2008），2008 年 10 月 1 日该法案获参议院通过，3 日获众议院通过，之后由美国总统签署生效。

《2008 年美国紧急经济稳定法案》由问题资产救助计划（TARP）、预算相关条款（Budget - Related Provisions）和税务相关条款（Tax Provisions）三部分组成，主要包括以下内容。

1. 问题资产救助计划（TARP）。法案授权财政部长设立一个问题资产救济计划，帮助陷入麻烦的金融机构。还将新设立一个专门的办公室，稳定财政政策，帮助联邦储备机构、存款保险公司、监管机构。将制订一个完善的救助计划，保证金融机构的资金周转。根据计划，美国财政部被授权 7000 亿美元额度，用于购买、保证、持有和出售特定的金融票据。

对于一些深处危机的金融机构，政府将持有其部分股份，以便纳税人能够在这些公司重新站稳脚跟之后分享它们的利润。如果获得政府救援的金融公司最终倒闭，政府将是利益受到最大保护的投资者之一。2008 年 10 月 14 日，美国财政部、美联储和联邦存款保险公司（FDIC）联合制订总额高达 2500 亿美元的银行业注资计划，其中半数用于购买美国九大银行优先股。

2. 对受到援助的金融机构高管薪酬进行限制。法案历史上首次赋予联邦政府限制被救助机构有关高管薪酬的权利。法案中规定只要美国联邦政府收购了某机构 3 亿美元及以上的问题资产，则该机构首席执行官、首席财务官以及收入位列第三高管人员的薪酬税收抵扣额度将从 100 万美元降至 50 万美元。法案禁止金融机构与高管签订“金色降落伞计划”，要求对被救助机构高管的非退休离职金征收 20% 的消费税。

3. 金融资产可以暂停按市值计价。法案授权美国证券和交易委员会暂停按市值计价，只要监管机构认为如此执行符合公共利益，有利于保护投资者。主要原因是考虑到在金融危机情况下市场出现恐慌，金融资产的价格会被市场低估，如继续采取按市值计价，不利于正常市场价格的形成，也不利于市场的稳定。

4. 暂时提高存款保险的保险额度。法案暂时提高了存放在存款机构以及全国信用社股份保险基金中存款的保险额度。在 2009 年 12 月 31 日前，法案将储户的保险额度从 10 万美元提高到 25 万美元。这一方面是考虑更好地保护中小存款人的利益；另一方面是考虑恢复大众对银行等金融机构的信心，防止出现挤兑，保障金融机构的流动性。

5. 新设多个监管组织。法案中要求新成立金融稳定监管局，成员包括美联储主席、证券和交易委员会主席、联邦房屋信贷机构总裁和住房与城市发展部部长等。规定了金融稳定监管局的审查权利，并就此提出建议行使权力的依据。法案对问题资产救助计划专门设置了特殊总检察长、国会专家监督组等机构。特殊总检察长将实施、监督并协调财政部对问题资产的购买、管理、处置及调查等事项，还将定期地向国会递交有关财政部活动的报告。国会监督专家组则负责调查金融市场和监管体系的全面状况，以及问题资产救助计划的实际效用。专家组每个月向国会报告。法案赋予了总审计长更多的监督职责，如对问题资产救助计划进行持续监督，每60天向国会进行例行报告，审计问题资产救助计划的财务报告、内部控制报告等。

6. 预算相关条款。财政部在开展救助计划时，需要把相关的信息对国会预算局及联合税务委员会公开。国会预算局与行政管理与预算局必须向国会及总统报告估计开销以及相关信息，以此向权威部门确定财政部长是在本法案的指导下进行运作的。总统在向国会提交的年度预算报告中分析和评估法案规定所带来的开销。

7. 税务相关条款。当优先股遭受损失时，政府债券簿记系统将为金融机构相应改变税率。针对参与问题资产救助计划的金融机构执行行政赔偿时，执行特殊的税率。在对参与拍卖计划的特殊金融机构的特定执行者，执行行政赔偿和金降落伞计划时进行限制。对取消的抵押债延长税率优惠政策。

法案改变投资两房优先股损益的处理方法，明确"合格机构"投资两房优先股的损益将被认为是属于普通损益缴纳联邦所得税。此举可以防止金融机构利用税收优惠政策进行套利。

法案还包括参议院附加上的对替代能源提供1500亿美元的税务减免，要求政府尽量帮助房屋所有者（如通过修改贷款条件、为其偿付进行担保等措施），避免房屋所有者因偿付借款问题而丧失对房屋的赎取权。法案要求美国总统向国会报告计划的预算和使用情况等。

（二）美国金融监管改革法案的主要内容

2009年12月2日，一份被称为史上最严厉的美国金融监管法案由参议员银行委员会主席多德（Chris Dodd）和众议院金融服务委员会主席巴尼·弗兰克（Barney Frank）提交，这份法案被命名为《多德—弗兰克华尔街改革和个人消费者保护法案》（The Dodd - Frank Wall Street Reform and Consumer Protection Act）。在相继被众议院和参议院通过后，2010年7月21日，奥巴马正式签署生效。

《多德—弗兰克华尔街改革和个人消费者保护法案》共16章，其宗旨为通过改善美国金融体系的问责度和透明度，来保护美国的金融稳定性，结束一些金融机构"大而不能倒"的局面，通过终结政府对金融机构紧急救助来保护美国纳税人利益，保护消费者不受泛滥的金融服务活动之害。其主要内容分为以下几个部分。

1. 建立新的监管框架，赋予监管者更多的权力。法案将建立一个对系统风险监管的新框架，即通过设立一个由财政部、美联储、美国证监会、OCC、FDIC、CFTC 等机构的最高领导者组成的金融稳定监管委员会来协调和统一不同机构之间的监管标准，降低整个金融体系的系统性风险。法案要求委员会研究可能的金融监管措施减少系统风险的效果，并在6个月内向国会提交研究结果。法案中明确了对非银行金融机构和具有系统重要性银行控股公司的定义，要求建立对金融危机和严重危险的补偿机制和缓冲机制，对一些大型公司的经营杠杆做出了明确的限制。

监管者被法案赋予了更多新的权力，以方便金融监管的实施：监管委员会被授权界定系统性重要的非银行金融机构，使这些公司归于联邦储备局的监管，并帮助联邦储备局为这些公司制定更加审慎的监管标准；委员会被授权向主要金融监管者推荐制定监管标准，以应用在任何其认定为增加系统性风险的活动中；监管者被授予新的权力来限制系统性非常重要的公司的规模扩张和一些业务，包括在某些情况下，有权分拆金融机构的业务，有权限制大型银行控股公司和系统性非常的非金融公司的并购和扩张；当一个公司有“违规”或者“违规危险的行为”，并且这些行为可能导致影响美国金融稳定的系统性风险时，委员会的财政部长有权使该公司脱离常规的破产程序而执行美国联邦存款保险公司（FDIC）负债的特别有序清算程序，从而使该公司不受当前破产制度的保护。

2. 加强对衍生品交易的监管。法案对场外衍生品市场和掉期市场的参与者和交易工具制定了更为全面的监管框架，监管范围包括交易行为以及清算过程。

针对交易行为，法案要求银行将风险最大的衍生品交易业务分拆到附属公司。银行能够保留利率掉期、外汇掉期以及金银掉期等业务。新规定要求金融机构把农产品掉期、无须清算的大宗商品掉期、多数金属掉期以及能源掉期业务都划归到附属公司。

针对清算过程，法案要求美国期货管理委员会和美国证监会对掉期交易商和主要的掉期参与者制定资本和保证金要求和商业行为准则，并要求执行他们强制的清算要求，通过清算中心进行交易。法案还对接受政府救助的银行或其他机构的掉期活动做出了重要的限制。

3. 对投资者和消费者的保护。为了保护投资者，法案要求证监会进行专门研究，来评估为私人投资者提供建议和投资推荐的经纪商、交易员、投资顾问的现有监管措施，决定是否需要制定新的信用标准。法案还对美国证监会的组织架构提出了一些变化，包括新设立投资顾问委员会（IAC）、投资者律师办公室和一位巡视专员来协调零售投资者和证监会的关系。

同时，法案还将在美联储内部成立一个独立的消费者金融保护局，并赋予其决策权和部分执行权，对提供信用卡、抵押贷款和其他贷款等消费者金融产品及服务的银行和非银行实施监管。这一新机构将有权对所有抵押贷款相关业务、资产规模较大的银行和信用社、短期小额贷款公司、支票兑现机构以及某些非银行金融机构进行检查和执行监管，以确保消费者存款安全。

4. 制定沃克规则。法案规定银行控股公司向对冲基金和股权私募基金的投资规模不得高于银行一级资本的3%，同时禁止银行向其投资的对冲基金提供救助，这又被称为“沃克规则”。

5. 管理保险业系统性风险。为了控制保险行业系统性风险，财政部内部将建立一个新的联邦保险公司，对保险行业的系统性风险进行监管。

6. 强化证监会的管理。法案设定了一些条款来提高美国证监会的管理，要求其定期对以下问题向国会提交报告：对登记在册的法人内部管理控制的效果每年提供评估报告；由证监会进行人事管理美国政府会计责任办公室（US Government Accountability Office），对公司的财务档案和三年的报告进行调查和审查的报告；证监会对内部控制架构的表述和评估的年度报告；由独立咨询机构对证监会的内部运作、架构、资金运用情况出具评估报告；美国政府会计责任办公室对从证监会离开到其监管的金融机构工作的人员“旋转门”问题的研究报告等。

（三）泛欧金融监管法案的主要内容

受次贷危机波及，欧洲金融业乃至整个经济都遭受重创。欧盟诸国意识到欧盟现有金融监管体系的不足，提出建设一个更加有效、更加统一和具有持续性的金融监管体系。虽然期间遭遇各方利益的博弈，历时一年半时间，终于在2010年9月2日，欧洲议会最终达成欧盟金融监管框架的妥协方案。在9月7日于布鲁塞尔召开的月度例会上，泛欧金融监管改革法案得到欧盟成员国财政部长的通过，为新监管体系的建立扫除了最后一道障碍。欧盟委员会在9月23日正式出台相关立法建议，彻底改写了欧盟的金融监管格局。

1. 成立跨国界、超主权的新金融监管框架。泛欧金融监管改革法案建立以“三局一会”为基础的新金融监管框架体系。其中“一会”是指一个全新的欧洲系统风险委员会，该委员会由欧洲央行行长担任主席，由各成员国央行行长、欧洲银行监管委员会（CEBS）、欧洲保险和养老金监管委员会（CEIOPS）和欧洲证券监管委员会（CESR）的负责人组成，如图9-1所示。作为独立的监管机构，通过实施整个欧洲层面的宏观审慎监管，维护金融体系稳定。除此之外，还将对金融服务业设立新的欧洲监管组织（European Supervisory Authorities，ESAs），包括设立在伦敦的欧洲银行局（European Banking Authority，EBA）、设立在法兰克福的欧洲保险与职业养老金局（European Insurance and Occupational Pensions Authority，EIOPA）和设立在巴黎的欧洲证券与市场局（European Securities and Markets Authority，ESMA）三大监管局。三大监管局的主要职责包括协调和解决各国监管机构之间的争端，保证与欧盟法律的一致性等。

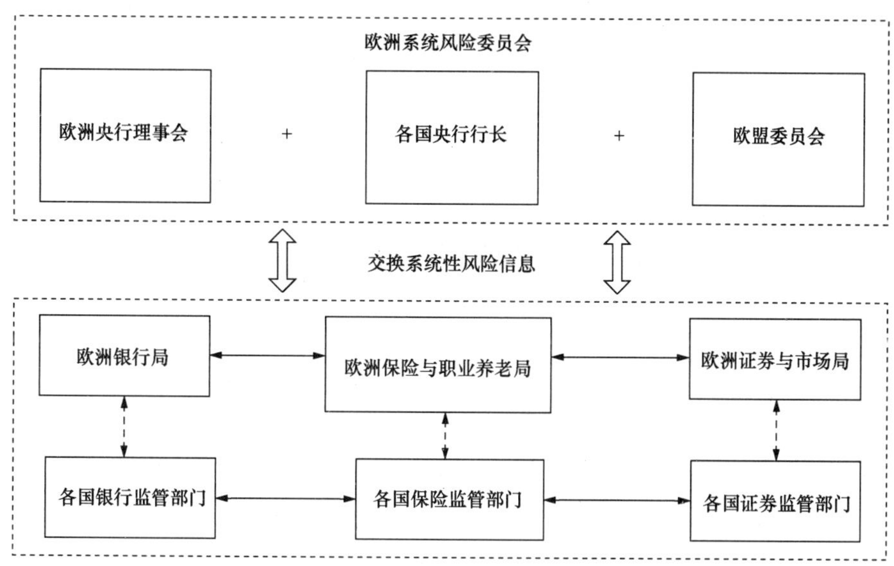

图9－1　欧洲系统风险委员会构成及运行机制

资料来源：欧盟委员会网站（http：//europa. eu/index_ en. htm）。

“三局一会”跨越国界，处于欧洲不同的国家，但是它们构成一个工作网络，把欧洲各国的监管部门串联起来，以保证金融行业的稳定性。当然，仅仅依靠风险委员会和旗下“三局”跨越国界是不足以维护欧洲金融业稳定的，为了防止系统性风险，委员会还需要超越主权的权力，而法案给予了风险监管委员会这个权力——“监管机构和各国监管当局发生冲突时的最终仲裁权”。这标志着一个跨越国界超越主权的金融监管机构的正式成立，这一空前的机构将彻底改写欧盟的金融监管格局。

2. 加强对金融产品和金融活动的监管。法案规定欧盟监管局有权在紧急情况下暂停或限制某些有可能威胁到欧盟金融系统稳定的特定金融活动或产品，并可以向欧盟委员会提出立法建议永久禁止这类产品或活动。比如新监管法案要求市场上的卖空行为必须透明化，并且限制裸卖空的行为。

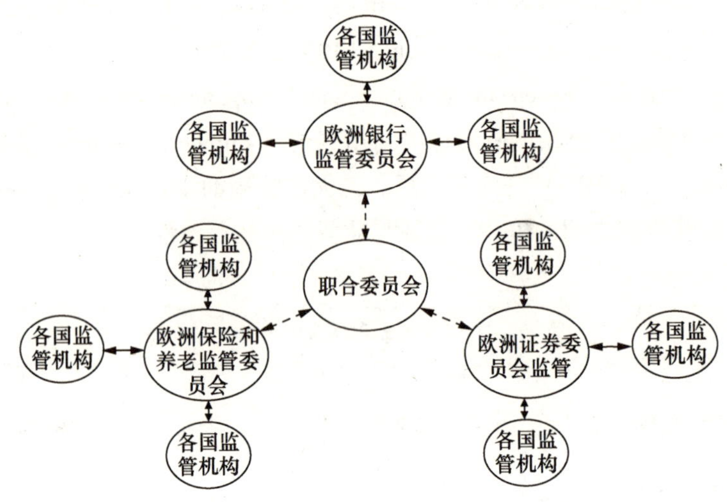

图 9－2　欧洲监管组织构成及协调机制

资料来源：欧盟委员会网站（http：//europa. eu/index_ en. htm）。

3. 全面加强金融机构风险管理。欧盟采取多项金融监管立法改革措施全面风险管理，提高消费者保护力度。第一，提交资本金要求指示修正案。旨在通过创立监管高层定期会晤机制，加强对跨国银行集团的监管，明确界定资本金概念，规范证券化负债等措施，加强风险管理，提高跨国银行监管水平。第二，提出对信用评级机构监管提议，要求信用评级机构必须公布信用评级方法和模型，并引入信用评级机构注册制。第三，出台存款保障计划修正案，要求在 2011 年年底前，将最低存款保障金从 5 万欧元提高至 10 万欧元并将支付时限天数减至 20 天，补偿程度扩大到储备金的 100%。第四，公布基金经理监管提案。要求管理 1 亿欧元以上资金的基金经理必须被明确授权，并确保所有基金具备有效风险补偿能力和利益冲突管理系统。

4. 引入“欧洲学期”制度。所谓的“欧洲学期”就是允许欧盟委员会、欧盟执行机构与欧洲理事会代表各国政府，每年对各国预算进行为期 6 个月的审查。这项新程序将于每年 3 月开始，由欧洲理事会根据欧盟委员会的报告确认成员国的主要经济挑战，并给出战略性的政策建议。成员国在 4 月份起草中期预算策略时将会考虑这些建议，与此同时制定全国改革计划，部署他们在就业和社会福利方面的政策行动。6—7 月，欧洲理事会将在成员国最终确定这一预算之前再次审议并提出政策建议。这一制度能进一步改善欧盟各国经济政策的协调性，有助于强化预算纪律、宏观经济稳定和增长。

（四）后危机时代 G20 国际组织的金融监管改革

全球经济危机的爆发，使各国充分意识到了金融宏观监管上的诸多问题。国际金融监管改革的举措和原则主要体现在危机后历次 G20 峰会达成的国际金融监管改革的共识和纲领性文件，其中还包括《巴塞尔协议Ⅲ》的出台。从华盛顿到首尔，从 2008 年 11 月到 2010 年 11 月，短短两年时间，二十国集团领导人五度聚首，共同探讨经济复苏前景，展望全球经济未来走势，见表 9－1。

表 9－1　　金融危机后 G20 历次峰会

会议名称	时间	会议内容
G20 华盛顿峰会	2008 年 11 月	各国充分讨论了 2007 年金融危机发生的根源，确认了未来国际金融监管改革的行动目标和原则。提出通过对监管者与被监管者两方面的改革实现对全球金融的有效监管。在监管者方面，要提高监管体系的效率，加强国际监管机构与各国监管部门在金融市场所有层面上的协调与合作。在被监管者方面，增强金融市场包括复杂金融产品的透明度，强化金融机构的风险管理和国际准则的执行以及促进金融市场的诚信，支持投资者和消费者利益保护
G20 伦敦峰会	2009 年 4 月	提出将金融稳定论坛改组为金融稳定理事会（Financial Stability Board），强化了金融稳定理事会在协调和推进金融监管改革中的地位，使其逐渐演变为全球金融监管体系的核心协调机构。它在 G20 峰会达成协议的基础上积极制定监管改革原则并协调推进监管措施的执行。但监管领域设有特定的金融监管组织时，则由特定的金融监管组织负责具体监管原则的制定、执行
G20 匹兹堡峰会	2009 年 9 月	提出了金融监管改革的具体方向，指出国际金融监管体系进一步改革的核心问题是提高资本充足标准，并辅之以明确的激励制度改革。同时峰会提出扩大监管范围，要求金融监管机构在 2010 年年底之前达成银行监管规则制定的共识，要求金融监管理事会在 2010 年 10 月提出解决大而不倒的金融机构道德风险问题的具体对策建议；改革 OTC 衍生品市场，加强国际机构的机构改革和能力建设

续表

	时间	会议内容
G20 多伦多峰会	2010 年 6 月	峰会宣言中明确表示，监管改革的实施将依赖于四个支柱：一是强有力的监管框架，同意强化金融市场基础设施建设，加强对对冲基金、评级机构以及衍生品柜台交易的国际协调。二是高效的监管，授权金融稳定理事会在 IMF 的支持下在 2010 年 10 月向 G20 峰会提出加强监管的具体建议。三是对陷入危机的金融机构的清算和解决，提出要设计一套能够对陷入金融危机的机构进行重组或清算的系统。四是全球评估和同行审查，强调支持 IMF 和世界银行对金融部门的评估计划工作，承诺支持金融稳定理事会的同行审查工作。同时决定通过针对避税天堂的全面透明评估措施解决不合作国家和地区问题
G20 首尔峰会	2010 年 11 月	批准了巴塞尔委员会提交的金融监管国际新标准，即关于商业银行资本和流动性监管改革的一揽子方案。要求各成员国经济体两年内完成相应监管法规的制定和修订工作，新监管标准于 2013 年 1 月 1 日起在全球范围内开始实施，并在 2019 年 1 月 1 日前全面达标

资料来源：G20 历次峰会宣言公告。

《巴塞尔协议Ⅲ》是巴塞尔银行监管委员会针对 2004 年巴塞尔新资本协议在 2007—2009 年金融危机中暴露出的缺陷，而出台的一系列监管改革方案的总称，是近年来国际银行监管领域最大的改革。2010 年 12 月 16 日，巴塞尔委员会公布了《巴塞尔协议Ⅲ》的正式文本，包括《巴塞尔协议Ⅲ：增强银行体系强健性的全球监管框架》和《巴塞尔协议Ⅲ：流动性风险计量、标准和监测的国际框架》见表 9 - 2。

表 9 - 2　　《巴塞尔协议Ⅲ》的构成

时间	文　　件
2009 年 7 月 13 日	《巴塞尔委员会公布改进后的资本框架》（Basel Ⅱ Capital framework enhancements announced by the Basel Committee）
2009 年 9 月 7 日	《对金融危机的总体态度》（Comprehensive response to the global banking crisis）
2009 年 12 月 17 日	《增强银行业抗风险能力》（征求意见稿）（Strengthening the resilience of the banking sector - consultative document） 《流动性计量、标准和监测的国际框架》（征求意见稿）（International framework for liquidity risk measurement, standards, and monitoring - consultative document）

续表

时间	文　件
2010年5月3日	《巴塞尔协议Ⅱ》及对资本要求的修订（Basel Ⅱ and Revisions to the Capital Requirement Directive）
2010年6月11日	巴塞尔委员会和监管改革（The Basel Committee and Regulatory Reform）
2010年6月18日	对《巴塞尔协议Ⅱ市场风险框架》的修订（Adjustments to the Basel Ⅱ market risk framework announced by the Basel Committee）
2010年7月16日	《逆周期资本缓冲储备建议》（征求意见稿）（Countercyclical capital buffer proposal – consultative document）
2010年7月26日	央行行长和监管首脑就巴塞尔委员会实施资本和流动性监管改革达成一致（The Group of Governors and Head Supervision reach broad agreement on Basel Committee capital and liquidity reform package）
2010年8月18日	评估实施更高资本和流动性要求的宏观经济影响（Assessment of the macroeconomic impact of stronger capital and liquidity requirements）
2010年8月19日	确保资本损失吸收能力的建议（Basel Committee proposal to ensure the loss absorbency of regulatory capital at the point of non – viability）
2010年9月3日	银行监管框架的重大改进（Fundamentally strengthening the regulatory framework for banks） 强化金融体系：成本与收益比较（Strengthening the financial system：comparing costs and benefits）
2010年9月12日	央行行长和监管首脑宣布实施更高资本监管标准（Group of Governors and Heads of Supervision announces higher global minimum capital standards）
2010年9月21日	《巴塞尔协议Ⅲ：迈向更稳健的金融体系》（Basel Ⅲ：towards a safer financial system）
2010年9月22日	监管新蓝图（A new regulatory landscape）
2010年10月4日	金融改革：改进报告（Financial reform：a progress report）
2010年10月19日	宏观审慎政策：这次能够不一样吗？（Macro – prudential policy：could it have been different this time?） 巴塞尔委员会对危机的反应：向G20的报告（The Basel Committee's response to the financial crisis：report to the G20）
2010年10月26日	《巴塞尔协议Ⅲ与金融稳定》（Basel Ⅲ and Financial Stability）
2010年10月25日	巴塞尔协议Ⅲ在拉丁美洲和加勒比海地区的影响（why Basel Ⅲ matters for Latin American and Caribbean financial markets） 巴塞尔协议Ⅲ资本框架：一个决定性突破（The Basel Ⅲ Capital Framework：a decisive breakthrough）

续表

时间	文件
2010 年 12 月 16 日	巴塞尔协议Ⅲ：增强银行体系强健性的全球监管框架（Basel Ⅲ：A global regulatory framework for more resilient banks and banking systems） 巴塞尔协议Ⅲ：流动性风险计量、标准和监测的国际框架（Basel Ⅲ：International framework for liquidity risk measurement，stands and monitoring） 逆周期资本缓冲储备实施指引（Guidance for national authorities operating the countercyclical capital buffer） 对实施影响的综合数量分析（Results of the Comprehensive quantitative impact study）
2010 年 12 月 17 日	评估实施更高资本和流动性要求宏观经济影响的最终报告（Final report on the assessment of the macroeconomic impact of the transition to stronger capital and liquidity requirements）
2010 年 12 月 20 日	对中央交易方银行暴露的资本要求（征求意见稿）（Capitalisation of bank exposures to central counterparties – consultative document）
2011 年 1 月 27 日	银行监管新框架（The New Framework for Banking Supervision）

资料来源：巴塞尔委员会网站。

二　国际金融监管新趋势对中国的启示

（一）建立适合国情的金融监管体系

虽然中国人民银行、银监会、保监会以及证监会自 2009 年 9 月建立了“联席会议”制度，但是理论上各个机构是平级的，协调上还是存在一定阻碍。

短期来看，在我国实行统一金融监管还存在着一定的困难，如缺乏良好的制度基础；各省份政治、经济发展不平衡，而且金融机构众多，金融风险及其表现形式也存在较大差异，同一监管政策可能会产生不同的监管效应，难以实现一体化改革所倡导的监管标准和手段的统一；再加上我国分业监管体制建立不久，尤其是银监会成立时间较短，为了保证政策的连续性和法律的稳定性，也不宜过快进行改变。由此，短期内需要完善金融监管协调机制，解决好现有问题，逐步向统一监管过渡。

虽然可以通过金融监管的协调机制来增强对于银行进行监管的有效性，但是在传统的功能性监管框架之下，监管部门往往过于强调对口监管职责，忽视了对于各金融体系之间的交叉风险的监管问题，因此，通过建立协调机制来防范混业经营带来的各种风险只是权宜之策。中长期来看，建立统一监管的金融监管体制，按照功能性监管原则明确监管机构的监管职责和范围，强化金融监管机构之间的协调和沟通，防范系统性风险才是长治久安之策。

（二）加强对金融衍生品交易、银行表外业务及影子银行的监管

虽然金融衍生品具有价格发现、增加市场的流动性，促进资源的合理配置功能，但此次金融危机也让我们看到了它放大风险的一面。欧美金融改革法案中不约而同地强调了加强对衍生品交易的监管。

同时，金融危机中美国投资银行倒闭引发的一系列负面影响给我们上了生动的一课：一旦投资银行业务出问题危及了存款、汇款、支付清算等基础性商业银行业务，就可能动摇金融体系基础。此次美国金融监管法案中的“沃克规则”就是针对这个问题，引入了对银行投资对冲基金和私募基金、从事自营交易以及负债规模的限制措施。因此中国可以借鉴美国“沃克规则”的监管思路，加强对银行表外业务的监管。

借鉴国际金融监管机构的做法，将“影子银行体系”纳入金融监管框架。虽然影子银行由于发展时间短，缺乏有效的监管手段，但是各国正积极构建适合的监管体系，包括从宏观和微观两个维度对于影子银行规模的测度。

（三）金融创新要适度

纵观世界金融发展的历史我们可以发现：金融的产生是用来满足实体经济的需求，各种金融理论与产品的出现也只是实体经济发展的产物，这使得金融体系必须为实体经济服务，金融资产的价格变化也必须以实物资产为基础。

对于美国来说，金融过度创新成为此次金融危机爆发的关键因素之一，而对于中国来说，金融创新不足以及原创性不够是中国当前所面临的问题。但是未雨绸缪，中国未来也将面临金融创新可能过度化的情形。当前决策层与监管层需要考虑保证金融创新的适度进行，不可荒废，不可逾越。如果把金融创新完全交给市场，由于激励机制的内在缺陷以及监管的缺失，金融创新往往变成高收益、高风险的代名词，设计者很有可能追求创新过度；但如果把金融创新完全交给政府监管，政府会考虑到收益少、风险高等因素，从而会抑制金融创新的步伐，如何在这两者之间达到有序的互补状态，应该是一国金融创新及金融监管所要实现的目标。

（四）完善治理机制

治理机制的完善不仅仅指金融机构，还应包括金融监管机构。

首先，要建立良好的公司治理结构，对金融机构的治理结构、管理体系、经营机制进行彻底的改革。要增强金融机构的自主创新能力、风控能力和技术创新能力，就必须落实金融机构的产权管理的权责归属，建立以效益最大化为主要目标、以透明化管理和内外部监管为主要保障，归属清晰、权责分明、保护严格、流转顺畅的现代企业制度，在尊重利益相关者和社会利益的前提下，通过为股东产生长期的经济价值，使金融机构得到健康、持续、稳定的发展。为此，需要从以下几个方面完善内部控制：①合理设置内控机构，建立独立的稽核监督体制，形成有效的组织结构控制；②建立有效的风险预警系统，识别、评估和控制金融风险，对风险进行早期预警；③建立可靠和高效的信息及传递控制机制；④不断完善内控制度。内控制度的建立与完善是一个动态过程，各金融机构都要适时根据其业务发展和环境变化不断修改完善内控制度，以动态适应其业务发展与金融创新对风险控制的需要。除此之外，应当建立完善有效的激励约束机制；完善信息披露制度，提高金融机构经营的透明度以及强化金融机构公司治理文化等。

其次，金融监管机构的治理机制也必须得到完善。逐渐采用良好的治理方法是金融机构和监管机构共同的责任。如果监管治理不完善，也难以实现推动公司治理的发展，而公司治理的不完善又可能引发市场扭曲，最终引发金融体系的危机。

（五）加强金融行为监管，提高对金融消费者的保护力度

金融行为监管是保障金融体系稳健有效的重要内容，它提出了所有金融机构需要遵守的标准并强制执行。从最新的国际金融监管新趋势来看，发达经济体的金融监管法案改革都强调了对消费者的保护。这是因为在金融行业中消费者处于信息劣势，而金融机构具有天然的欺诈倾向，导致不少金融机构的利润并非来源于公允的市场竞争价格，而是来源于信息不对等和对客户隐含的欺诈收益。更重要的是对消费者的集体违约带来的后果比较严重，这点可以从次贷危机中贷款购房者集体违约引发的多米诺效应中略窥一斑。

对于金融行为的监管范围来说，主要包括：①商业行为监管。具体的监管行为包括金融机构与零售消费者的行为、批发金融市场参与者之间的行为、批发金融市场机构的内部管理（如治理、文化和内控）以及金融机构与消费者和客户的交易等。②市场监管。监管的范围包括增强市场的一

体性，保障投资者利益，遵照监管原则提升服务的有效性；监管提供市场交易的基础设施，如交易所，管理多边交易和其他交易场所的人员等。同时完善消费者权益保护法，推动金融消费者保护法律法规建设，以保障投资者的利益。

（六）促进国际金融监管合作，积极参与国际金融监管规则制定

国际金融危机的传染性和扩散性表明，在金融全球化日益发展的今天，单靠一国的努力难以应对来自外部金融市场风险的冲击。目前中国的金融监管也面临着单独行动的问题，我们要积极参与国际金融监管的合作以及国际金融多边规则的制定，维护自己在多边金融事务中应得的权益。虽然要求中国组织全球各国一起建立超主权的监管体系短期内不太现实，但是可以积极推进国际金融监管合作，加强宏观经济政策的对话与协调，增进金融监管当局间的交流与协作。

首先，要主动把握参与国际新规则制订的机会。从某种意义上说，改革开放 30 年，中国只能按照既定的国际规则来做事情。但在经济发展到一定程度后，中国与世界经济的互动成为常态。在这种新形势下，许多国际游戏规则也开始对中国起到某些负面的制约作用。为此，要用自己的力量或联合其他力量为新一轮对外开放创造更加有利的环境。历史经验表明，一次大的国际性危机之后一定会建立一系列新的规则。因此同广大发展中国家一道，善加利用机会，推动国际金融监管新规则的制订。

其次，要积极推动国际金融监管改革，主动参与国际金融监管合作。推进跨国性国际金融监管体制建设是应对全球性金融体制系统性风险的根本出路。从趋势上看，完善监管规范，健全监管机制和履行监管责任是国际金融体系改革的一个重要方向。预计未来可能会出现类似于银行巴塞尔协议这种监管规范和标准。中国一方面积极配合 G20 峰会提出的金融监管体系改革方案和金融稳定理事会的决议，另一方面也要对这一合作机制发挥建设性的影响，推动监管合作向规范化、组织化的方向迈进。

（七）建立逆周期的宏观审慎监管制度

在金融运行和管理方面，宏观审慎政策框架已成为危机后国际金融改革的主要方向。宏观审慎管理有两个维度：一个是纵向维度，一个是横向维度。从纵向维度来看，关注周期的变化对于金融稳定的影响；从横向来看，关注各种金融机构之间交互的效应。

对于我国金融体系的宏观审慎监管，在第十章中将进行详细论述。

2008 年以来，由美国次贷危机引发的全球金融危机对各国经济的影响至今没有完全消褪，世界各国经济体仍在曲折的缓慢复苏道路上蹒跚前

行。对于造成此次金融危机的原因，学术界观点不一、见仁见智，有的观点认为是金融领域尤其是资本市场的自由放任所导致，因而是新自由主义的失败；然而也有人认为是美联储格林斯潘所实施的长期的低利率货币调控政策的原因，即凯恩斯主义也负有责任，难辞其咎；另外还有人从马克思主义商业周期以及经济周期的理论来加以解释。而笔者（2010）的观点认为，是金融风险所产生的负外部性导致了巨大的市场失灵和金融监管失控所引起的政府调控失灵所形成。

金融危机发生后，美国政府立即启动实施了“问题资产救助计划”，政府出资购买金融机构持有的不良抵押贷款相关资产，向金融机构及大型企业（大到不能倒的企业如通用汽车、友邦保险、花旗银行、房地美、房利美）迅速注资，同时对金融机构采取了诸如市场化并购、市场化重组以及法律破产等系列措施，并于此后推出了一系列财政政策如住房和经济恢复法案、金融稳定计划（FSP）以及三轮量化宽松的货币政策（QE1、QE2、QE3）等一揽子经济刺激方案，其目的在于全面迅速切断金融危机传导根源、尽快稳定金融市场、增强投资者信心、提高信贷市场流动性和促进经济增长。欧洲国家则普遍实施了向大银行注资、由欧洲央行从二级市场购买欧元区各国政府债券、扶持企业等救市和经济恢复方案，先后推出欧洲金融稳定基金（EFSF）、直接货币交易（OMT）计划和欧洲稳定机制（ESM）等措施，对陷入主权债务危机的国家实施救助，补充市场流动性，并着手建立财政联盟、强化财政纪律，以应对金融危机以及愈演愈烈的主权债务危机的影响。

针对金融体系存在的顺周期性以及金融风险在金融体系、实体经济中的扩散性，各国金融监管当局就加强金融宏观审慎监管尤其是逆周期金融监管达成普遍共识。欧美国家纷纷推出各自的金融监管改革方案，提出建立新的金融监管框架，成立系统性风险管理机构，在传统的微观审慎监管基础上加强宏观审慎监管，降低金融体系的系统性风险。全球范围内的金融监管改革思路在2010年11月召开的二十国集团领导人首尔峰会批准的金融监管改革文件（业界称之为“巴塞尔Ⅲ”）中得以体现，这对于后危机时代推进全球金融监管改革、维护金融体系稳健性和经济稳定性具有重要的理论意义和现实意义。

面对金融危机带来的冲击，我国政府推出了四万亿元投资计划，并加强与国际金融监管机构的合作与协调，保持了金融体系的稳健性和宏观经济的整体稳定性。此次危机暴露出来的全球金融体系深层次矛盾值得我国金融监管当局深入思考。在此次危机中，金融体系的顺周期性被认为是金融体系脆弱性以及宏观经济波动的罪魁祸首。如何整体评估我国金融体系的顺周期性特征，如何构建和完善我国宏观审慎金融监管框架，这些问题需要作深入的研究。

第三节　构建我国宏观审慎监管体系

一　宏观审慎监管的内涵与目标

20 世纪 70 年代，随着发达国家向发展中国家提供的援助逐步增多，国际清算银行为控制贷款到期后的风险，提出了“宏观审慎”的概念。在亚洲金融危机后，国际货币基金组织意识到了这一概念的重要性，并将其引入“金融评估计划”之中，用来分析各国金融体系的脆弱性。

但这一概念真正受到重视是在国际清算银行总裁的一次演讲中，他基于宏观审慎监管与微观审慎监管的对比（见表 9－3），提出宏观审慎监管是将金融市场视为一个整体，目标是降低金融危机对经济产出的负面影响，并且认为风险之间是存在相互关联的。

表 9－3　　宏观审慎监管与微观审慎监管对比

	宏观审慎监管	微观审慎监管
直接目的	限制金融系统性危机	防范单个金融机构的危机
最终目的	降低金融不稳定对宏观经济的负面影响	保护存款人、投资者和消费者的利益
风险秉性	具有内生性，依赖于集体行为	外生性，与单个机构行为无关
机构之间共同风险暴露和相关性的看法	重要	不相关
审慎监管的校准	从系统性风险角度出发，采取自上而下的方式	从单个机构的风险角度出发，采取自下而上的方式

资料来源：Claudio Borio，2003，Towards a macro－prudential framework for financial supervision and regulation？BIS Working Paper No. 128。

二　宏观审慎监管体系构成要素

（一）宏观审慎监测分析

宏观审慎监测分析即对金融业系统性风险进行分析、检测和评估，发现金融系统风险来源，发出风险预警，为采取宏观审慎监管政策提供依据。

（二）宏观审慎政策工具

宏观审慎工具具体见表9－4。

表9－4　　针对不同金融体系脆弱性的宏观审慎政策工具分类

		金融体系				
		银行/存款类金融机构		非银行金融机构	证券市场	金融基础设施
		资产负债表	贷款协议			
脆弱性	杠杆率	资本比率、风险权重、拨备、利润分配限制、信贷增长上限	（1）贷款/抵押品价值上限 （2）偿债/收入上限 （3）期限上限		保证金/扣减限额	
	流动性或市场性风险	流动性/准备金要求、外汇贷款限制、货币错配限额、外汇敞口头寸限制	适当的估值规则（如货币市场共同基金）	本外币准备金要求	中央银行资产负债表操作	通过交易所交易
	相互关联度	集中度限制、对系统重要性机构提高资本要求				中央对手方

资料来源：CGFS、BCBS。

（三）宏观审慎政策安排

通常来说，中央银行、财政部门和金融监管机构共同承担着金融稳定的责任，所以，宏观审慎政策安排应该建立上述三方合作的制度性框架，并清晰界定三方在宏观审慎监管中的责任。

第四节　我国金融体系顺周期性的实证研究

宏观审慎监管的重要组成部分是“逆周期监管”，主要作用是减弱金融体系存在的内在顺周期性（Pro－cyclicality，又称“亲周期性”），而风险模型、资本监管、会计准则等外部规则对于顺周期性的进一步强化是导致金融危机发生的重要原因，所以，对金融体系实施宏观审慎监管的前提是金融体系存在顺周期性。本节将针对我国金融体系的顺周期性，从商业银行、证券、保险、证券投资基金这四个金融体系的主要组成部分探讨我国金融体系的顺周期性。

一 商业银行体系顺周期性

本书在《巴塞尔协议Ⅱ》内部评级法框架下，根据我国上市公司的数据，运用有序多分类 Logistic 模型来估计我国企业的违约概率，结合《巴塞尔协议Ⅱ》的监管资本的计算方法，对《巴塞尔协议Ⅱ》的顺周期效应进行测度，以验证我国商业银行监管资本的顺周期效应。

（一）顺周期效应的测度方法和步骤

顺周期效应测度的基本步骤为：首先，选取跨周期、大样本的金融数据（选取上市公司的财务数据）计算初级法框架下的违约概率；其次，根据计算得到的违约概率，利用《巴塞尔协议Ⅱ》的监管资本计算公式，计算相应年份的监管资本要求；最后，利用上面得出的监管资本要求，分析监管资本要求和宏观经济变量（选取 GDP 增长率）的关系。

由于我国商业银行对贷款的管理采用五级分类方式，因而我们要对贷款对象的违约情况进行细分，据此，我们运用有序多分类 Logistic 模型来实现这一目的。有序多分类模型可定义为：

$$\mathrm{Ln}\left(\frac{p(y\leqslant j)}{1-p(y\leqslant j)}\right)=\mu_j-(\alpha_0+\sum_{i=1}^{n}\alpha_i Z_i) \tag{9-1}$$

通过变换计算出 $p(y\leqslant j)$：

$$p(y\leqslant j)=\frac{e^{[\mu_j-(\alpha_0+\sum_{i=1}^{n}\alpha_i Z_i)]}}{1+e^{\mu_j-(\alpha_0+\sum_{i=1}^{n})}} \tag{9-2}$$

然后，可以计算各个类别的概率：

$$p_j=p(y\leqslant j)-p(y\leqslant j-1) \tag{9-3}$$

设各个类别的历史违约概率为 $q=(q_1, q_2, \cdots, q_n)$，则有序多分类 logistic 模型估计出的违约概率为：

$$p=\sum_{i=1}^{n}q_i p_i \tag{9-4}$$

为了便于比较，设 LGD 为 45%，期限为 1 年。

（二）违约概率的测算

由于 2007 年使用新的会计准则，导致财务指标数据不具有可比性，同时，1994—2006 年，我国经济基本经历一个较为完整的经济周期，故本书数据样本的时间范围为 1994—2006 年。考虑到数据的可得性和完整性，本书的研究对象为沪深两市上市公司。一般情况下，部分学者将是否被进行特别处理作为上市公司是否违约的依据，本书也采用这一做法，将被

ST 和 * ST 处理的公司视为违约。本书所采用的财务指标包括了上市公司的盈利能力、偿债能力、流动能力、发展能力、营运能力等方面，共计 32 个指标。剔除财务指标数据缺失和异变值之后，共保留有效样本点 11077 个，数据均来自 Wind 数据库。

（三）顺周期效应测度结果

由于所选的 32 个财务指标数据具有较强的相关性，本书先对指标进行因子分析，再将这些因子作为有序多分类 Logistic 模型的解释变量，通过 SPSS17.0 软件进行计算后得到 Logistic 模型的分析结果，参照 Rafael Repullo 的做法，计算各样本的年度违约概率的算术平均值。表 9－5 为测算出的上市公司 1994—2006 年的年度违约概率与 GDP 增长率。从计算结果来看，年均违约概率与 GDP 之间存在着非常明显的负相关性，它们的相关系数为－0.9，这说明上市公司的违约风险和宏观经济之间存在着密切关系，即在经济繁荣时，公司的违约风险较低；在经济衰退时，公司的违约风险相对较高。这一规律和国外大多数学者的研究结论相一致。本书计算的违约概率平均值在3%左右，与我国商业银行的信用评级标准一致，基本满足银行的信贷标准，因而也说明了以我国上市公司作为样本来研究《巴塞尔协议Ⅱ》的顺周期效应具有可行性。

表 9－5　　样本的年均违约概率和 GDP 增长率

年份	年均违约概率（%）	GDP 增长率（%）
1994	1.76	13.1
1995	2.70	10.9
1996	2.82	10
1997	2.91	9.3
1998	3.29	7.8
1999	4.33	7.6
2000	3.23	8.4
2001	3.24	8.3
2002	3.09	9.1
2003	2.94	10
2004	2.79	10.1
2005	2.73	10.4
2006	2.67	11.1

根据表9－5，利用《巴塞尔协议Ⅱ》的监管资本计算公式计算单位风险暴露的监管资本要求，图9－3为监管资本和GDP的增长率的关系图。监管资本在1994年值最小，为7.32%，而这一年的GDP增长率为13%。从图9－3我们看出，监管资本和GDP增长率成反比，且相关系数为－0.92，表明它们之间存在明显的顺周期特征。

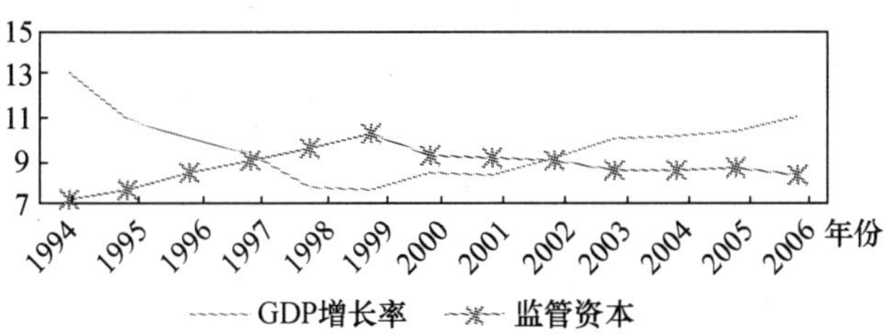

图9－3　监管资本和GDP增长率的关系

二　证券行业顺周期性

证券公司的净资本是我国证券行业监管的核心指标，由于其是根据证券公司风险业务规模计算得出，因此它是证券公司风险水平的直接反映，我们通过证券公司净资本与经济周期的关系来探讨证券公司经营是否存在顺周期性。

（一）模型的建立

Juan Ayuso等（2002）构建了一个商业银行资本充足率与经济周期关系的理论模型，其基本思路就是探讨商业银行监管资本、资本成本等与经济周期之间的关系。本书运用这一模型来研究证券行业净资本与经济周期之间的关系，基本模型如下：

$$K_{i,t} = c_1K_{i,t-1} + c_2ROE_{i,t} + c_3PRE_{i,t} + c_4GDP_t + \eta_i + \varepsilon_{i,t} \qquad (9-5)$$

在（9－5）式中，$K_{i,t}$和$K_{i,t-1}$分别是证券公司i在t期和$t-1$期的净资本比率，代表证券公司的资本水平；$ROE_{i,t}$为证券公司i在t期的净资产收益率，代表持有资本的成本；$PRE_{i,t}$为证券公司i在t期面临的监管压力或因资本不足而可能受到监管部门的处罚，它反映了证券公司i在t期的风险水平；GDP_t为经济周期指标，在于考察经济周期是否与证券公司资本水平之间存在密切关系；c_1、c_2、c_3、c_4为相关系数；η_i用以捕捉和控制各个公司由于个体异质性产生的影响；$\varepsilon_{i,t}$为随机误差。

（二）变量选取

1. 净资本比率。本书以净资本/净资产比率代表证券公司净资本水平。随着证券公司风险资产规模扩大，净资本比率将越低；反之则越高。囿于数据的可得性，证券公司实证分析数据的时间范围均为2006—2010年。

2. 净资产收益率。净资产收益率为证券公司净利润/净资产，代表证券公司持有资本的成本。

3. 监管压力或受到处罚。证券公司面临的净资本监管压力直接来自风险业务。本书选取了投行业务与投资业务数据来反映这一指标，其中投行业务为证券承销业务净收入加保荐业务净收入，投资业务为证券公司投资收益加公允价值变动净收益，两项业务数据均为其业务规模占主营业务收入的比重。

4. 经济周期。本书运用产出缺口（GAP）代表经济周期。本书所指产出缺口是指实际产出和潜在产出之间的缺口，缺口越大，表示经济处于景气期；缺口越小，表示经济处于萧条期。

因此，本书最终的回归模型为：

$$K_{i,t}+c_1K_{i,t-1}+c_2ROE_{i,t}+c_3IV_{i,t}+c_4IB_{i,t}+c_5GAP_t+\eta_i+\varepsilon_{i,t} \tag{9-6}$$

其中，$IV_{i,t}$为证券公司i在t期的投资业务收入比重，$IB_{i,t}$为证券公司i在t期的投行业务收入比重，两者都用来反映证券公司的风险水平，而其余变量与参数含义不变。

本书选取的样本为净资本水平以及经营业绩排名靠前的45家综合类证券公司。各变量的数据来源情况如下：证券公司净资本数据来自中国证券业协会网站证券公司业绩排名栏；证券公司净资产、净利润、投行业务收入、投资业务收入、主营业务收入均来自于中国证券业协会网站证券公司财务报告栏中公布的证券公司历年财务报告；GDP和CPI数据来自于历年《中国统计年鉴》或国家统计局网站。

（三）实证检验与结果分析

基于2006—2010年我国45家证券公司的面板数据，按照式（9－6）的基本思路，我们对证券公司的净资本比率与经济周期指标和其他变量之间进行线性拟合分析。本书在模型估计过程中考虑个体固定效应模型，同时考虑到所选变量可能存在内生性问题，本书借鉴Juan Ayuso（2002）的做法，采用广义矩（GMM）方法对模型进行估计。考虑到模型可能存在异方差问题，本书在GMM回归过程中还对截面进行了加权处理。据此，利用GMM－EGLS估计方法得到模型（9－6）的回归结果显示，各变量都在5%的置信水平上通过了t检验，表明回归结果可信，但是净资产收益率（ROE）回归系数为正，这意味着在资本收益率高的时候，证券公司会收缩风险业务规模，净资本比率上升；而在资本收益率低的时候则会扩张风险业务规模，净资本比率下降，这一结果违背了证券公司经营过程中利润最大化的基本原则。笔者认为，导致这一结果的原因可能在于我国目前对证券公司实行的是静态净资本监管办法，即证券公司净资本变动是以年为周期，这使得证券公司对净资本比率的调整也是以年为周期，所以资本成本对证券公司净资本比率的影响会有滞后效应，即上一年的资本成本会影响到本年度的净资本比率，而本年度的资本成本只会影响到下一年度的净资本比率。据此，笔者对模型进行调整，在模型中加入滞后一期的净资产收益率来控制这种可能滞后的影响。回归结果见表9－6。

表9－6　　模型（6－6）修正后的GMM－EGLS回归估计结果

解释变量	K（－1）	ROE	ROE（－1）	IV	IB	GAP
回归系数	0.9926	0.2284	－0.0623	－0.1576	－0.1209	－1.0633
T值	54.1854	2.5846	－1.7835	－5.0619	－4.6078	－2.9198
P值	0.0000＊	0.0115＊	0.0864＊＊	0.0000＊	0.0000＊	0.0045＊
加权 R^2	0.8246		加权 $\bar{R}^2$	0.8142		
Sargan统计量	5.9195					

说明：＊、＊＊分别表示在5%、10%的置信水平下通过显著性检验。

表9－6显示，各变量在5%或10%的置信水平下通过显著性检验，表明回归结果可信。由上述实证检验结果，可以得出以下结论：

（1）净资本比率一阶滞后项K（－1）的回归系数为0.9926，意味着证券公司与商业银行一样，受资本监管制度约束，为了使其资本水平符合监管要求，都存在调整资本比率的压力，同时其调整资本比率也是有成本的。净资产收益率ROE的系数为正，表明证券公司净资本比率对经营绩效比较敏感。投行业务和投资业务IV、IB的回归系数分别为－0.1576、－0.1209，表明风险业务收入比重对证券公司净资本监管压力具有明显的影响。

（2）产出缺口GAP的系数是－1.0633，表明证券公司在产出缺口大的经济上升周期中，其净资本比率会下降，而在产出缺口较小的经济下行周期中，其净资本比率会上升。这一结果表明，我国证券公司净资本比率存在明显的顺周期性。我们可以将证券公司净资本比率顺周期性形成的基本路径归纳为：宏观经济周期性变化带来证券市场行情波动，证券市场行情波动会导致证券公司风险资产比重变化从而引起其净资本比率发生变化，而风险资产比重变化主要来自于两个途径，即风险资产价值变化以及风险业务规模变化，是这两个因素联合作用的结果。

三　保险行业顺周期性

本书运用我国2003—2009年的保险公司经营数据，检验我国财险公司与寿险公司的承保业务是否存在顺周期效应。考虑到保险公司与证券投资基金的投资业务特征具有较强的相似性，因此对保险公司另一重要业务——投资业务的顺周期性效应通过下一小节对证券投资基金顺周期性效应的分析中予以证实。2003—2009 年，我国经济经历了前期增长加速、金融危机带来增长减速以及后金融危机时期复苏等阶段，因此可以认为是一个小经济周期。

（一）数据来源与变量选择

1. 数据来源。本书选取我国 8 家主要的寿险公司和 9 家主要的财险公司 2003—2009 年经营情况构建面板数据作为研究样本，数据来源于《中国保险统计年鉴》，GDP 增长率、GDP 平减指数、CPI 等宏观经济指标数据从 Wind 数据库中获取。

2. 变量选择。保费收入（Y）。我们用此项来衡量保险公司承保业务的情况，该指标数据通过保费收入取自然对数获得。

经济增长（Growth）。在衡量经济波动时，我们选取 GDP 增长率作为反映经济周期的指标。

通货膨胀情况（Inflation）。本书选取 GDP 平减指数（GDP Deflator）、CPI、PPI 和 RPI 四个指标。其中 GDP 平减指数从整体角度，CPI、PPI、RPI 从三个结构层面反映了通胀水平。考虑到被解释变量为比率值，本书通过各价格指数来计算对应的通货膨胀率。

同业竞争力（X）。用同业公司上年度广义承保利润增长率来衡量，广义承保利润为承保利润与计提准备金之和。同业公司指广义承保利润相近的两家或多家公司，假定样本公司根据同业公司上年度广义承保利润增长率来制定本年度的主营业务增长目标，体现样本公司在同业竞争压力下对承保业务的战略调整。该指标体现保险公司的运营能力和主营业务对投资业务的“输血能力”，是承保业务模型与投资业务模型的链接纽带。

（二）模型选取

由于数据获得渠道受限，数据的时序仅 7 年，适合采用静态面板数据模型进行分析。静态面板数据模型中，可分为混合效应模型、固定效应模型和随机效应模型三类，三类模型的表达式依次如下：

$$
\begin{aligned}
&pooled\ effect：y_{it} = \beta_1 + \sum_{k=2}^{K}\beta_k x_{kit} + u_{it} \\
&fixed\ effect：y_{it} = \lambda_i + \gamma_t + \sum_{k=2}^{K}\beta_k x_{kit} + u_{it} \\
&random\ effect：y_{it} = \beta_1 + \sum_{k=2}^{K}\beta_k x_{kit} + u_i + v_t + w_{it}
\end{aligned}
\tag{9-7}
$$

运用F检验、LM检验（BP检验）分别就三类模型优劣进行比较，发现固定效应模型效果最优。同时受限于数据的可获得性，在自变量中缺少了不可观测的确定性因素，因此我们认为选用固定效应模型从实际意义的角度出发也更优。由于涉及滞后期数据，时间序列仅含6年，最终模型选择静态固定效应模型。

（三）实证分析

由于所分析的面板数据截面数据较多而时序较短，对于截面间的异方差现象需要予以校正。我们运用面板校正标准误差（PCSE）方法，按照截面加权后采用固定效应模型进行回归。按照前文确定的分析思路对固定效应模型进行回归，得到结果如表9-7所示。

表9-7　　　　承保业务回归结果

C	$X_{j,t}$	$Growth_t$	$Lnflation_t$	$Lnput_{i,t}$	R^2	F	DW	
$Y_{i,t}$	9.430 (56.385*)	-0.051 (-2.898)	1.211 (0.073)	-2.856 (-3.701**)	—	0.98	288.58	0.71

说明：*、** 分别表示在1%、5%的置信水平下通过显著性检验。

表9-8　　　　各公司个体效应值

公司类别	公司名称	承保效应	公司类别	公司名称	承保效应
财险公司	中国人保	1.960	寿险公司	国寿股份	2.815
	出口信用	-1.336		太保人寿	1.286
	中华联合	0.130		平安人寿	1.671
	太平洋保险	0.603		新华人寿	0.979
	太平保险	-1.566		泰康人寿	0.954
	永安财险	-1.061		太平人寿	0.063
	平安财险	0.478		民生人寿	-1.728
	大众保险	-2.269		生命人寿	-1.061
	华泰保险	-1.921		—	—

（四）结果分析

模型回归结果显示GDP增长率变量回归系数T检验结果并不显著，这与现有文献认为中国保险业承保业务与GDP关联不大的结论相符。GDP平减指数与我们预期方向相符，通胀水平（GDP平减指数）每下降1%，保费收入上升2.856%，这与实际意义也相一致：保费收入主要体现为保障作用，具备防守性特征。在通缩的背景下，居民或投资者对经济前景的悲观预期会使得保障需求上升，投保数量增加，从而导致保费收入增加；在通胀背景下，投保者认为未来保险赔付金的实际购买能力下降，投保数量减少，从而导致保费收入降低，这一结论表明我国保险公司承保业务具有顺周期性。

此外，同业竞争力与保费收入负相关，同业公司上年度广义承保利润增长率每上升1%，本年度承保收入将下降0.051%。这体现了保险业增长模式由过去不计成本的粗放增长转为在博弈背景下的理性增长，即在同业对手体现出了较高的广义利润增长（暗含较高的运营管理与成本管理能力）后，公司在制定与执行下一年度的市场目标时，会体现出合理的收缩退让，而非不计成本的扩张对抗。

四 证券投资基金顺周期性

本书首先运用VaR法对开放式基金的风险进行测度，在此基础上分析开放式基金投资的风险变动是否与经济波动呈同方向变动，进而验证开放式基金是否存在顺周期性。

（一）模型与方法

本书采用AR（1）-TGARCH（1，1）模型计算开放式基金的VaR，最后采用ARMA模型来研究开放式基金的风险与GDP增长率的关系。

1. TGARCH模型。由于金融数据存在着自相关、异方差以及非对称性，本书建立TGARCH模型来刻画这些现象。另外，由于金融数据具有尖峰、厚尾的特性，故采用t分布来表示白噪声的分布，TGARCH（P，Q）公式如下：

$$\begin{cases} \delta_t = \sigma_t \varepsilon_t, \ \varepsilon_t \sim t_v \\ \sigma_t^2 = \mu + \sum_{i=1}^{p} \alpha_i \sigma_{t-i}^2 + \sum_{j=1}^{q} \beta_j \delta_{t-j}^2 + \sum_{k=1}^{r} \gamma_k u_{t-k}^2 d_{t-k} \end{cases} \tag{9-8}$$

其中，d_{t-k}是一个虚拟变量，当$u_{t-k}<0$时，$d_{t-k}=1$；否则，$d_{t-k}=0$。只要$\gamma_k \neq 0$，就存在非对效应。

2. VaR风险度量模型。VaR表示在一定置信水平下，某一金融资产或资产组合在未来特定的时间内资产价格波动下所面临的最大损失，其公式为：

$$\text{Prob}\ (\Delta P > VaR) = 1 - c \tag{9-9}$$

其中，c为给定的置信水平，ΔP为持有期内投资组合的损失。

3. ARMA 模型。为了研究 VaR 和 GDP 增长率的关系，建立基本 ARMA 模型，公式如下：

$$VaR = c + \sum_{i=1}^{p} \alpha_i VaR_{t-i} + \sum_{j=1}^{q} \beta_j GDP_{t-j} + \varepsilon_t \qquad (9-10)$$

其中，p、q 表示的相应变量的滞后阶，ε_t 为残差项。

（二）实证分析

为了研究整个基金市场的风险，我们选取了中证基金指数的收盘价进行分析。中证基金指数覆盖了所有的开放式基金，因而能够很好地反映整个基金市场的风险。样本期间为 2003 年 1 月 2 日至 2011 年 10 月 28 日，共有 2140 组有效数据。数据来源于 Wind 金融数据库。由于数据没有缺失，故而将中证基金指数的第 t 日的收益率定义为：$R_t = Ln(p_t) - Ln(p_{t-1})$，其中 p_t 表示第 t 日的收盘价。

1. AR（1）－TGARCH（1，1）模型的建立。对于基金指数收益率序列，我们建立 AR（1）－TGARCH（1，1）模型，消除自相关性和异方差性以及非对称性，模型如下：

$$\begin{cases} r_t = AR(1) + b + \delta_t \\ \delta_t = \sigma_t \varepsilon_t, \varepsilon_t \sim t_v \\ \sigma_t^2 = \mu + \sum_{i=1}^{p} \alpha_i \sigma_{t-i}^2 + \sum_{j=1}^{q} \beta_j \delta_{t-j}^2 + \sum_{k=1}^{r} \gamma_k u_{t-k}^2 d_{t-k} \end{cases} \qquad (9-11)$$

对原收益率序列进行估计得到的结果如表 9－9 所示：

表 9－9　中证基金指数 AR（1）－TGARCH（1，1）模型的参数估计结果

参数	AR	M	α	β	γ
估计值	0.0225	1.77e－04	0.0151	0.0113	3.1826e－07

2. 基金 VaR 值的计算。我们利用 MATLAB2011b 软件进行计算得到基金指数的 VaR 值。中证基金指数的各期在 1%、5% 和 10% 的置信度下的 VaR 值如图 9－4 所示。

3. 基金的 VaR 值与 GDP 增长率回归分析。运用 ARMA 模型进行估计，结果如下：

$VaR_t = 0.687 \times VaR_{t-1} + 0.251 GDP_{t-1}$

$t =$ （6.331）（2.820）

$R^2 = 0.625$　　DW = 2.199

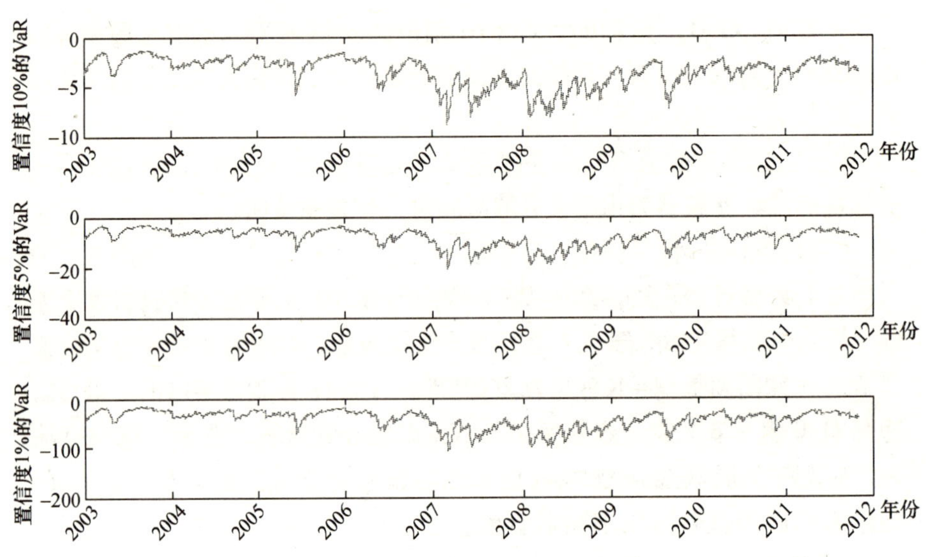

图 9-4　置信度为 1%、5% 和 10% 的中证基金指数的各期 VaR 值

最后，对残差序列 ε_t 进行 LM 检验，最终得到的检验结果如表 9-10 所示。

表 9-10　LM 检验结果

F 统计量	2.972	概率值（p 值）	0.066
$T \times R^2$ 统计量	5.611	概率值（p 值）	0.060

检验结果没有充分理由拒绝原假设（回归方程的残差序列不存在序列相关性）。

4. 结果分析。基金指数的 VaR 自身存在着一阶自相关，系数值为 0.687，表明基金期的 $t-1$ 对 t 期的 VaR 影响较大。此外，VaR 值与 GDP 增长率的一阶滞后项正相关，系数值为 0.251，表明在其他条件不变的情况下，GDP 增长率每提高 1 个百分点，开放式基金行业的 VaR 值增加 0.251 个百分点。因此，我国证券投资基金也存在明显的顺周期性。

第五节　顺周期性的缓释机制探讨

《巴塞尔协议Ⅱ》顺周期效应解决的关键在于建立合理的缓释机制，通过建立缓释机制，实现在经济繁荣时，提高商业银行的监管资本要求；

在经济衰退时，降低监管资本要求。这样可以减少经济波动对监管资本的影响，从而降低监管资本的顺周期性。目前，国内外理论研究学者对商业银行监管资本顺周期性缓释进行了一定的探讨，本书在对比、借鉴几种缓释机制的基础上，对 AR 乘数进行改进与完善，提出新的缓释机制来减少经济周期波动对商业银行监管资本的影响。需要指出的是，由于目前我国证券行业可获得的研究数据有限，难以满足对时间序列数据长度的要求，运用缓释模型得出的缓释效果并不理想；此外，现有的缓释机制在保险行业与证券投资基金行业适用性不强，因此本书仅以商业银行为例，探讨监管资本顺周期性的缓释机制。

一　国内外几种缓释机制的介绍

国外现有调整监管资本的缓释机制有两种：一种为：$\hat{K}_t = \mu_t K_t$，K_t，其中 K_t 为原始监管资本，$\hat{K}_t$ 为经缓释机制调整后的监管资本，μ_t 为缓释乘数。从式中可以看出，缓释机制的效果是由缓释乘数决定的；另一种是由迈克尔·B. 戈迪等（Michael D. Gordy 等，2006）针对发展中国家采用自回归方法（AR）调整监管资本，计算公式表示为：

$$\hat{K}_t = \hat{K}_{t-1} + a\ (K_t - \hat{K}_{t-1})$$

其中，$\hat{K}$ 为经缓释机制调整后的监管资本，K_t 为原始监管资本。

现在我们分别来阐述国外利用这两种机制来解决《巴塞尔协议Ⅱ》的顺周期现象。首先我们研究利用第一种公式的缓释乘数，包括 M－G 乘数和 R－R 乘数。M－G 乘数是以指数函数的形式构建，其表达式为：

$$\mu_t = e^{[a(\omega_0 x_t + \omega_1 x_{t-1} + \cdots + \omega_k x_{t-k})] - \frac{\alpha^2}{2}} \qquad (9-12)$$

其中，x_t 为全球系统性风险因子，其权重参数为 $\omega_0^2 + \omega_1^2 + \cdots + \omega_k^2 = 1$，$a$ 为控制乘数缓释效果的参数，而$\frac{\alpha^2}{2}$的作用在于保证 $E(\mu_t) = 1$。由于经济、金融国际化程度较高的国家的信贷资产组合的系统性风险和全球系统性风险比较一致，因而监管资本波动受到全球系统性风险影响较大，用 M－G 乘数能起到较好的效果；而对于那些国际化程度较低的国家，这些国家的信贷资产的风险和全球系统性风险的相关性较小，这时 M－G 乘数的缓释效果比较差。R－R 乘数采用标准正态分布随机变量累积分布函数的形式，其表达式为：$\mu_t = 2N\ (ax_t)$，其中，x_t 为反映经济周期波动的变量，α 为控制平滑效果的参数，$N\ (\cdot)$ 为标准正态累积分布函数。R－R

乘数以 HP 滤波为调整监管资本的基准，考虑了调整后的监管资本与 HP 趋势的均方根为最小情况。R－R 乘数主要存在以下两个缺陷，一是乘数主要考虑当期的宏观经济变量，没有考虑经济波动的时滞；二是 HP 滤波采用平滑参数为 100，没有考虑 HP 滤波平滑参数值的变化对缓释效果的影响。彭建刚等（2010）借鉴国外学者的经验，建立考虑变量滞后结构和标准正态分布累积函数的函数形式，公式表示为：

$$\mu_t = 2N(\theta_0 x_t + \theta_1 x_{t-1} + \cdots + \theta_k x_{t-k})$$

其中 $x_t = \dfrac{(g_t - \bar{g})}{\sigma_g}$，$\bar{g}$ 和 σ_g 分别表示为 g_t 的样本均值和标准差，x_t 反映经济周期的变量。如果宏观经济处于平稳增长的状态，则 $g_t = g_{t-1} = \cdots = g_{t-k} = \bar{g}$，有 $2N(0) = 1$，即监管资本不需要进行调整。我们在上述方法的基础上进一步探讨缓释机制的改进与完善。

二　缓释机制的构建

Michael B. Gordy 等研究发现由于 AR 乘数具有明显的缺陷，尤其表现在经济衰退时，缓释机制本应减小监管资本，但其并不能实现。同时，自回归方法还要求经济比较平稳。由于中国经济的增长率比较平稳，波动不会非常剧烈，因此不会出现极端情况。基于此，利用自回归方法来研究中国银行监管资本的缓释机制是可行的。针对自回归方法的缺陷，本书提出新的缓释机制来解决这个问题。本书提出的缓释机制为：

$$\hat{K} = \hat{K}_{t-1} + a \times \beta_t \left(K_t - \hat{K}_{t-1}\right) \qquad (9-13)$$

其中，$\beta_t = \begin{cases} -1, & \text{当 } x_t > x_{t-1} \text{ 时} \\ 0, & \text{当 } x_t = x_{t-1} \text{ 时} \\ 1, & \text{当 } x_t < x_{t-1} \text{ 时} \end{cases}$

在式（9－13）中加入其中 β_t 的目的是为了解决 AR 乘数的缺陷，能够实现在经济处于衰退时，缓释机制减少监管资本；而在经济处于繁荣时，能够相应地增加监管资本。另外，式中的 $x_t = \dfrac{(g_t - \bar{g})}{\sigma_g}$，$\bar{g}$ 和 σ_g 分别表示为 g_t（经济波动变量）的样本均值和标准差，x_t 反映经济周期的变量。即当 $x_t > x_{t-1}$ 时，处于上升时期，$\beta_t = 1$；当 $x_t < x_{t-1}$ 时，处于下降时期，$\beta_t = 1$；当 $x_t = x_{t-1}$ 时，处于平稳时期，$\beta_t = 0$，即监管资本不需要调整。另外，我们令 $\hat{K}_1 = H_t$（1），$\hat{K}_2 = K_2$。为了使得调整后的监管资本越接近 H－P 趋势项，应使得调整后的监管资本 $\hat{K}_t$ 与 H－P 趋势（简称 H_t）

之间的均方根（RMSD）取最小值，用公式表示为：

$$\min RMSD(\hat{K}_t, H_t) = \sqrt{\frac{1}{n}\sum_{i=1}^{n}(\hat{K}_t - H_t)^2} \tag{9-14}$$

通过这一准则，可以计算出 α 来调节监管资本，建立缓释机制。

由于经济周期性波动现象的存在，经济变量时间序列也同样表现出周期性波动。为了研究某一些变量的长期趋势，需要利用一些技术手段对经济变量进行分离。基于此，美国经济学家霍德里克和普雷斯科特（Hodrick 和 Prescott）在 1981 年提出了一种提取趋势项的方法即 HP 滤波。本书利用 HP 滤波法将监管资本的长期趋势分离出来。利用 HP 滤波我们计算出了趋势成分 H_t，图 9-5 表示监管资本 HP 趋势项和监管资本、GDP 增长率的关系图。为了便于比较，我们同样确定 HP 滤波的平滑参数为 1500，这样也使得 H_t 和 GDP 增长率的相关性较小，使得缓释效果更好。

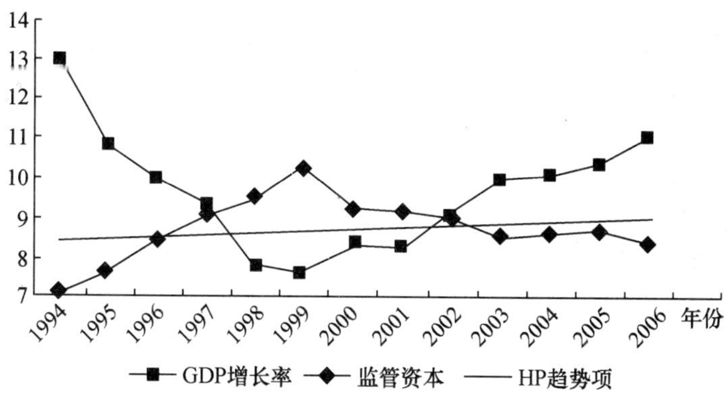

图 9-5　监管资本 HP 趋势项和监管资本、GDP 增长率关系

经过 MATLAB 计算，我们得到 $\alpha = 0.1587$，最后得到调整后的监管资本 $\hat{K}_t$。我们得到均方根值 *RMSD* 为 0.065，相关系数为 0.286，处于弱相关区域，基本摆脱了监管资本的顺周期性。图 9-6 所示的是调整后的监管资本和 HP 趋势项、原始监管资本的关系图。从图上看出，经本书构建的缓释机制调整的监管资本与原始监管资本进行比较，基本上达到了减少监管资本顺周期效应的目的。即在经济繁荣时，提高监管资本；在经济衰退时，减少监管资本。

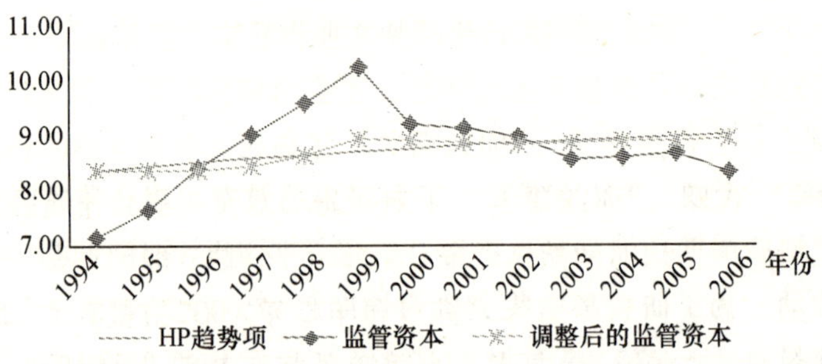

图9－6　本书提出的缓释机制的顺周期效应缓释效果

三　不同缓释机制的效果比较

本书对迈克尔·B. 戈迪等（2006）提出的AR方法进行改进，得到新的缓释乘数。我们比较缓释乘数的效果，根据Rafael Repullo等认为可以用调整后的监管资本和HP趋势之间的均方根来比较缓释效果，均方根的值越小，效果越好。同时还要考虑调整后的监管资本和经济周期变量的相关系数，只有它们之间的相关系数较小，两者处于低相关水平，才说明调整后的监管资本顺周期性越弱。同时也减弱了监管资本受经济周期波动的影响。

基于以上分析，我们计算AR改进、AR乘数、M－G乘数和R－R乘数这几种缓释机制调整之后的监管资本和HP趋势之间的RMSD，同时也计算出调整后的监管资本和GDP增长率之间的相关系数，如表9－11所示。

表9－11　　主要缓释乘数的效果对比

乘数	RMSD	相关系数
AR改进	0.065	－0.338
AR	0.36	－0.878
M－G	0.26	－0.765
R－R	0.22	－0.604

从表9－10中的结果看出，本书提出的缓释乘数的均方根和相关系数为0.065和－0.338，低于AR乘数、M－G乘数和R－R乘数对应的均方根和相应的相关系数。RMSD和相关系数两项指标均证明本书的缓释机制具有较好的缓释效果。因此，本书提出的缓释乘数同样和更好地解决了《巴塞尔协议Ⅱ》的顺周期效应问题。

第六节　结论与政策建议

从前述实证研究可以得出，我国金融体系的商业银行、证券公司、保险公司的投资业务、投资基金普遍存在顺周期性特征，而通过一定的手段对监管资本或者业务的调节，并辅以科学的金融风险预警机制，则可以有效缓释这种顺周期性，熨平其对经济周期波动的放大作用。因此我国有必要为此构建一个涵盖商业银行、证券公司、保险公司和投资基金的综合性宏观审慎监管框架，以维护我国金融体系整体稳健性，促进经济稳定增长。

一　构建统一的宏观审慎金融监管机构

构建宏观审慎监管框架，是金融危机后各国监管当局必须达成的共识，也是有效防范金融体系系统性风险的主要措施。而如何合理分配监管职能、如何协调监管机构也成为各个国家在新的金融监管体系下需要着力解决的问题。在西方国家混业经营的金融体系里，随着商业银行表外资产特别是衍生金融工具规模的扩张，以及保险资金投资规模扩大，银行、证券与保险业务通过资本市场融为一体，金融体系的顺周期性特征也使得其对实体经济的冲击效应借助资本市场被进一步放大，西方国家证券业、保险业的资本监管制度逐步与银行资本监管制度趋同。在监管模式上，金融危机后世界各国对其金融监管机构进行改革，纷纷采取统一监管的模式，以避免多边监管模式下可能存在的监管冲突与监管疏漏，并提高监管效率。

美国通过了号称“经济大萧条”以来“最严厉、最全面”的金融监管法案之称的《多德－弗兰克法案》，由此提出建立一个对系统风险监管的新框架，设立一个金融稳定监管委员会，作为公司和金融市场活动的预警机制，保证金融系统监管的统一性和协调不同机构之间的监管标准；美联储被赋予更大的监管权力和风险处置权力；美国证监会和商品期货交易委员会的职责也得到大幅度增强。欧洲各国相继出台了泛欧金融监管改革方案，提出建立一个新的金融监管框架，这其中包括“三局一会”的架构，目的就是为了完善欧盟金融监管体系，在整个欧盟层面上加强对金融的监管和风险防范，该法案还提出了“双轨制”的监管改革方案。我国为了有效防范金融系统性风险，建立一个职责明确、功能健全的宏观审慎监管框架是必需的，应该考虑建立中国系统风险管理委员会，这种形式重点突出了中央政府在宏观审慎监管中的地位，能够合理配置金融监管资源并协调监管部门的行动。同时，借鉴国际经验，增加金融安全部以加强与中央银行的沟通来共同促进金融系统性安全；增加消费者和投资者服务部等部门来帮助建立起与这些利益相关体之间的互动机制，帮助其解决在金融服务消费与金融投资中所遇到的问题。运行成熟后，如果金融控股公司已经成为我国金融机构主要的组织形式时，建议将该委员会转变为常规政府职能部门，将银监会、证监会、保监会三大监管机构内化。该常规机构主要负责对金融控股集团公司进行监控，机构下设置的各个金融行业的监管部门负责对金融控股集团公司旗下各分业经营公司的监控，这样金融监管机构的设置成本和协调成本都会大幅降低，并提高了对金融业的监管效率。

此外，我国目前由“一行三会”组成的多边监管模式是与我国当前金融业分业经营的格局相对应的。但是，金融控股集团的不断发展，商业银行综合化经营步伐不断推进，必然推动我国金融监管体制向统一监管的模式变革，这也是全球金融监管模式改革的方向。近期内，我国应在现有的“一行三会”架构的基础上加强金融监管合作与协调，并强化人民银行防范金融体系系统性风险的职能。从长期来看，当金融控股公司成为金融机构的主要组织形式、混业经营成为主导经营模式时，我国应成立涵盖银行、证券、保险业的统一金融监管机构，由其对金融控股公司的经营实施综合监管。同时，发挥人民银行在支付清算体系的信息优势，利用其掌握的系统重要性金融机构的交易信息，防范金融体系系统性风险，并利用其最后贷款人角色承担危机处置职能。

二　完善监管工具与宏观审慎指标体系

风险监测预警分析体系是宏观审慎监管制度框架的重要组成部分。对金融体系和宏观经济数据信息进行整合、分析、检测和评估，发现金融系统性风险和影响金融稳定的因素并发出风险警示，是有效防范系统性风险的前提，这就需要一个专门的分析平台，整合金融运行和经济运行的信息数据。

在监管工具方面，我国应根据《巴塞尔协议Ⅲ》的要求，对目前的监管工具进行梳理，并根据我国实际情况和监管经验进行扩展，逐步构建涵盖商业银行、证券、保险与基金行业的宏观审慎监管工具体系。在对目前国际上通行的资本充足率、杠杆率、拨备率三大监管工具进行完善的基础上，我国可以自行补充贷款价值比率、债务收入比率等指标为商业银行逆周期监管工具。证券行业着重运用净资本、风险资本准备两大监管工具，以目前的风险控制指标为基础实施逆周期监管。保险行业以偿付能力指标为核心，基金行业则以最低投资比例、投资组合的风险价值指标为核心，实施逆周期监管。

宏观审慎指标体系的作用在于正确反映宏观经济周期波动，监管部门依据指标的变化对监管工具进行动态调整。在指标的选取方面，巴塞尔委员会比较认可信贷/GDP 比率，但是在很多情况下，非信贷和金融方面的原因可能导致 GDP 波动，从而影响信贷/GDP 比率。因此，任何单一指标都可能存在缺陷，应参考多个指标，并与金融体系预警机制相结合，综合判断并实施逆周期监管。本书对商业银行、证券公司顺周期性的实证研究表明，运用 HP 滤波法得出的产出缺口比率能较好反映真实经济周期，适合于作为宏观审慎指标。在此基础上，还可以补充信贷增长率、PMI、CPI、PPI、资产价格指数、投资增长速度等宏观经济先行指标。在我国货币供给内生化的背景下，货币供给、信贷增长与宏观经济周期保持较强的相关性，也能较好地反映商业银行体系乃至金融体系的业务规模与风险水平；我国在未来一段时期仍将保持投资驱动的经济增长模式，投资增长速度可以较好地反映我国国内需求扩张规模以及经济周期，因此可以将这三个指标作为重要的参考指标。

在构建以上逆周期监管工具、宏观审慎指标体系的基础上，应通过对历史数据的分析，结合金融体系预警机制和数学模型的建立，深入研究监管工具与宏观审慎指标之间的动态关系，确立缓解金融体系顺周期性的缓释系数，为动态调整监管工具提供科学依据。监管部门根据经济周期动态调整监管指标，在上升周期中采取从严的监管标准，防止金融体系风险扩大；在衰退周期中降低监管标准，增强盈利能力，刺激经济复苏，缓解顺周期性。

从目前来看，建立宏观审慎监测分析系统需要开展以下方面的工作：一是明确数据整合分析的职能部门，可以是中国人民银行，也可以新建一个部门。二是对系统性风险相关信息数据的收集和整理，在信息数据整理的基础上，分析金融体系的资本充足状况、市场流动性、杠杆比率状况可能产生的风险。三是构建系统性风险评估体系，既要加强宏观层面金融风险的监测与评估，又要从银行、证券和保险行业的角度，监测与分析微观风险因素对系统性风险的影响。四是完善系统性风险的预警机制，及时发布系统性风险检测报告，以及将要采取的政策措施。五是关注国际金融业风险状况，促进国内宏观审慎监管与国际宏观审慎监管的有效结合。（见图 9－7）

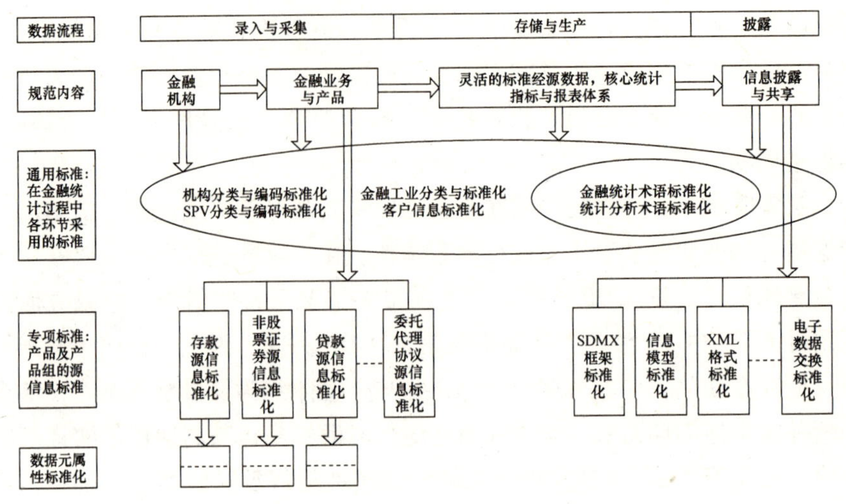

图 9－7 金融统计标准化框架

资料来源：《中国金融稳定报告（2011）》，中国人民银行网站。

三 开发宏观审慎监管政策工具

近年来，我国已经开始采用动态拨备、动态资本等监管手段进行逆周期监管。但是，我们需要注意到，这些监管手段与我国存在一定程度上的不匹配，我国监管部门应参照国际相关监管标准，开发适用于我国的逆周期宏观审慎监管工具。目前最为急需的宏观审慎监管政策工具至少包括以下方面：①引入更有效的资本监管标准，通过提升银行资本质量来提高金融体系的稳健性，包括资本充足率、动态计提拨备等政策工具，从而使银行在达到资本充足率要求的基础上，在经济上行期计提能用于经济下行期吸收损失的动态超额资本，以增强银行应对经济周期冲击的能力。②针对金融体系的顺周期性，实施留存资本缓冲和逆周期资本缓冲。需要研究计提留存资本缓冲、逆周期资本缓冲、建立动态拨备等政策工具，从而使银行能够根据贷款增长情况、资产潜在损失等因素，将拨备覆盖率逐步提高，以达到“以丰补歉”，提高金融业风险抵御能力的目的。③针对银行杠杆比率过高从而产生潜在风险的问题。需要研究动态杠杆率指标工具，从而防止银行资产过度扩张和过度承担风险，进而控制系统性风险的生成和积累。

同时，根据金融“十二五”规划，我国利率市场化、资本项目开放和人民币国际化进程在未来五年都将大大加快，这将使实施宏观审慎监管的难度越来越大。如何创新、丰富监管工具，适应这种发展趋势，也是目前监管部门应该认真考虑的重大课题。

四　加强金融体系压力测试

压力测试的目的在于考察宏观经济波动对金融体系的影响，研究给定情景下金融体系的潜在损失情况，是评估金融体系脆弱性、经济周期对金融体系风险影响的重要手段。金融危机后，美国、欧洲金融监管当局将压力测试纳入金融宏观审慎监管框架，为实施逆周期金融监管提供前瞻性的决策依据。我国于2003年开始对商业银行进行压力测试，目前此项工作仍然处于起步阶段，金融危机后加强全系统的压力测试的必要性进一步凸显。我国金融监管部门应跟随国际金融监管改革步伐，明确管理金融体系压力测试的职能机构，进一步完善压力测试模型、技术与测试系统，将测试内容覆盖至金融体系各项业务和各项风险，全面评估金融体系在设定场景下的可能损失，并提出改进措施。同时，应提高压力测试的透明度，向公众披露压力测试过程和结果，以稳定市场预期，维护金融体系的稳健性。

五　对系统重要性机构实施差别化监管政策

由于系统重要性金融机构发生风险暴露时对于金融体系整体产生的影响更加巨大，所以有必要对其实施差别化的监管政策。对于系统重要性机构的确定，可以从规模、可替代性和关联性三个指标进行考量，并辅之以对具体金融体系结构和宏观经济等因素。例如一些金融机构虽然规模不大，但是由于其业务具有跨市场、高杠杆特点，也需要将其列为系统重要性机构。目前，可重点关注综合经营金融业务的四类企业集团（见表9－12）而差别化监管的内容主要包括附加资本要求、杠杆率要求，最终达到降低其倒闭可能性的目标。

表9－12　　目前综合经营金融业务的四类企业集团

集团类型	代表性集团
大型银行集团	工、农、中、建、交、邮储六大银行集团
综合金融集团	中信、光大、平安、中国人寿、人保集团、中国银河金融控股公司
政策性金融控股	华融、信达、东方等资产管理公司为主体转型后形成的金融控股公司
产业资本控股的金融集团	中石油（中油财务、昆仑银行、昆仑信托、昆仑金融租赁、中意人寿、中意财险）、国家电网（广发银行、英大证券、英大信托、英大泰和人寿/财险、长安保险经纪）、五矿集团（财务公司、五矿期货、外贸金融租赁、五矿信托）、中海油（中海信托、中海基金、财富公司、海康保险）、宝钢（华宝信托、宝钢财务）、华润（华润信托、华润银行、华润租赁、汉威资本管理）、中粮（中英人寿、中怡保险经纪、中粮期货、中粮信托、产业基金、财务公司）、华能（长城证券、永诚财险、宝城期货、华能财务、黔隆国际信托）等

资料来源：Wind，媒体披露信息整理。

六 合理协调货币政策目标与监管目标

在宏观审慎监管实施中，应合理协调货币政策目标与逆周期监管目标之间的矛盾。我国目前货币政策实质上是盯住通货膨胀率，通过运用利率、存款准备金率、再贴现、公开市场业务等工具调控货币供给总量、控制信贷总规模，以达到促进经济稳定增长的目标。实施逆周期监管则更多参考的是经济增长、信贷增长速度等指标，目标是保持金融体系的稳健性。现实中可能出现的情况是，货币政策与宏观审慎监管实施的依据之间存在时间与空间的不一致性，同时，货币当局与监管实施者可能在理想的经济增长速度、能够容忍的通货膨胀水平方面存在差异，因此导致两者实施过程中存在矛盾。因此，笔者认为，我国宏观审慎监管的实施应以监管规则为导向，通过不同监管部门之间的协同合作，发挥逆周期监管工具的稳定性与自我调节性，弱化行政因素。在此基础上，央行将宏观审慎监管工具的运用及其功能的发挥作为制定货币政策的参考依据，合理运用货币政策工具，实现金融体系稳健与宏观经济稳定两者的统一。

七 加强全球金融监管协调与合作

在全球经济一体化的背景下，金融体系的外部性绝不仅仅局限于一国范围之内。某些庞大金融机构的规模超过主权国家，在国家层面上对金融机构的监管已经失效，在没有适用全球的监管法律体系的情况下，金融风险带来的全球金融体系动荡极易传导为国际间的政治风波。目前，金融风险很容易从一国溢出并在国际金融市场传染，因此，宏观审慎监管要取得实效，必须开展广泛的国际合作。我国的金融体系已经是全球一体化金融体系的重要组成部分，因此，宏观审慎监管合作必须扩展到国际。我国作为金融安全理事会（FSF）的成员，应通过与其他国家监管当局签订双边谅解备忘录、开展双边磋商、举办监管联席会议等形式，加强监管合作，这样既可以加强研究成果和相关资源的共享，也可增强监管政策的协调性，减少监管套利。随着经济全球化和金融一体化的推进，很多金融机构在海外设立分支机构，由于各国的金融法规、监管理念存在差异，使得跨国金融监管难度加大。此次全球金融危机爆发后，迅速在国际资本市场、货币市场和期货市场蔓延，暴露了国际金融监管合作方面的不足。因此，必须以各国现有监管架构为基础，建立跨国联合监管机制，制定共同的监管规则，协调各国监管者的行动，避免因各国不同的监管标准而产生的监管漏洞。只有这样，当金融危机来临时，各国监管当局才能联手行动，防止金融风险跨境、跨业传染。

在国内外经济运行形势变化和宏观调控的背景下，如何切实防范区域性金融风险向全国性系统性金融风险演变，越来越受到各界的重视。2012年1月，全国金融工作会议召开，提出防范系统性金融风险既是当前的紧迫问题，也是关系金融发展全局的重大问题；要从监管制度、监管能力建设，加强系统重要性金融机构和金融综合经营的监管等方面完善金融监管；2012年9月，《金融业发展和改革“十二五”规划》全文发布，明确提出，要“积极稳妥化解风险隐患，守住不发生系统性、区域性金融风险底线”；2012年11月，党的十八大召开，报告提出要完善金融监管，推进金融创新，提高银行、证券、保险等行业竞争力，维护金融稳定；2013年7月，《国务院办公厅关于金融支持经济结构调整和转型升级的指导意见》再一次指出要严密防范金融风险，要深入排查各类金融风险隐患，适时开展压力测试，动态分析可能存在的风险触点，及时锁定、防控和化解风险，严守不发生系统性、区域性金融风险的底线。2013年11月，党的第十八届三中全会上通过《中共中央关于全面深化改革若干重大问题的决定》中提出“宏观调控的主要任务是保持经济总量平衡，促进重大经济结构协调和生产力布局优化，减缓经济周期波动影响，防范区域性、系统性风险，稳定市场预期，实现经济持续健康发展”。同时，要求“改进预算管理制度”，“建立跨年度预算平衡机制，建立权责发生制的政府综合财务报告制度，建立规范合理的中央和地方政府债务管理及风险预警机制”。

第十章　防范金融风险，守住不发生区域性、系统性金融风险底线

本文在前两章探讨系统性风险预警机制并引入宏观审慎监管机制的基础上重点探讨区域性风险的形成机制与防范风险的对策。

第一节　我国区域性、系统性金融风险防范面临的重大问题

虽然目前我国经济总体保持稳健运行，金融体系没有发生大幅动荡。但是，国内经济运行中的一些深层次矛盾与困难不容忽视，这些矛盾与困难存在引发区域性乃至系统性金融风险的可能性，需要我们重点关注。

一　预算软约束下地方政府债务风险突出

当前地方政府债务风险是我国金融风险最主要的源头。在现行制度背景下，地方政府财权与事权的不对等，造成地方财政紧张；缺乏正常的市场化融资手段和配套的制度，使得地方政府债务隐性化；GDP 导向的政绩考核带来政府机会主义行为，投资驱动的经济增长模式难以转型；软化制度约束环境导致地方政府对制度租金—金融资源和土地收入的攫取，推高了房地产等资产价格泡沫。虽然我国预算法明确规定地方财政不能列赤字，但是地方政府通过其控制的融资平台、下属机构负债使得我国地方政府债务总计已超 10 万亿元之巨（2013 年审计署调查报告口径）[①]，未来社保资金缺口、政府担保、国企亏损挂账、地方金融机构不良资产等或有负

---

① 根据 2013 年全国政府性债务审计结果，截至 2013 年 6 月底，全国各级政府负有偿还责任的债务 206 988.65 亿元，负有担保责任的债务 29 256.49 亿元，可能承担一定救助责任的债务 66 504.56 亿元。

债也进一步增加了政府债务引发金融风险的隐患。欧洲债务危机的爆发表明，局部与区域性债务危机存在引发系统性金融危机的可能。

二 金融体系不完善带来资源配置的扭曲

在融资市场方面，中小企业融资一直是我国有待破解的难题。银行等金融机构惜贷、资本市场层次单一、金融产品匮乏将我国中小企业推向地下金融市场，民间高利贷、非法集资案层出不穷；相反，垄断行业的国有企业却能够较为便利地获得资金，特别是在近年来大规模投资政策的带领下，地方投融资平台获得的大规模信贷资金无疑对中小企业、产业类企业产生明显的挤出效应。同时，在产业政策的引导下，资金向国家扶持的产业超配，引起部分产业出现重复建设、产能过剩等产业危机，尚德太阳能破产、超日债务危机等产业危机、实体经济危机等事件不时见诸报端，而产业危机最终将会使得商业银行的资产负债表恶化，资本市场也无法避免受到冲击。在投资市场方面，三十多年持续的经济增长使得城乡居民财富积累规模逐渐庞大。在实体经济不景气、资本市场持续低迷的情况下，城乡居民投资需求难以有效满足，近年出现的“炒房”、“炒矿”、“炒农产品”等现象是这一现实环境下的必然产物。过度的投机与炒作无疑会推高资产价格泡沫，使某些产品价格大涨大落，扰乱了市场经济秩序，进而也给金融风险埋下了伏笔。

三 金融创新对我国金融稳定带来冲击

在银行体系无法满足实体经济巨大的融资需求的情况下，近年来影子银行业务快速扩张，影子银行托起的房地产泡沫更随着国内外金融环境的变化日益受到关注。中国式的影子银行体系主要包括信托、担保、小贷公司、典当行、地下钱庄等，这些机构绕开监管，以资金掮客的身份穿梭于资金供需双方，加速市场资金脱媒化进程，也使得商业银行表外资产规模快速扩张。诸如“资金池信托”等产品在借新还旧过程中，如果出现项目收益不能覆盖融资成本的情况，有可能形成“庞氏骗局”，隐含着巨大的系统性金融风险。随着金融市场的进一步深化，未来我国金融衍生品市场也将不断发展，各类金融衍生产品将不断涌现。金融衍生品有规避风险、价格发现的功能，是对冲资产风险的有效手段。但是，衍生品的高杠杆性必然伴随着高风险性。

四　金融改革以及金融改革次序将给金融稳定带来挑战

第一，利率市场化将冲击金融稳定。历史经验表明，由于利率市场化通常伴随着商业银行过度竞争、过度放贷、商业银行不良资产增加、利率波动加大容易出现流动性风险等问题，绝大多数国家在实施利率市场化进程中以及利率市场化完成后的几年都会出现金融不稳定。第二，汇率市场化将加剧国际收支危机隐患。在浮动汇率制下，货币政策失去外部约束力，在内部约束不强的情况下，往往会加剧经济与资产价格波动，从而引起金融体系不稳定和宏观经济波动。第三，随着资本项目的自由兑换，我国金融体系的脆弱性将逐步增大。由于资本账户项目的自由兑换对金融体系的要求较高，只有当本地的金融市场深度与广度足够吸纳境外资本冲击时，方可以放开资本项目。而我国当前金融体系建设并不完善，而上述三项改革牵一发而动全身，选择合理的时机、合适的次序推动上述三项改革对于我国金融体系进一步完善、维护金融稳定意义重大。

鉴于本书第八章阐述了系统性金融风险预警机制重的要性，并且，为了防范系统性风险引入宏观审慎监管体系，本章在讨论区域性、系统性风险时重点讨论区域性风险防范，重点是地方债务风险向金融风险的转化及对策。

第二节　基于预算软约束的地方债务风险向金融风险的转化

一　预算软约束与金融系统性风险的生成机制

（一）预算软约束与金融风险的触发机制

1. 软约束容易导致道德风险和逆向选择促使金融机构行为发生扭曲，不良资产问题难以从制度上解决。由于大金融机构出现重大问题之后都有政府兜底，政府的援助使得最开始所宣称的市场机制的惩罚效应没有可信度，软预算约束强化和间接鼓励了金融机构的机会主义行为，加强了金融机构的道德风险。最终使得金融机构在日常的经营活动中为了追逐更高的预期利润而过度冒险，或者为了争取客户不计成本地互相竞争，显然有违金融机构的谨慎经营管理的原则。在软约束的条件下国有金融机构的过度投机和冒险主要表现在，金融机构倾向于发放长期贷款和鼓励贷款人借新还旧，这也是银行中长期贷款比例逐渐攀升，资产负债结构不合理的一个重要原因。

2. 地方政府企业、行为道德风险与银行系统性风险的生成。如我们前文所述，在双重软预算约束的背景下，使得国有银行依据或者根据政府的偏好发放贷款，倾向于把贷款发给规模大而又具有垄断特征的国有企业，银行这种做法的理由并不是依据这些企业的收益和风险来判断的，而是出于一种预期政府会对这些“大而垄断”的企业实施软预算约束的心理，无形中又形成了我国贷款集中的特点。

另外，20 世纪 80 年代以来的行政性分权制度，加强地方政府的财政和经济激励，地方政府以 GDP 增长为政治性绩效考核体系和嵌入经济竞争中的政治晋升博弈，进一步强化了地方政府官员的投资冲动与政绩工程，造成地方官员主导型投资的重复建设恶性竞争怪圈。因此，在地方政府干预下，使得企业的要素成本低，从而质地差、经营水平低的企业也能够达到社会平均利润，企业开始不顾筹资成本大量借款进行投资，进一步促进了地方经济的膨胀。但在经济衰退周期，大量的重复建设行业开始出现明显的生产能力严重过剩，企业无法偿还账款，大量不良资产出现。

3. 因国有企业倒闭产生的巨大社会成本，银行对国有企业拥有软预算约束的预期。我们知道，因为国有企业承担了特有的社会责任，导致其在破产时更多考虑了社会破产成本，会有更多的激励不让企业被清算掉；因此不会被轻易清算掉，正因为银行对国有企业有不被清算的预期，银行业就更愿意以低的利率贷给国有企业。政府在对国有企业在面临破产做清算决策时会考虑社会破产成本。因此，当国有企业不能如期还款时，政府会依据自身的目标函数而将此部分社会成本考虑进来。从而形成了软预算约束的区间，在这段区间以内，原本由于违约而会导致破产的国企，因为获得政府的变相“救助”最终免于清算。此过程最终的后果是银行对国企的贷款项目没有足够的驱动力来对贷款的去向和运用做事后的监控。所以说，国有企业的特殊社会地位和社会承担，加之资金运用效率的低下以及平均盈利水平的孱弱，直接导致贷款的损失以及不良资产的产生，间接导致了银行软预算约束的产生。

（二）软预算约束与金融系统性风险的传染机制

为了说明金融危机与金融机构垄断的格局之间的关联机制，拟在跨期消费模型基础上使用流动性冲击模型，分析银行拆借市场、企业及其与金融机构之间的联系。

1. 假设前提。首先，银行面临着两种冲击：一种是流动性冲击，它的风险源于外部，流动性冲击会引起一家银行的流动性不足。而这家银行的流动性不足或者说风险会不会传染到其他银行，则主要取决于同业拆借市场上其他资金盈余金融机构获取信息的准确性和对风险性质的判断力；另一种是技术性冲击，它引起项目收益的变动，致使银行清偿力的不足。其次，从金融体制的角度来看，它可以划分为单一银行融资体制和多家银行融资体制：在单一银行体制中，一项项目的融资只由一家银行提供；在多家银行融资体制中，一项项目的融资可能由两家以上银行提供。一般来说，在资金短缺且金融机构契约成本高的国家，会倾向于主要选择单一融资体制，而不是多重融资体制。而我国是典型的单一融资的国家。

2. 单一融资体制容易引起软预算约束的现象发生。单一融资体制引起的软预算约束促使同业拆借市场出现我们称之为集合均衡的现象产生，从而无法辨别项目的好坏，而多银行融资体制则出现分离均衡的现象产生，很容易区分项目的好坏，形成预算硬约束。这是因为在单融资体制中，缺乏其他金融机构的竞争，即便是差的项目也能够取得资金的继续支持，这种情况导致贷款人或者说企业的经营者不会有如实向银行通报项目投资情况的动力，而银行即使发现项目是差项目，可是只要继续放贷款的收益大于成本，银行也会持续放贷，最终出现软预算约束，而差项目也会持续。多家融资体制下，因为多个金融主体的存在，以及不对称信息进程中各融资者间、放贷者间的利益冲突，引起高额的谈判成本。如果继续此项目所带来的收益要小于此项目的包括谈判成本在内的总成本，银行便会中止该项目，而不会延续下去。最终使得差项目无法持续取得融资来源和贷款，倒逼企业经营管理者如实披露项目的情况，适时中止差项目，从而形成预算硬约束。

3. 信息的对称性。当一家银行倒闭使得银行同业市场面临流动性冲击时，金融传染的各种渠道包括信息渠道、资产价格渠道与资产负债表渠道便发挥作用，其传染的规模和概率取决于银行同业市场获取信息的对称性。在单一融资体制下，如果经济体中的项目处于大致相似的上升阶段，一般情况下，该整个经济体不会出现危机；可是当整个经济体处于下行时，系统性风险的传染很容易产生。因为单一银行融资体制下的软预算约束使得好坏项目无法分辨，坏项目难以中止，反推过来，银行的好坏也没有办法区别开来，因此银行间市场成为了“柠檬市场”，好银行离开银行间市场，并通过清算好项目来筹集资金，而坏银行或问题银行则继续留在市场。最终一家问题银行通过银行间市场传染到其他银行，导致金融危机的爆发。预算硬约束背景下的银行不大可能出现整个银行体系的传染性存款外逃，只有在面临流动性和清偿力同时不足的情况下，才出现存款外逃。因为在多融资体制中，项目投资质量较好，银行贷款质量也不差，流动性不足的银行可在银行间市场上融通资金，虽然可能出现单家银行的存款外流，可是不会出现多家银行普遍的传染性存款外逃。

（三）预算软约束与地方政府债务风险金融化

目前地方政府面临着较大的基础设施建设与市政建设的投资需求，但是由于地方财政不足、加之预算法对地方举债的限制，催生出了地方融资平台，地方政府通过地方融资平台进行融资以支持市政与基础设置的建设，从而使得地方融资平台债务衍生成了巨额的地方政府债务。由于地方融资平台并非属于政府，所以其存在转移支付制度不规范、融资规模无严格限制、各地政府之间相互竞争融资规模等问题。

二　地方政府投融资平台

（一）地方债务的由来及规模

我国的地方债务主要表现为地方政府融资平台债务，“地方政府投融资平台”是指由地方政府发起设立，通过划拨土地、不动产、股权、规费、债券、税费返还等资产，组建一个资产和现金流均可达到融资标准的地方国有企业或企业集团，以实现平台的对外融资，并将融到的资金主要投入于市政基础设施建设及公用事业等领域。

地方政府融资平台主要采取四种融资方式，涉及贷款、信托、债券等融资渠道，见表 10－1。

表 10－1　　地方政府融资平台融资方式

种类	融资方式
银行贷款	直接使用土地使用权或其他作为抵押品，向商业银行贷款
银信合作	政府提供财政担保，银行和信托公司合作发行信托理财产品，再由信托公司贷款给平台公司
银行理财	政府提供财政担保，银行直接发行集合理财产品，再贷款给平台公司
政信合作	政府提供财政担保，信托公司发行信托产品，贷款给平台公司

地方政府融资平台大致可以分为以下几个发展阶段。

第一阶段（1992—1997 年）：地方融资平台旗下设多家实体公司，目的是以资本手段代替传统的行政手段和财政手段。主要采取发行建设债券和发展项目融资方式筹措资金。

第二阶段（1998—2008 年）：1997 年亚洲金融危机后，积极财政政策引发的大规模基础设施建设给地方政府形成了巨大的配套资金压力。地方政府开始尝试新型的项目融资方式。

第三阶段（2009 年至今）：随着 2009 年政府 4 万亿经济刺激政策的推出，地方政府投融资平台在支持地方建设方面的作用迅速凸显，尤其是中国人民银行与银监会联合发布《关于进一步加强信贷结构调整促进国民经济平稳较快发展的指导意见》中明确提出："支持有条件的地方政府组建投融资平台，发行企业债、中期票据等融资工具，拓宽中央政府投资项目的配套资金融资渠道"，但是从实际操作角度来看，地方投融资平台往往选择通过银行信贷进行融资，这也使得地方平台贷的规模在短期内激增。

具体地方债务遭遇银行贷款严格限制之后，由于政绩与基建项目高度关联使得地方债务并未得到遏制，而是转移至银行表外通过城投债、信托等理财产品形式继续滚雪球。在 2013 年全国两会上，审计署副审计长董大胜表示，各级政府的负债应该在 15 万亿—18 万亿元。此一数据相比 2011 年公布的审计数据增长 50%—80%。2013 年 12 月 30 日，审计署发布《全国政府性债务审计结果》（2013 年 12 月 30 日公告）。经过审计部门历时 2 个多月的审计，组织全国审计机关 5.44 万名审计人员，按照"见人、见账、见物，逐笔、逐项审核"的原则，对中央、31 个省（自治区、直辖市）和 5 个计划单列市、391 个市（地、州、盟、区）、2778 个县（市、区、旗）、33091 个乡（镇、苏木）的政府性债务情况进行了全面审计。截至 2013 年 6 月底，地方政府负有偿还责任的债务 108859.17 亿元，负有担保责任的债务 26655.77 亿元，可能承担一定救助责任的债务 43393.72 亿元，见表 10－2 和表 10－3。

表 10－2　2013 年 6 月底地方各级政府性债务规模情况表　单位：亿元

政府层级	政府负有偿还责任的债务	政府或有债务	
		政府负有担保责任的债务	政府可能承担一定救助责任的债务
省级	17780.84	15627.58	18531.33
市级	48434.61	7424.13	17043.70
县级	39573.60	3488.04	7357.54
乡镇	3070.12	116.02	461.15
合计	108859.17	26655.77	43393.72

资料来源：《全国政府性债务审计结果》（2013 年 12 月 30 日公告）。

表 10－3　　2013 年 6 月底地方政府性债务余额举借主体情况表　　单位：亿元

举债主体类别	政府负有偿还责任的债务	政府或有债务	
		政府负有担保责任的债务	政府可能承担一定救助责任的债务
融资平台公司	40755.54	8832.51	20116.37
政府部门和机构	30913.38	9684.20	0.00
经费补助事业单位	17761.87	1031.71	5157.10
国有独资或控股企业	11562.54	5754.14	14039.26
自收自支事业单位	3462.91	377.92	2184.63
其他单位	3162.64	831.42	0.00
公用事业单位	1240.29	143.87	1896.36
合计	108859.17	26655.77	43393.72

资料来源：《全国政府性债务审计结果》（2013 年 12 月 30 日公告）。

（二）地方政府投融资平台风险的形成过程

1. 基于财政机会主义的地方融资平台风险的形成。著名经济学家汉诺提出了“财政机会主义”的概念，认为“财政机会主义”主要表现为在财政支付能力不足时，政府高层通过预算外支出，降低预算内的政策成本，是一种典型的机会主义表现。

我国现有行政体制存在软约束机制和强激励机制，这些机制为地方政府实行财政机会主义提供了客观条件。在政府进行为应对金融危机出台一系列的刺激措施后，从官员自身与各地方的利益出发，预算难以得到严格执行，而强激励机制加强了财政机会主义，最后导致财政机会主义在地方政府成为普遍情况。

财政机会主义通过多种形式攫取预算外资源，而融资平台由于其“市场”的身份受到了政府的青睐：①融资平台按照市场化运行，与政府不存在直接关系，可以规避《预算法》、《担保法》等国家相关法律对地方政府进行融资的限制。②融资速度快、效率高、规模大，地方政府通过其他渠道只能获得零散的资源，对于融资平台，地方政府可以在短期内通过资产注入、项目注入、土地划拨等手段做大融资平台公司，短时期满足大额融资的要求。③融资平台与政府相互独立，使得融资平台的行为不会对地方财政产生显性负面影响，甚至可以减轻地方财政负担。尤其在后金融危机时期的刺激性宏观政策，使得地方政府成立融资平台的热情高涨，债务规模也不断攀升。

2. 基于双向羊群效应分析地方融资平台风险的形成

地方政府除了蕴涵财政机会主义思想，还不遗余力地建设政府投融资平台，其行为相互模仿，形成了“羊群效应”，而各银行也存在经常向地方政府投融资平台提供贷款，也形成了“羊群效应”，双方“羊群效应”实现互通，是我国地方融资平台数量、融资总额增加以及融资风险放大的主要动因。尤其是在2009年“羊群效应”表现得特别突出。在应对国际金融危机“保增长”和宏观政策刺激的背景下，各级地方投融资平台数目成几何级数增长。地方投融资平台公司产生的“羊群效应”在一定程度上导致地方投融资平台公司出现鱼龙混杂、参差不齐的状况，这样既造成资金的极大浪费，也增加了国家宏观经济运行的潜在风险。

商业银行向投融资平台提供信贷中出现的羊群效应也十分显著。一家银行出现向投融资平台贷款的情况，其他银行也将争先恐后向投融资平台放贷。国家开发银行最初通过“两基一支”向地方融资平台放贷，且贷款被广泛使用，从实践中看出，此类贷款表现出期限长、违约率低、金额大等特点。由于此类贷款需要进行土地质押或者地方政府的隐性担保等，在金融危机背景下，各银行也往往极力争取投放此类贷款。2009年，在国际经济萎靡和政府实施宽松货币政策的背景下，各银行间的争相放贷，也在一定程度上地增加了潜在风险。银行大规模的放贷使得我国融资平台的融资债务规模猛增，银行放贷使得融资平台风险不断积聚。

3. 地方政府投融资平台风险传导路径。地方政府投融资平台作为一种融资渠道也不同程度传递了风险，并最终波及宏观经济运行的健康运行，甚至引发一系列社会问题。风险主要传递路径如图10－1所示。

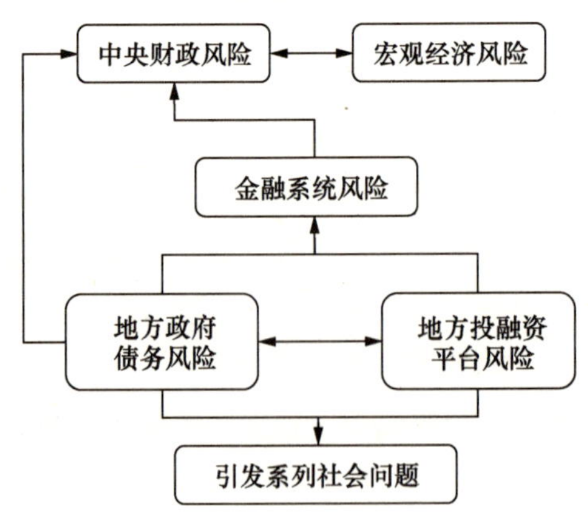

图10－1　地方政府投融资平台风险传导路径

（1）投融资平台风险易引发地方政府债务风险，甚至引发中央或国家财政风险。地方投融资平台最初是通过市场化的手段，为地方经济社会发展提供融资服务，所以我们可以将地方投融资平台的债务视为地方政府的隐性债务，随着地方投融资平台融资规模的不断扩大，地方政府的债务风险也在不断积累。但由于我国目前没有“政府破产”这一概念，地方政府的债务风险只能向上一级政府进行传导，最终结果是，全国的地方政府债务风险全部汇集于中央财政。

（2）投融资平台的先天性缺陷和运作不规范极易造成宏观经济运行风险。首先，有些投融资平台通过土地质押进行融资，而投放领域主要是城市改造、城市基础建设等公益项目，运行效率低，通过地方财政收入来实现债务偿还不切实际，而土地质押收入将成为地方政府债务偿还的主要资金来源，这样为地方政府大幅度抬高土地价格创造了条件，从而使房地产市场泡沫逐渐加大，国家宏观经济的上行压力也不断增强，压力将自下而上最终传递至上级政府，使上级政府面临“兜底”风险。其次，投融资平台融资领域主要集中在政府长期建设性项目，属于融资刚性，如果融资领域发生转移，则将成为“半拉子”工程，这将严重影响中央政府未来的货币政策实施，这也将破坏资源配置机制，不利于国家产业结构的调整。

（3）由于现有投融资平台融资主渠道单一，极易产生系统性风险。由于投融资平台的政府背景，所以其融资渠道也以银行与信托产品为主，以部分省级投融资平台为例，其融资总额中近90%的资金来自银行和信托产品。出现这种情况时的风险集中于银行体系，一旦出现土地价格下降，地方投融资平台的资本供给不足，必然出现偿付违约，这种风险将会在银行内迅速传染，产生金融体系的系统性风险。

4. 投融资平台风险还可能引发系列社会问题。投融资平台除了将风险向上传递以外，还有可能将风险通过各种途径传向社会大众，使得社会问题加剧，留下一堆后遗症。在现实中，投融资平台存在与民争利的现象，投融资平台通过土地质押使民众的拆迁补偿款不到位；地方房价增长也与投融资平台的土地运作紧密相连，严重影响社会稳定。

三　守住区域性、系统性风险底线的对策建议

切实守住风险底线，要把握好经济发展与风险防控之间的度。约束太紧，将影响资源配置效率；约束太松，可能会产生大量“有毒”资产，损害正常的社会经济运转。守住风险底线，要采取“防”、“堵”、“疏”相结合的办法。

（一）“防”微杜渐，机制、体系建设先行

1. 强化预算硬约束机制，规范地方政府的融资管理机制。在各省建立统一的融资管理机制，健全政府性债务管理责任制。政府性债务统一由各级财政部门负责管理。此外，通过对现有债务的清理，切实实行债务收支计划管理、建立和落实债务管理目标责任制、控制新增债务、建立偿债机制、构建债务风险预警体系、加强基础工作等情况进行纳入综合考评，并作为给予财政扶持政策的重要依据；建立健全监督约束机制。

2. 建立风险预警机制和地方金融风险专项调查制度。建议由各省地方金融办牵头组建区域金融预警系统网络，会同辖内金融各业态监管部门根据风险预警指标体系监测经济金融运行态势，及时将各种风险信号和对策传送到辖区内各级政府部门和各金融机构。同时，地方金融办、审计厅根据形势需要不定期组织开展地方金融风险等问题的联合专项调查。。

3. 构建影子银行风险防范体系。各金融管理部门要按照“代客理财，买者自负、卖者尽责”的要求严格监管金融机构理财业务，督促金融机构将理财业务分开管理，针对理财业务，建立独立的业务管理体系。

4. 加强信用体系建设。进一步扩大信用信息采集范围；加大非政府部门信用信息归集力度；推进农户信用档案建设。强化信用信息的应用：推动信用信息在行业信用管理中的应用；推动信用信息在市场主体信用交易中的应用。继续培育信用服务市场。完善中小企业信用登记评估和授信制度；加强招标、投标和政府采购信用制度建设；培育信用管理咨询服务业，加快企业信用制度建设。

（二）“堵”漏补缺，化减存量，规范增量

1. 构建多层次区域金融监管体系，填补监管真空区。大致可以有两种办法：其一，建立一个区域金融风险管理委员会，委员会的主任由地方行政长官或主管金融的副职担任，委员包括金融监管机构负责人，也包括发改委、财政部门、统计部门等其他部门人员。其二，建立一个区域金融监管协调委员会，建议由单一机构负责召集，同时赋予该机构“超级”监管权力。针对未明确列入监管职能部门下辖，或者存在交叉监管或“监管真空”的地区应明确监管主体和机制。

2. 编制区域资产负债表，动态防控。建议由统计部门牵头构建省级资产负债表，按照四部类划分，主要包括公共部门、金融、企业和居民，对经济数据进行统计汇总，编制部门和总体的资产负债表。通过将风险与资金的存量与流量相结合，明确风险在各部门之间是如何产生的，从资产负债表矩阵反映的跨部门资产和权益的对应关系来研究风险在部门间的传递状况，尤其关注期限错配、资本结构错配和清偿力风险。

3. 整合政府投融资平台，加强政府性债务管理。通过法人制度建设和治理结构建设做实投融资平台，以加快平台的规范化、市场化和透明化改革。对各省政府融资平台进行整合，将县市级平台进行整合，省级和发达地区的投融资平台按照项目类别进行分类管理。同时，加强政府的债务管理，妥善处理现有政府债务，加强对投融资平台公司风险的摸底排查和监测预警，杜绝局部性风险隐患的出现。

4. 严格控制新增债务，妥善处理存量债务。建立上下级政府性债务报告制度，使各级政府对所辖地区的债务情况全面了解，衡量总量风险和结构风险，及时做出预测；对于建设项目存在资金缺口的，可以允许其适度融资确保项目的顺利建设与完工。此外，要严格执行如实统计、报告政府性债务情况，禁止违规举债，并建立相应的责任追究制度。

（三）“疏”途同归，大力发展普惠金融

1. 大力发展普惠金融，增强服务县域经济的能力，提升农村基础金融服务水平，优化小微企业金融服务。深化农村信用社改革。鼓励引导国有企业和社会资本参与农村信用社改制为农村商业银行，稳步推动组建县域农村商业银行，推动高风险农村信用社机构改制。加快村镇银行建设，逐步实现“一县两行”。引导银行业金融机构不断加大对“三农”的支持，确保涉农贷款增速不低于全部贷款增速，贷款增量逐年增加。推进“新三板”和各区域“新四板”建设，推进各类产权交易平台的整合，拓宽企业直接融资渠道。

2. 推进民间资本阳光化、公开化、合法化。合理规范和引导民间融资，正确区分正规、良性民间资金融通活动与非法集资、高利贷等非法民间融资。建议参考温州的做法，在各地建立金融监管服务中心，加强对重点行业和区域的防控。建立民间借贷登记中心，对民间融资进行动态监测，实时掌握并实时向省政府报送所在地民间融资情况，特别是房地产业、矿产业等暴利行业的民间融资动态情况。鼓励民间资本进入私募股权投资基金等新型金融业态；进入新能源、新材料等战略性新型产业领域。

附录

附录1　1998—2013年国家主要调控措施

时间	部门	措施	政策要点
1998年3月21日	中国人民银行	下调存款准备金率	下调存款准备金率5个百分点，从13%降到8%
1998年4月	中国人民银行	《中国人民银行关于加大住房信贷投入支持住房建设与消费的通知》	明确指出要提高对住房信贷重要性的认识、加大住房信贷投入、扩大住房信贷业务范围、大力促进住房消费、积极支持普通住房建设等多项措施，以扩大内需，将住房建设培育成国民经济新的经济增长点
1998年7月3日	国务院	《国务院关于进一步深化城镇住房制度改革　加快住房建设的通知》	1998年下半年开始停止住房实物分配，逐步实行住房分配货币化
1999年2月	中国人民银行	《关于开展个人消费信贷的指导意见》	提出“积极开展个人消费信贷，对促进消费，扩大内需，推动生产，支持国民经济持续稳定发展以及调整信贷结构，具有十分重要的意义”
1999年11月21日	中国人民银行	下调存款准备金率	-2%
2000年	国家计委、建设部	《关于房地产中介服务收费的通知》	制定市场交易的相关规范
2000年	建设部、国家工商	修订完善《商品房买卖合同示范文本》、《房产测量规范》	制定市场交易的相关规范

续表

时间	部门	措施	政策要点
2001 年 1 月	财政部、国家税务总局	减免房屋出租税费	2001 年 1 月 1 日起，对个人按市场价格出租的居民住房，减征营业税（5% 降至 3%），房产税由 12% 降为 4%，个人所得税由 20% 降为 10%。配合国家住房制度改革，支持住房租赁市场的健康发展
2002 年 5 月 9 日	国土资源部	《招标拍卖挂牌出让国有土地使用权规定》	叫停沿用多年的土地协议出让方式
2002 年 5 月 28 日	建设部		联合六部委出台《要求整顿和规范房地产市场秩序的通知》
2002 年 9 月 3 日	建设部	《关于加强房地产市场宏观调控 促进房地产市场健康发展的若干意见》	充分发挥政府职能，加强房地产市场宏观调控；严格控制土地供应总量；充分发挥城市规划职能，促进土地的合理使用；严格控制自有资金不足等房地产开发企业新开工项目；大力发展经济适用住房，调整房地产市场供应结构；加快落实住房补贴，提高职工购房的支付能力；充分发挥金融对房地产市场的调控作用；继续加大对住房建设和消费环节不合理收费的清理力度
2003 年 6 月 5 日	中国人民银行	《关于进一步加强房地产信贷的通知》	称为 121 号文件，对房地产开发贷款、个人住房贷款做出严格规定
2003 年 7 月 18 日	国务院办公厅	《关于暂停审批各类开发区的紧急通知》	至 2003 年年底，全国共撤销各类开发区 2426 个，整合 294 个，基本刹住了开发区圈地之风
2003 年 8 月	国务院	《关于促进房地产市场持续健康发展的通知》	提出“让多数家庭购买或承租普通商品房，提高其在市场供应中供应”，同时将经济适用房的性质重新定位为“具有保障性质的政策性商品住房”
2003 年 9 月 21 日	中国人民银行	上调存款准备金率	1%
2003 年 12 月 28 日	国土资源部	体制发生重大变化	省以下国土资源管理部门实行垂直管理

续表

时间		措施	政策要点
2004 年 3 月 31 日	国土资源部、监察部	《关于继续开展经营性土地使用权招标拍卖挂牌出让情况执法监察工作的通知》	称为 71 号文件，2004 年 8 月 31 日后，经营性土地全部通过招拍挂出让，称为“831 大限”。此举是中央政府从土地供给上，给过热的房地产市场进行降温的又一举措
2004 年 4 月 9 日	国务院办公厅	《关于深入开展土地市场治理整顿　严格土地管理的紧急通知》	继续深入开展土地市场治理整顿；严格建设用地审批管理；切实保护基本农田；严格执行土地利用总体规划和年度计划；严格执行耕地占补平衡制度；积极推进国土资源管理体制改革
2004 年 4 月 25 日	中国人民银行	上调存款准备金率	提高存款准备金率 0.5 个百分点，即存款准备金率由现行的 7% 提高到 7.5%
2004 年 5 月 31 日	建设部等	《经济适用住房管理办法》	经济适用房的面积将严格控制以中小套型为主，住房价格以保本微利为原则
2004 年 9 月 2 日	银监会	《商业银行房地产贷款风险指引》	规定建筑商不得为开发商垫资建楼，开发商项目自有资金不低于项目总投资的 35%，购房者月供房款不得超过收入的 50%，加强贷款监管的重要信号
2004 年 10 月 28 日	国务院	《国务院关于深化改革　严格土地管理的决定》	禁止政府非法压低底价招商、遏制开发商囤积土地、从严从紧控制农用地为建设用地的总量和速度
2004 年 10 月 29 日	中国人民银行	加息	一年期存、贷款利率均上调 0.27%，并放宽人民币贷款利率浮动区间和允许人民币存款利率下浮
2004 年 11 月 9 日	国土资源部	《土地市场治理整顿检查验收方案》	全面整顿土地市场
2005 年 1 月 10 日	国土资源部	《2005 年工作要点》	建设用地供应政策“从严从紧”
2005 年 3 月 17 日	中国人民银行	上调个人房贷利率	上调个人房贷利率，由 5.31% 调整至 6.12%。同时，部分房地产价格上涨过快的城市和地区，“个人住房贷款最低首付款比例”由 20% 提至 30%
2005 年 3 月 26 日	国务院办公厅	《关于切实稳定住房价格的通知》	称“旧国八条”。要求地方政府及相关部门综合采取土地、财税、金融等相关政策及利用舆论、法律手段控制不合理的需求，抑制房价过快上涨

续表

时间	部门	措施	政策要点
2005年4月27日	国务院	《加强房地产市场引导和调控的八条措施》	“新八条”措施大大细化，直指土地、税收、金融等楼市关键环节，彰显政府遏制恶性炒作土地，并充分运用税收杠杆来调节楼市的决心
2005年4月30日	建设部	联合其他六部委出台《关于做好稳定住房价格的意见》	明确了享受优惠政策的普通商品房标准，加强市场监管，完善市场信息披露制度
2005年5月9日	国务院办公厅	转发建设部等七部委《关于做好稳定住房价格的意见》	把控制房价作为调控的主要目标，同时认为地方政府主导了近阶段的房地产价格，地方政府要负起房价上涨的责任
2005年5月17日	国务院	温家宝总理提出“国六条”	包括住房供应结构、税收、信贷、土地、廉租房和经济适用房建设等方面措施
2005年5月27日	税务总局等	《关于加强房地产税收管理的通知》	个人将购买不足两年的住房对外销售，应全额征收营业税，抑制投机
2006年4月28日	中国人民银行	加息	金融机构贷款利率上调0.27%到5.85%
2006年5月29日	国务院办公厅	转发建设部等九部委《关于调整住房供应结构稳定住房价格的意见》	称为“国十五条”，是对“国六条”进一步细化，在套型面积、小户型所占比率、新房首付款等方面做了量化规定，提出90平方米、双70%的标准
2006年5月31日	国家税务总局	《关于加强住房营业税征收管理有关问题的通知》	2006年6月1日起，个人将购买不足5年的住房进行销售的全额征收营业税
2006年7月5日	中国人民银行	上调存款准备金率	上调存款类金融机构人民币存款准备金率0.5个百分点
2006年7月6日	建设部	《关于落实新建住房结构比例要求的若干意见》	进一步明确了90平方米套型面积为单套住房建筑面积
2006年7月6日	建设部等	《关于进一步整顿规范房地产交易市场秩序的通知》	要求房地产开发企业取得预售许可证后10日内开始销售商品房。加强房地产广告发布管理，各级房地产管理部门要抓紧建立健全商品房预（销）售合同网上即时备案系统和房地产交易信息公示制

续表

时间	部门	措施	政策要点
2006年7月11日	建设部	联合其他5部委下发171号文件《关于规范房地产市场外资准入和管理的意见》	称为“外资限炒令”，加强了对外商投资企业房地产开发经营当境外机构和个人购房的管理，提高外商投资房地产市场准入门槛，限制境外机构和个人购房
2006年7月24日	国务院办公厅	《关于建立国家土地监察制度有关问题的通知》	9个土地监察局派驻地方，全国省（区、市）及计划单列市的土地审批和利用，纳入9大土地监察局严格监管之下
2006年7月26日	国家税务总局	《关于住房转让所得征收个人所得税有关问题的通知》	宣布从8月1日起，各地税局将在全国范围内统一强制性征收二手房转让20%个人所得税
2006年8月1日	国土资源部	《招标拍卖挂牌出让土地使用权规范》、《协议出让国有土地使用权规范》	细化对招标拍卖挂牌或协议出让国有土地使用权的范围。建立国有土地出让的协调决策机构和价格争议裁决机制，土地出让信息在中国土地市场网进行公示
2006年8月15日	中国人民银行	上调存款准备金率	上调存款类金融机构存款准备金率0.5个百分点
2006年8月19日	中国人民银行	加息	一年期人民币存、贷款基准利率均上调0.27%
2006年8月30日	建设部	《城镇廉租房工作规范化管理实施办法》	加强城镇廉租住房制度建设，规范城镇廉租住房管理
2006年9月5日	国务院	《关于加强土地调控有关问题的通知》	严格保护耕地、禁止擅自将农用地转为建设用地
2006年9月27日	中国人民银行	《关于加强商业性房地产信贷管理的通知》	贷款首付款比例和利率水平对套数的增加大幅提高
2006年11月15日	中国人民银行	上调存款准备金率	上调存款类金融机构人民币存款准备金率0.5个百分点
2006年12月12日	国土资源部、发改委	《关于发布实施限制、禁止用地项目目录（2006）的通知》	低密度、大套型住宅项目被列入限制用地项目，别墅类房地产开发项目被列入禁止用地项目
2007年1月15日	中国人民银行	上调存款准备金率	上调存款类金融机构人民币存款准备金率0.5个百分点

续表

时间	部门	措施	政策要点
2007 年 1 月 16 日	国家税务总局	《关于房地产开发企业土地增值税清算管理有关问题的通知》	明确了清算缴纳房地产开发企业土地增值税的适用范围和方式
2007 年 2 月 25 日	中国人民银行	上调存款准备金率	上调存款类金融机构人民币存款准备金率 0.5 个百分点
2007 年 3 月 18 日	中国人民银行	加息	金融机构存贷款基准利率上调 0.27%
2007 年 4 月 16 日	中国人民银行	上调存款准备金率	上调存款类金融机构人民币存款准备金率 0.5 个百分点
2007 年 5 月 15 日	中国人民银行	上调存款准备金率	上调存款类金融机构人民币存款准备金率 0.5 个百分点
2007 年 5 月 19 日	中国人民银行	加息	金融机构一年期存款基准利率上调 0.27 个百分点，一年期贷款基准利率上调 0.18 个百分点，其他各档次存贷款基准利率也相应调整
2007 年 6 月 5 日	中国人民银行	提高存款准备金率	上调存款类金融机构人民币存款准备金率 0.5 个百分点
2007 年 6 月 11 日	建设部、国家外汇管理局	《关于进一步加强、规范外商直接投资房地产业审批和监管的通知》	严格控制外商投资高档房地产，严格控制以返程投资方式并购或投资境内房地产企业
2007 年 7 月 21 日	中国人民银行	加息	活期上调 9 个基点，一年期存、贷款基准利率均上调 0.27%
2007 年 7 月 30 日	中国人民银行	上调存款准备金率	0.5%
2007 年 8 月 13 日	国务院	《关于解决低收入家庭住房困难的意见》	把解决城市低收入家庭住房困难作为住房制度改革的重要内容，明确了政府财政的支持力度
2007 年 8 月 15 日	中国人民银行	上调存款准备金率	上调存款类金融机构人民币存款准备金率 0.5 个百分点
2007 年 8 月 22 日	中国人民银行	加息	一年期存款基准利率上调 0.27%，贷款上调 0.18%
2007 年 9 月 6 日	中国人民银行	上调存款准备金率	0.5%

续表

时间	部门	措施	政策要点
2007 年 9 月 8 日	国土资源部	《关于加大闲置土地处置力度的通知》	按出让或划拨土地价款 20% 征收土地闲置费，依法可无偿收回的坚决无偿收回。每宗地开发时间原则上不得超过 3 年
2007 年 9 月 15 日	中国人民银行	加息	一年期存、贷款基准利率均上调 0.27%，分别为 3.87%、7.29%
2007 年 9 月 25 日	中国人民银行	提高存款准备金率	上调存款类金融机构人民币存款准备金率 0.5 个百分点
2007 年 9 月 27 日	中国人民银行、银监会	《关于加强商业性房地产信贷管理的通知》	限制二套房贷，以抑制因房地产投机而推高房地产价格，重申 2003 年 121 号文件。
2007 年 9 月 30 日	国土资源部	《关于认真贯彻 < 国务院关于解决城市低收入家庭住房困难的若干意见 > 要求进一步加强土地供应调控的通知》	要求落实“土地出让净收益用于廉租住房保障资金的比例不得低于 10%”的规定，科学编制 ± 地供应计划，优先安排用于解决城市低收入家庭住房困难的住房用地
2007 年 10 月 10 日	国土资源部	《招标拍卖挂牌出让国家建设用地使用权规定》	从土地政策方面引导房地产市场的规范发展，抬高入门门槛，减少过度和恶性竞争，抑制过热的房地产业
2007 年 10 月 25 日	中国人民银行	上调存款准备金率	0.5%
2007 年 10 月 30 日	财政部	《关于印发〈廉租住房保障资金管理办法〉的通知》	对廉租住房保障资金的来源、使用及管理做出了明确规定
2007 年 10 月 31 日	商务部	《外商投资产业指导目录》	限制外资对土地成片开发，限制外商对高档宾馆、别墅、高档写字楼和国际会展中心的建设和经营与二级市场交易
2007 年 11 月 26 日	中国人民银行	上调存款准备金率	0.5%
2007 年 12 月 25 日	中国人民银行	上调存款准备金率	1%
2008 年 1 月 7 日	国务院办公厅	《国务院关于促进节约集约用地的通知》	土地闲置满一年不满两年的，按出让或划拨土地价款的 20% 征收土地闲置费

续表

时间	部门	措施	政策要点
2008年1月9日	国务院办公厅	《关于严格执行有关农村集体建设用地法律和政策的通知》	严格土地用途管制制度，严格控制农村集体建设用地规模，严禁和严查转用农用地的违法违规行为，严格土地执法监管
2008年1月25日	中国人民银行	提高存款准备金率	上调0.5个百分点，由14.5%调至15%
2008年2月4日	中国人民银行	《经济适用住房开发贷款管理办法》	开发经济适用房，房地产开发企业的贷款利率可以下浮10%以内，建设项目资本金30%，比35%的常规要求有所降低，贷款期限一般为3年，最长不超过5年，比常规2年的还款期限有所延长
2008年3月11日	国务委员兼国务院秘书长华建敏	《国务院机构改革方案》的说明	组建“住房和城乡建设部”，主要职责是：拟订住房和城乡建设政策，统筹城乡规划管理，指导全国住宅建设和住房制度改革，监督管理建筑市场、建筑安全和房地产市场等，要点是住房保障、协调城乡一体化
2008年3月5日	两会政府工作报告	抓紧建立住房保障体系	要健全廉租住房制度，加快廉租住房建设，加强经济适用住房建设和管理。要增加中低价位、中小套型普通商品住房供应。要综合运用税收、信贷、土地等手段，完善住房公积金制度，增加住房有效供给，抑制不合理需求，防止房价过快上涨。要加强市场监管，严格房地产企业市场准入和退出条件
2008年3月20日	证监会		支持优质房地产企业通过IPO等方式，通过资本市场实现做大做强；但对募集资金用于囤积土地、房源，或用于购买开发用地等的IPO，将不予核准
2008年3月25日	中国人民银行	提高存款准备金率	上调0.5%，由15%调至15.5%
2008年4月8日	住房和城乡建设部	全面排查住房公积金违规放贷	对违规发放贷款全面排查分析。加强对住房公积金决策、管理制度执行情况的监督检查，纠正损害国家和职工利益的突出问题。依法查处各类违纪违法行为

续表

时间	部门	措施	政策要点
2008年4月16日	国家税务总局	《关于房地产开发企业所得税预缴问题的通知》	对房地产开发企业所得税预缴问题做出了明确规定，预售收入按照预计利润率不低于20%的标准预缴企业所得税，开发产品完工后按照实际利润再行调整
2008年4月16日	中国人民银行	提高存款准备金率	从4月25日起，上调存款类金融机构人民币存款准备金率0.5个百分点，总计达到16%
2008年6月7日	中国人民银行	上调存款准备金率	上调存款类金融机构人民币存款准备金率1个百分点至17.5%
2008年9月16日	中国人民银行	降息	下调一年期人民币贷款基准利率0.27个百分点，存款利率不变
2008年9月25日	中国人民银行	下调存款准备金率	除五大行外其他存款类金融机构人民币存款准备金率下调1个百分点
2008年10月9日	中国人民银行	降息	下调一年期人民币存贷款基准利率各0.27个百分点，其他期限档次存贷款基准利率作相应调整
2008年10月15日	中国人民银行	下调存款准备金率	下调存款类金融机构人民币存款准备金率0.5个百分点
2008年10月22日	财政部、央行、国家税务总局	降低住房交易税费	个人首购90平方米以下住房，契税税率下调到1%；最低首付比例调整为20%；商业性个人住房贷款利率下限扩大为贷款基准利率的0.7倍；个人住房公积金贷款利率下调0.27个百分点
2008年11月10日	国务院部门主要负责同志会议	温家宝部署了落实中央政策措施的七项工作	第三项是促进房地产市场平稳健康发展。要增加保障性住房的投资收购和开发建设；落实和完善促进合理住房消费的政策措施；促进中小户型、中低价位普通商品房开发建设稳定发展；加快发展二手房市场和住房租赁市场。继续整顿房地产市场秩序，规范市场交易
2008年12月10日	中央经济工作会议	提出明年经济工作的五项重点任务	2009年实施积极财政政策和适度宽松货币政策，在会议中政府高层领导明确提出要保持房地产市场稳定健康发展

续表

时间		措施	政策要点
2008 年 12 月 17 日	国务院 办公厅	《关于促进房地产市场健康发展若干意见》	放宽二套房贷限制、取消城市房地产税、下浮廉租房贷款利率、购房超两年转让免营业税等新政涉及保障性住房、二手房市场和房地产开发商，全面刺激楼市
2009 年 1 月 1 日	国土 资源部	《建设项目用地预审管理办法》	项目建设单位向发展改革等部门申报核准或审核建设项目时，必须附国土资源部门预审意见；没有预审意见或预审未通过的，不得核准或批准建设项目
2009 年 1 月 8 日	监察部、住房和城乡建设部	《关于加强建设用地容积率管理和监督检查的通知》	要求加强建设用地容积率管理和监督检查
2009 年 2 月 18 日	国土 资源部	《土地利用总体规划编制审查办法》	进一步规范规划编制工作和规划审查报批程序，提高土地利用总体规划的科学性和可操作性
2009 年 3 月 5 日	政府 工作报告	房地产市场 2009 年工作任务	采取积极有效政策措施，稳定市场信心和预期，稳定房地产投资，推动房地产业平稳有序发展
2009 年 4 月 30 日	财政部	《新增建设用地土地有偿使用费征收等别的通知》	各地依法获得批准的新增建设用地，均统一按照经调整的《新增建设用地土地有偿使用费征收等别》计征新增建设用地土地有偿使用费
2009 年 5 月 18 日	国土 资源部	《关于落实保障性安居工程用地的通知》	对廉租房和经济适用房用地将给予减免费用的政策支持。同时，各地被要求在 6 月 30 日前，完成未来 3 年保障性住房用地供应计划的制订
2009 年 5 月 22 日	住房和城乡建设部等	《2009—2011 年廉租住房保障规划》	计划三年时间，基本解决 747 万户现有城市低收入住房困难家庭的住房问题
2009 年 5 月 25 日	国务院	《国务院批转关于 2009 年深化经济体制改革工作意见的通知》	明确指出要深化房地产税制改革。研究开征物业税。而新的物业税实施方案将延续 5 年前的思路，“对不动产开征统一规范的物业税，相应取消相关收费”
2009 年 5 月 27 日	国务院	下调商品房资本金比例	13 年来首次下调商品房资本金比例，普通商品住房项目投资的最低资本金比例调低至 20%

续表

时间	部门	措施	政策要点
2009年6月16日	财政部	《关于个人无偿受赠房屋有关个人所得税问题的通知》	除了直系亲属等三种情况之外，其他无偿赠与房屋的情形将被征收20%的个人所得税
2009年7月17日	银监会	《关于进一步加强按揭贷款风险管理通知》	重申严格执行二套房政策，但仍强调重点支持借款人购买首套及符合改善型标准的自住住房的贷款需求
2009年9月1日	国土资源部	《国土资源部关于严格建设用地管理　促进批而未用土地利用的通知》	明确要求，地方政府要加强建设用地批后监管，及时向社会公开供地计划、供应结果和实际开发利用情况动态信息
2009年9月29日	国务院	《关于集约用地的通知》	《通知》明确，国土资源部正在制定办法，将对闲置房地产用地征缴增值地价
2009年10月16日	住房和城乡建设部等	《关于利用住房公积金贷款支持保障性住房建设试点工作实施意见》	该意见对试点目标原则、职工权益保障、资金使用方向、贷款风险防范、工程建设质量等方面做出了明确规定
2009年11月16日	国土部	《限制用地项目目录》(2006年增补本)	对商品住宅用地的宗地出让面积首度给出明确的上限，其中大城市20万平方米，中等城市14万平方米，小城市（镇）7万平方米
2009年11月26日	国家税务总局	《关于个人转租房屋取得收入征收个人所得税问题的通知》	个人将承租房屋转租取得的租金收入，属于个人所得税应税所得，应按“财产租赁所得”项目计算缴纳个人所得税
2009年12月9日	国务院	国务院常务会议决定	个人住房转让营业税征免时限由2年恢复到5年，其他住房消费政策继续实施
2010年1月10日	国务院办公厅	《关于促进房地产市场平稳健康发展的通知》	称“国十一条”，加快中低价位、中小套型普通商品住房建设。增加住房建设用地有效供应，提高土地供应和开发利用效率。严格二套住房购房贷款管理，合理引导住房消费，继续实施差别化的住房税收政策。加强房地产信贷风险管理；继续整顿房地产市场秩序；加快推进保障性安居工程建设
2010年1月18日	中国人民银行	上调存款准备金率	上调存款类金融机构人民币存款准备金率0.5个百分点

续表

时间	部门	措施	政策要点
2010 年 1 月 21 日	国土资源部	《关于改进报国务院批准城市建设用地申报与实施工作的通知》	申报住宅用地的，经济适用住房，廉租住房和中低价位、中小套型普通商品住房用地占住宅用地的比例不得低于 70%
2010 年 2 月 25 日	央行	上调存款准备金率	上调存款类金融机构人民币存款准备金率 0.5 个百分点
2010 年 3 月 10 日	国土资源部	《关于加强房地产用地供应和监管有关问题的通知》	19 条土地调控新政，规定开发商竞买保证金最少两成、1 月内付清地价 50%、囤地开发商将被“冻结”等 19 条内容
2010 年 3 月 12 日	国土资源部		将于 2010 年 3—7 月在全国对房地产用地突出问题专项检查
2010 年 3 月 22 日	国土资源部	会议决议	将在房价上涨过快的城市开展土地出让招拍挂牌制度完善试点；各地要明确并适当增加土地供应总量；房价上涨过快、过高城市，要严控大套型住房建设供地
2010 年 3 月 23 日	国资委	部分中央企业会议	要求 78 户不以房地产为主业的中央企业，退出房地产业务，并在 15 个工作日内制订有序退出的方案
2010 年 3 月 9 日	财政部	《关于首次购买普通住房有关契税政策的通知》	对两个（含）以上个人共同购买 90 平方米及以下普通住房，其中一人或多人已有购房记录的，该房产共同购买人均不适用首次购买普通住房契税优惠政策
2010 年 4 月 7 日	国家发改委	2010 年经济社会发展工作重点	进一步加强房地产市场调控，增加普通商品住房有效供给，支持自住和改善性住房消费，大力整顿房地产市场秩序
2010 年 4 月 15 日	国务院	新国十条	实行更为严格的差别化住房信贷政策。对贷款首付款比例和贷款利率与对应套数依次大幅度提高，具体由商业银行根据风险管理原则自主确定
2010 年 4 月 15 日	国土资源部	公布 2010 年住房供地计划	拟计划供应住房用地总量同比增长逾 130%，其中中小套型商品房将占四成多，超过去年全国实际住房用地总量
2010 年 5 月 10 日	中国人民银行	上调存款准备金率	上调存款类金融机构人民币存款准备金率 0.5 个百分点

续表

时间	部门	措施	政策要点
2010 年 6 月 4 日	住建部、中国人民银行	联合通知	对商业性个人住房贷款中第二套住房认定标准进行了规范
2010 年 8 月 2 日	国土资源部	1457 宗闲置土地黑名单	将一份涉及全国 1457 宗闲置土地的统计表交予银监会，银监会将根据这份“黑名单”做一次全面的风险排查
2010 年 9 月 4 日	国务院	正式批准杭州、南昌等 10 个城市土地利用总体规划	标志着市级土地利用总体规划正式进入批准阶段
2010 年 9 月 27 日	国土资源部、住房和城乡建设部	《关于进一步加强房地产用地和建设管理调控的通知》	要求贯彻落实“国 10 号文件”确定的工作任务，加强房地产用地和建设的管理调控，积极促进房地产市场继续向好的方向发展
2010 年 9 月 29 日	七部委	二次调控政策	“限购令”，各商业银行暂停发放居民家庭购买第三套及以上住房贷款；对贷款购买商品住房，首付款比例调整到 30% 及以上；对贷款购买第二套住房的家庭，严格执行首付款比例不低于 50%、贷款利率不低于基准利率 1.1 倍的规定
2010 年 10 月 20 日	中国人民银行	加息	上调金融机构人民币存贷款基准利率，金融机构一年期存款基准利率上调 0.25 个百分点
2011 年	央行及各部委		2011 年 1 月、2 月、3 月、5 月、6 月、7 月央行年内第 6 次上调存款准备金率。“国八条”、房产税试点改革先后落地，“限购”、“限价”、“限贷”等政策全面升级，限购城市从 2010 年的不足 20 个大幅增加到 50 多个，房价上涨过快的二三线城市也要采取必要的限购措施，台州、珠海等城市跟进。中央下达 2011 年建设 1000 万套保障房计划，与各地签订了 2011 年的保障性安居工程建设目标责任书。国家发改委《商品房销售明码标价规定》从 5 月 1 日起商品房销售实行一套一标价

续表

时间	部分	措施	政策要点
2012 年	央行及各部委		1 月 2 日国土资源部：禁止农村地区盲目建高楼；1 月 5 日住建部：将消除非户籍人员购当地商品房制度障碍；1 月 10 日京沪获批集体土地建公租房，部分省会有望试点；1 月 10 日 40 个城个人住房信息上半年联网；1 月 19 日出台限购令的 46 个城市中，将延续限购；2 月 14 日住房和城乡建设部：加强对住房公积金的监管管理条例；2 月 29 日国土资源部：小产权房不予确权登记，对小产权房问题开展试点清理；3 月 6 日房产税扩大征收范围；3 月 12 日央行副行长称：银行必须首先保证好个人的首套房贷款；3 月 21 日未确定容积率地块不得出让使用权；3 月 21 日各地楼市促销力度持续加大，商品房的成交量继续回升；3 月 30 日国土部再发“禁墅令”别墅或将逐渐退出一手市场；4 月 4 日楼市调控“政策触底”成为业内共识，上海、北京等刚性需求有所释放；8 月严格执行商品房专项检查；9—11 月，严格执行差别化信贷政策，支持保障房、中小套型和自主住房
2013 年	国务院	新国五条	“新国五条”中主要包括：完善稳定房价工作责任制、坚决抑制投机投资性购房、增加普通商品住房及用地供应、加快保障性安居工程规划建设、加强市场监管五项内容。新国五条细则的出台强调楼市政策“高压期”仍将持续。其中主要的亮点表现在以下四个方面：（1）提高二套房贷首付与利率；（2）二手房交易从严按差额 20% 征税；（3）银行优先支持符合“90/70 政策”项；（4）限购需覆盖全部行政区

附录2　股市运行的影响因素与事件（1997—2010年）

序号	时间	事件
1	1997年5月10日	印花税从3‰提高到5‰
2	1997年10月23日	人行再次降低金融机构存贷款利率
3	1998年6月12日	证券交易印花税率从5‰下调至4‰
4	1998年7月1日	央行再次降低金融机构存、贷款利率
5	1998年12月7日	央行再度降息，利率平均下调幅度0.5%
6	1999年6月1日	B股印花税降低
7	2000年2月14日	利好刺激，大盘涨幅超过9%
8	2000年10月25日	周小川利好讲话，B股飙升
9	2001年7月13日	社保基金悄然入市
10	2001年11月16日	股票交易印花税下调至2‰
11	2002年2月21日	央行降息，存款利率平均下调0.25%
12	2002年6月24日	国务院决定停止减持国有股
13	2003年8月25日	央行决定9月起提高存款准备金率
14	2004年3月25日	央行决定实行差别存款准备金率制度
15	2004年4月12日	央行决定提高存款准备金0.5个百分点
16	2004年10月25日	保险资金获准直接入市
17	2004年10月29日	央行9年来首次加息
18	2005年1月24日	印花税下调至1‰
19	2005年9月12日	40家公司拉开全面股改大幕
20	2006年2月15日	中国结算批准外资开立A股证券账户
21	2006年4月28日	央行今起上调贷款利率
22	2006年5月25日	IPO正式重启，中工国际抢得首单
23	2006年6月17日	央行上调存款准备金率0.5个百分点
24	2006年7月22日	央行再次上调存款准备金率0.5个百分点
25	2006年8月18日	央行决定上调金融机构人民币存贷款基准利率
26	2006年9月8日	上海金融期货交易所成立
27－28	2006年11月－2007年1月	央行两次上调存款准备金率0.5个百分点
29	2007年1月27日	银监会发通知严禁信贷资金流入股市
30	2007年2月26日	央行决定再次上调存款准备金率0.5个百分点
31	2007年3月18日	央行上调人民币存贷款基准利率0.27个百分点
32	2007年4月6日	存款准备金率再度上调50个基点

续表

序号	时间	事件
33	2007 年 5 月 19 日	央行同时宣布上调利率准备金率
34	2007 年 5 月 30 日	证券交易印花税率 5 月 30 日起上调至 3‰
35	2007 年 7 月 24 日	国务院决定调减利息税，央行加息 0.27 个百分点
36	2007 年 7 月 30 日	存款准备金率再上调 0.5 个百分点
37	2007 年 8 月 23 日	央行年内第四次加息
38	2007 年 9 月 6 日	存款准备金率将再升 0.5 个百分点
39	2007 年 10 - 12 月	央行年内第八、九、十次上调存款准备金率
40	2007 年 12 月 21 日	央行年内第六次加息，五年来首次下调存款利率
41	2008 年 1 月 17 日	准备金率上调 0.5 个百分点至 15%
42	2008 年 3 月 19 日	存款准备金率上调 0.5 个百分点
43	2008 年 4 月 24 日	证券交易印花税率下调至 1‰
44	2008 年 5 月 14 日	存款准备金率再次上调 0.5 个百分点达到 16.5%
45	2008 年 6 月 10 日	准备金率上调 1 个百分点，升至 17.5% 历史高位
46	2008 年 6 月 23 日	证监会主尚福林强调全力维护市场稳定运行
47	2008 年 9 月 16 日	贷款利率与存款准备金率双双下调
48	2008 年 10 月 9 日	下调存贷款利率和准备金率，暂免征收利息税
49	2008 年 10 月 30 日	央行下调存贷款基准利率 0.27 个百分点
50	2008 年 11 月 9 日	国务院宣布 4 万亿经济刺激政策
51	2008 年 11 月 27 日	央行宣布再次下调存贷款基准利率和准备金率
52	2008 年 12 月 23 日	今年以来第三次“双率”齐降
53	2010 年 1—5 月	央行连续三次上调存款准备金率 0.5 个百分点
54 - 56	2010 年 10—11 月	央行连续两次提高存款准备金率 50 个基点
57	2010 年 10 月 20 日	央行上调人民币存贷款基准利率 0.25 个百分点

附录 3　我国与海外资本市场的比较

我国股市的发展，从 1984 年年末一级市场第一张股票问世——1986 年二级市场柜台交易——1990 年证券交易所成立，到现在已经走过了 20 多年的历程，已具有相当规模，截至 2013 年 2 月底，沪深股市市值达到 24.55 万亿元，证券化率达到 47.3%。上市公司家数达到 2493 家，投资者开户数已达到 20778 万户，见附表 1。目前我国的股票市场，无论是上市家数、市值，还是投资者人数都发展到了比较庞大的新阶段，已成为社会

附表 1　　国内证券市场主要数据（2013 年 2 月底）

	股票总市值（亿元）	股票总市值（折合美元）	流通市值（亿元）	流通市值（折合美元）	总股本（亿股）	流通股本（亿股）	上市公司总数（家）	证券化率（%）	当月底市场平均市盈率（倍）	当月市场平均市净率（倍）	换手率（%）	投资者开户数（万户）	机构投资者开户数（万户）
上交所	79210	12617	53609	8539	7263	5447	1539	15.3	24.16	3.3	23.7	10550	33
深交所	166306	26491	140956	22453	24718	26228	954	32	12.9	2.5	9.3	10228	33
合计	245516	39108	194565	30992	31981	31675	2484	47.3	37.06	5.8	33	20778	66

说明：1. 上述数据包括 A 股和 B 股；2. 平均市盈率是总股本加权；3. 美元汇率按 7 月 31 日的中间价。

主义市场经济的重要组成部分。但是我国证券市场与国外成熟的证券市场相比，还是存在很多不足。下面通过一些图表的比较分析，说明我国证券市场还存在的一些问题，以更好地促进中国证券市场的发展，见附表2 和附表3。

附表 2　　世界主要成熟市场证券市场数据（2013 年 1 月）

市场名称	股票总市值（亿美元）	上市公司总数（家）	股票累计成交额（亿美元）	债券累计成交额（亿美元）
纽约证交所	161786	2335	11006	NA
东京证交所	36133	2304	4296	0. 70
纳斯达克	47710	2579	7251	NA
泛欧交易所	30153	1070	1345	18. 39
伦敦交易所	38461	2757	2071	446. 49
香港交易所	29782	1551	1441	0. 37
多伦多证交所	21013	3973	1296	NA
法兰克福证交所	15748	743	1072	18. 64
西班牙证交所	10383	3194	874	52. 21
澳大利亚证交所	14422	3973	705	NA
OMX 北欧证交所	10841	750	553	10. 86

附表 3　　世界主要新兴证券市场数据（截至 2013 年 1 月底）

市场名称	股票总市值（亿美元）	上市公司总数（家）	本月股票交易额（亿美元）
上海证交所	26934	914	3633
巴西圣保罗证交所	12579	362	738
莫斯科银行间外汇交易所	8808	291	191
印度孟买证交所	13207	5195	105
印度国家证交所	12895	1664	553
韩国交易所	11438	1779	1250
南非约翰内斯堡证交所	8955	385	291
中国台湾证交所	7405	841	574
深圳证交所	12287	1540	3281
新加坡证交所	7964	776	320

说明：市值和成交金额按当月本地货币与美元汇率折算得到。

从以上数据推算，我们不难看出，中国的股票市场规模包括香港在内，都远远少于美国的股票市场；上市公司家数，包括中国香港在内占美国上市家数的 81.5%，证券化率只有美国的 1/3，而换手率则是美国的 2—4 倍。这说明中国的股票市场的规模还远远落后于美国，中国的法制规范也需要进一步加强。

第一，产品种类的比较。附录 4 给出了证券及相关金融工具的分类规则，此表让我们对证券及相关金融工具有更深入的了解，以更好地理解我国证券市场的产品的分类。

附录 4　证券及相关金融工具分类

证券及相关金融工具分类规则

（CFICode/ISO10962 1999/4）

类别	组别（Group）
权益（Equities）	普通股（Common/Ordinary Shares）
	优先股（Prefered/Preference Shares）
	可转换股票（Convertible Shares）
	可转换优先股票（Prefered/Preference Convertible Shares）
	信托基金单位（Units）
债务工具（Debt Instrument）	债券（Bonds）
	可转债（Convertible Bonds）
	附权证债券（Bonds with Warrants Attached）
	中期票据（Medium - term Notes）
	资金市场工具（Money Market Instruments 短期国债、商业票据等）
权利（Entitlements/Rights）	派股（息）权（Allotment/Bonus Rights）
	认购权（Subscription Rights）
	购买权（Purchase rights 一种反收购工具）
	权证（Warrants）
期权（Options）	看涨期权（Call Options）
	看跌期权（Put Options）
期货（Futures）	金融期货
	商品期货
其他（不是严格意义上的金融工具）	参考工具（外汇、大宗商品、利率、指数）
	其他资产（房地产契约、保单、有条件转让收据、远期、贵金属收据）

从附表4到附表7对中外资本市场产品的比较，我们可以清晰地看到中国资本市场产品品种单一，市场交易品种匮乏，风险收益结构单一，缺乏风险对冲产品；结构失衡，股票、债券、基金发展不平衡；企业债刚刚起步，市政债券尚属于空白阶段，证券衍生产品整体缺失；市场分割严重，股票市场被分割为A股和B股，债券市场被分割为银行间市场、交易所市场和柜台市场等。而产品缺失会造成市场缺乏层次，难以形成合理的产品结构的影响。产品结构的单一和衍生市场的整体缺失会限制市场发展的深度和广度，也会制约储蓄向投资的转化。另外市场交易品种匮乏，风险收益结构单一，也难以满足各类投资者的需求。此外，还会限制市场功能的发挥。容易形成“单边市”，加大市场风险，降低市场效率；限制了资产管理专业化的发展。产品风险结构趋同，难以实质性发展不同收益目标的集合投资产品；增大了证券经营机构的经营风险；缺乏对冲工具和有效盈利模式，增大经营风险和发展不确定性。我国的产品品种单一，缺失创新，也是有原因的，它是受到以下因素的制约。一是法律法规的限制，《公司法》和《证券法》等对交易品种和方式的规定都过于严格，受到行业和行政管理方面的限制；二是我国资本市场发展水平的限制，我国的制度建设、监管水平和投资者成熟度都有待提高；三是缺乏持续的创新动力和有效的创新机制，市场创新动力不足。值得庆幸的是，我国已经注意到这方面，并公布了相关的政策鼓励产品的创新。如完成了《2003年产品开发和制度创新方案》和《产品创新的研发与方案设计重大项目说明书》；建立了产品创新协调例会制度，定期与分项目负责人沟通，协调和跟踪进展。认股权证方案进行了进一步修订和完善，初步完成了方案修改和四家试点企业的方案设计。资产证券化类产品开发完成可行性研究和初步方案的设计。ETF、LOF、国债开放式回购等已完成方案设计，并上报监管部门核准。巨潮指数开发已开始在交易系统计算，并做好发布程序准备，目前正与上交所协商统一指数方案。

附表4　　　　中外投资基金类产品比较

海外市场主要品种	国内现状
按组织形式分：公司型与契约型基金	契约型基金
按申购赎回模式分：开放型与封闭型基金	均有
按投资对象分：股票、债券、货币市场、基金中基金、期权期货基金等	股票基金、债券基金、货币基金

续表

海外市场主要品种	国内现状
按受益目标分：收益型、成长型、平衡型、伞型、指数、保本基金等	收益型、成长型、平衡型、伞型、指数、保本基金
其他：交易所交易基金、上市开放式基金、专业基金、对冲基金等	交易所交易基金、上市开放式基金

附表 5　　中外权证类产品比较

海外市场主要品种	国内现状
股本认股权证、认债权证等	认股权证
衍生权证：（1）备兑认股权证、指数权证、货币权证、商品权证等。（2）壁垒权证、分期付款权证、捐款权证、资本附加权证、上限权证等。（3）认购权证、认售权证	无

附表 6　　中外期货等衍生类产品比较

海外市场主要品种	国内现状
商品期货、期权	有商品期货，缺商品期权
金融期货、期权，包括利率期货、期权、股权类期货、期权和汇率的期货、期权	股指期货
互换：利率互换、汇率互换和股票收益互换等	无

第二，中美证券市场行业集中度比较。由于数据搜集与统计上面所面临的问题，我们选取了中美股市中比较有代表性的两个指数来看中美股市行业占比的区别，选取美国股市标准普尔 500 指数中国沪深 300 指数为代表，看看各行业市值占指数总市值比重的情况。

附表 7　　中美各行业市值占指数总市值比重情况

标准普尔 500 指数	行业占比（%）	沪深 300 指数	行业占比（%）
金融	17. 3	采掘业	32. 6
信息技术	17. 2	金融、保险业	28. 87
能源	12. 5	制造业	18. 93

续表

标准普尔 500 指数	行业占比（%）	沪深 300 指数	行业占比（%）
健康护理	11.7	交通运输、仓储业	7.33
工业	11.3	电力、煤气及水的生产和供应业	3.34
主要消费	10.9	房地产业	2.28
可选消费	8.8	批发和零售贸易	2.1
通信服务	3.5	信息技术业	1.73
公用事业	3.5	社会服务业	1.08
原材料	3.3	综合类	0.93
—	—	建筑业	0.43
—	—	农、林、牧、渔	0.19
—	—	传播与文化产业	0.19
合计	100	合计	100

从附表 7 我们可以看到，标准普尔 500 指数中占据前三大市值的行业分别是金融、信息技术与能源。而沪深 300 指数中总市值占据前三位行业的是采掘业、金融保险业以及制造业，并且采掘业与金融保险业占比总和超过 60%。与美国标准普尔 500 的行业结构相比，沪深 300 的结构显得不是那么合理，反观标准普尔 500 指数 10 个行业中没有一个行业占比超过 20%，除了金融与信息技术占比 17%，另外 5 个行业占比都在 10% 左右。一个行业的升跌对股市所造成的影响也就不会很明显，大盘暴涨暴跌的可能性大大减少。

第三，中美监管模式比较。如附图 1 所示美国市场经济发达，经济主体多元化；由于分权式联邦体制等因素的影响，以及长期实行分业经营的金融体制，决定了美国分权监管的原则和监管体制地域的多样化和职能多样化。中国采取的模式与美国不同，是实行经济金融集中管理的体制，地方政府没有独立的金融监管部门。中国资本市场发展到今天，已取得了举世瞩目的成绩，促进了我国经济的发展。然而，作为一个在改革发展与经济转轨过程中出现的新生事物，其发展无现成的模式可以借用，只能在“摸着石头过河”中蹚出一条生路来，前进中不可避免地伴随着曲折。与国外发达资本市场相比，规模还比较小，无论是在市场制度、市场结构、市场业务及市场功能等方面都存在着种种问题。我国的资本市场在经济全球化、金融一体化和经济金融化的时代背景下，还需要对资本市场进行创新，不断地促进资本市场的发展。

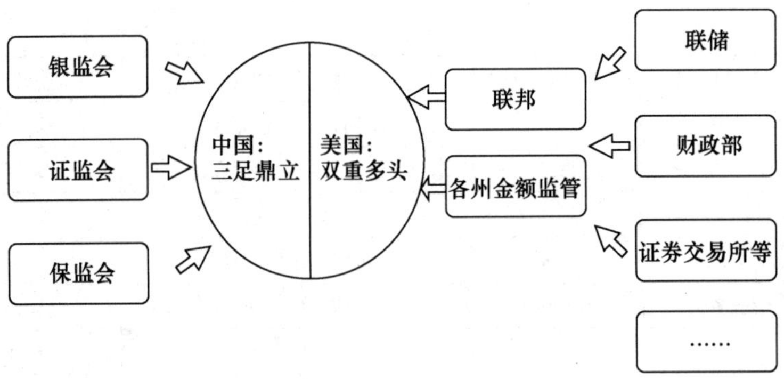

附图 1　中美监管模式的比较

参考文献

[1] 陈浪南、屈文洲：《资本资产定价模型的实证研究》，《经济研究》2000 年第 4 期。

[2] 陈建国：《博弈论与不完全信息》，经济科学出版社 2006 年版。

[3] 蔡瑞胸：《金融事件序列分析》，王辉、潘家柱译，人民邮电出版社 2009 年版。

[4] 丁元子：《中国宏观经济对沪市的波动溢出效应研究——基于 VAR（k）- MGARCH—BEKK（1，1）模型》，《统计教育》2009 年第 9 期。

[5] 邓瑛：《不完全信息下的资产价格冲击与货币政策选择》，中国财政经济出版社 2009 年版。

[6] 罗伯特·吉本斯：《博弈论基础》，高峰译，中国社会科学出版社 1999 版。

[7] 何德旭：《对我国企业债券市场的思考》，《金融理论与实践》2002 年第 5 期。

[8] 淮建军、刘新梅、雷红梅：《我国房地产市场管制中四人联盟与对抗的博弈分析》，《系统工程》2007 年第 25 期。

[9] 孔善广：《土地财政，地方政府增收的理性行为与相关制度的缺陷》，《经济社会体制比较》2007 年第 5 期。

[10] 李正全：《发达国家政府干预房地产市场的政策、演变趋势及其借鉴意义》，《世界经济研究》2005 年第 5 期。

[11] 卢宗辉：《中国股市调控政策研究——历史、走向与市场影响》，《数量经济技术经济研究》2006 年第 2 期。

[12] 钱晶：《美国反内幕交易法规的应用和演变》，《证券市场导报》1997 年第 3 期。

[13] 王维安、贺聪：《房地产市场研究综述》，《华北金融》2001 年第 1 期。

[14] 王丽安:《中美股票市场比较分析》,《南方金融》2004 年第 5 期。

[15] Adams Posen:《中央银行为何不能挤破泡沫》,王宇译,人民网—理论,2007 年 8 月 23 日。

[16] 韦镇坤:《上海与伦敦金属期货市场的波动溢出效应研究——MGARCH - BEKK 模型的应用》,《生产力研究》2008 年第 17 期。

[17] 姚国庆:《博弈论》,高等教育出版社 2007 年版。

[18] 易纲、王召:《货币政策与金融资产价格》,《经济研究》2002 年第 2 期。

[19] 余明:《资产价格、金融稳定与货币政策》,中国金融出版社 2003 年版。

[20] 赵国栋:《上证 A 股银行股系统性风险实证分析》,《时代金融》2009 年第 8 期。

[21] 周丽丽、曹红辉:《地方政府融资的信用风险控制:中央与地方的博弈》,《经济研究参考》2010 年第 3 期。

[22] 赵俊强、廖士光:《中国上市公司股权分置改革中的利益分配研究》,《经济研究》2006 年第 11 期。

[23] 赵留彦、王一鸣:《沪深股市交易量与收益率及其波动的相关性:来自实证分析的证据》,《经济科学》2003 年第 2 期。

[24] 朱思·冈萨雷斯·帕拉莫:《危机后时代:未来央行的几个问题》,《当代金融家》2009 年第 8 期。

[25] 周新成:《中美证券市场监管体系的比较》,《技术经济与管理研究》2006 年第 2 期。

[26] 张晓慧:《关于货币政策与资产价格》,《财经》2009 年第 15 期。

[27] 周晖、王擎:《货币政策与资产价格波动:理论模型与中国的经济分析》,《经济研究》2009 年第 10 期。

[28] 周晖:《金融风险的负外部性与中美金融机构风险处置比较》,《管理世界》2010 年第 4 期。

[29] 陈守东、马辉、穆春舟:《中国金融风险预警的 MS - VAR 模型与区制状态研究》,《吉林大学社会科学学报》2001 年第 1 期。

[30] 陈秋玲、薛玉春、肖璐:《金融风险预警:评价指标、预警机制与实证研究》,《上海大学学报》2009 年第 9 期。

[31] 易纲、王召:《货币政策与金融资产价格》,《经济研究》2002 年第 2 期。

[32] 徐国祥、马俊玲:《〈统计预测和决策〉学习指导与习题》,上海财

经大学出版社 2005 年版。
[33] 中国银监会课题组：《建立逆周期资本监管框架　缓解亲经济周期效应》，《中国金融》2010 年第 4 期。
[34] 刘园、王达学：《金融危机的防范与管理》，北京大学出版社 1999 年版。
[35] 余明：《资产价格、金融稳定与货币政策》，中国金融出版社 2003 年版。
[36] 张瑞峰：《金融市场波动溢出研究》，中国社会科学出版社 2008 年版。
[37] 中国人民银行货币政策分析小组：《中国货币政策执行报告》，中国人民银行网站，各季度。
[38] 周晖：《货币政策、股票资产价格与经济增长》，《金融研究》2010 年第 3 期。
[39] 余元全：《股票市场影响我国货币政策传导机制的市场分析》，《数量经济与技术经济研究》2004 年第 3 期。
[40] 徐小华等：《我国债券市场价格非对称性波动研究》，《金融研究》2006 年第 12 期。
[41] 李亮：《资产价格波动与货币政策应对——基于结构向量自回归模型的实证分析》，《上海经济研究》2010 年第 4 期。
[42] 李峥：《资产价格与货币政策的相关性研究》，硕士学位论文，2009 年。
[43] 韩鑫韬：《货币政策能盯住资产价格吗？——以房地产价格为例》，硕士学位论文，2009 年。
[44] 刘一：《我国货币政策的资产价格传导机制研究》，硕士学位论文，2011 年。
[45] 祝晓峰：《资产价格泡沫与货币政策研究》，硕士学位论文，2009 年。
[46] 苏瑜：《资产价格波动与货币政策》，博士学位论文，2010 年。
[47] 周晖：《着力加强宏观审慎监管》，《人民日报》（理论版）2012 年 4 月 12 日。
[48] 周晖：《逆周期监管体制与金融体系的稳健性》，《光明日报》（理论版）2011 年 11 月 18 日。
[49] 刘灿辉等：《监管理论变迁与证券监管制度完善的路径选择》，《南华大学学报》2012 年第 4 期。

[50] 袁闯、周晖等:《中国证券公司净资本比率顺周期实证研究》,《金融研究》2012 年第 3 期。

[51] 黄溪等:《逆周期监管理论的最新进展与启示》,《证券市场导报》2012 年第 3 期。

[52] 周琼等:《中国开放式基金风险测度及其顺周期性研究》,《海南大学学报》2012 年第 12 期。

[53] 刘灿辉、周晖等:《中国上市银行缓冲资本的顺周期实证研究》,《管理世界》2012 年第 3 期。

[54] 黄溪、周晖等:《中国保险业顺周期性的实证分析》,《财贸经济》2012 年第 3 期。

[55] 周晖:《历次国际金融危机比较与中国的对策研究》,湖南大学出版社 2012 年版。

[56] 王大威:《系统性风险传导、监管与防范研究》,博士学位论文,中国社会科学院,2012 年。

[57] 张晓朴:《系统性金融风险研究:演进、成因与监管》,《国际金融研究》2010 年第 7 期。

[58] 范小云:《金融结构变革中的系统性风险分析》,《经济学动态》2002 年第 12 期。

[59] 杨军:《系统性金融风险的产生与化解》,《中国金融》2011 年第 6 期。

[60] 魏国雄:《系统性金融风险的识别与防范》,《金融论坛》2010 年第 12 期。

[61] 吕江林、赖娟:《我国金融系统性风险预警指标体系的构建与应用》,《江西财经大学学报》2011 年第 2 期。

[62] 马运全:《我国银行业系统性风险:预警模型与实证分析》,《华北电力大学学报》(社会科学版)2011 年第 5 期。

[63] 沈悦、张珍:《中国金融安全预警指标体系设置研究》,《山西财经大学学报》2007 年第 10 期。

[64] 葛志强、姜全:《我国系统性金融风险的成因、实证及宏观审慎对策研究》,《金融发展研究》2011 年第 4 期。

[65] 李关政:《基于 MF - Logistic 模型的银行信用风险压力测试》,《金融理论与实践》2012 年第 1 期。

[66] 范小云:《繁荣的背后:金融系统性风险的本质、测度与管理》,中国金融出版社 2006 年版。

[67] Ahearne, G. , Alan, J. , Ammer, M. D. , Brian, S. K. , Linda and F. M. , Robert, “House Prices and Monetary Policy: A Cross – Country Study”, FRB International Finance Discussion Paper, No. 841, 2005, 12.

[68] Alchian/Klein, “What Weight Should be Given to Asset Prices in the Measurementof Inflation?”, 2001, DNB Staff Reports, 37 – 65.

[69] Annastiina Silvennoinen, “Multivariate GARCH Models”, *Economics and Finance*, 2008, 01.

[70] Andrea, “Monetary Policy Shocks in the EURO Area and Global Liquidity Spillovers”, European Central Bank” .

[71] Ben Bernanke, Mark Gertler, Simon Gilchrist, “The Financial Accelerator and the Flight to Quality”, 1999, 08.

[72] Bernanke, B. S. and M. Gertler, 2000, “Monetary Policy and Asset Price Volatility”, NBER Working Paper, No. 7559.

[73] Bernanke, B. S. and M. Gertler, 2001, “Should Central Banks Respond to Movements in Asset Prices”, *American Economic Review*, Vol. 91, 253 – 257.

[74] Borio, C. , 2006, “Monetary and Prudential Policies at a Crossroads? New Challenges in the New Century”, BIS Working Papers, September No. 216.

[75] Batini, N. and Turnbull, K. A. “Dynamic monetary conditions index for the UK”, *Journal of Policy Modeling*, 24: 257 – 281. 2007.

[76] Ben S. Bernanke, Mark Gertler and Simon Gilchrist, “The Finannci and Accelerator In a Quantitative Busine ss Cycle Franme Work”, *Handbook of Macroeconomics*, 1342 – 1390.

[77] Carroll, C. D. , Otfuka, M. , and Slacalek, J, “How Large is the Housing Wealth Effect? A New Approach”, *National Bureau of Economic Research*4, 12467.

[78] Claudio Borio and Philip Lowe, “Asset Prices, Financial and Monetary Stability: Exploring the Nexus” .

[79] Colin F. Camerer, *Behavioral Game Theory: Experiments in Strategic Interaction* Princeton University Press, 2003.

[80] Eugene, F. , Fama and Kenneth R. French, “The Value Premium and the CAPM”, *The Journal of Finace*, 2006, 05, 2163 – 2185.

[81] Friedman, M. , *Atheory of the Consumption Functions*, Princeton: Princeton University Press.

[82] Frederic S. Mishkin, Housing and the Monetary Transmission Mechanism, 2007, 08.

[83] G. Andrew Karolyi, A Multivariate Grach Model of International Transmissions of Stock Returns and Volatility: The Case of the United States and Canada 1995, 13, 11 –44.

[84] Jose Manual and Gonzlez – Paramo, Costesy beneficios de la disciplina fiscal: la Ley de estabilidad presupuestaria en perspectiva, 2001, 10.

[85] John B. Taylor, "Housing and Monetary Policy", Proceedings, Federal Reserve Bank of Kansas City, pages 463 –476.

[86] Jonathan Lewellen and Stefan Nagel, "The Conditional CAPM Does Not Explain Asset – pricing Anomalies", *Sloan School of Management*, 2003, 10, 325 –326.

[87] Kee H. Chung and Stephen W. Pruit, "A Simple Approximation of To", *Finacial Management*, Vol, 23, No. 3, 70 –74.

[88] Kay Shanken, "Multivariate Tests of the Zero – beta CAPM", *Journal of Finacial Economics*, 1985, 14, 327 –348.

[89] Kosuke Aoki, James Proudman and Gertjan Vlieghe, "House Prices, Consumption, and Monetary Policy: A Financial Accelerator Approach", Bank of England.

[90] Larry H. P. Lang, "Managerial Performance, Tobin' s q, and the Gains From Successful Tender Offers", *Journal of Financial Economics*, 24, 137 –154.

[91] Lars E. O. Svensson, "Flexible Inflation Targeting – Lessons From the Financial Crisis", *BIS Review*, 2009, 112 –115.

[92] Luc Bauwens, Sebastien Larrent, "Multivariate Garch Models: a Survey", *Journal of Applied Econometrics*, 2006, 21, 79 –109.

[93] Mishkin, F. S. , "Housing and the Monetary Transmission Mechanism", paper presented at the Federal Reserve Bank of Kansas City 31st Economic Policy Symposium, August 31 – September 1.

[94] Marek Jarocinski and Frank Smets "House Price and the Stance of Monetary Policy", Working Paper seris, 4, 1 –46.

[95] Macro Del Negro and Christopher Otrok, Monetary Policy and the House

price Boom across U. S States, Working Paper, 2005, 08, 1 -29.

[96] Milton Friedman, *Milton Friedman on Economics, Selected Papers*, Univ. of Chicago Pr. , 2008.

[97] Milton Friedman, Free to Choose: A Personal Statement, Mariner Books, 1990.

[98] Milton Friedman, *A Theory of The Consumption Function*, Princeton Univ. Pr. , 2008.

[99] Milton Friedman, *Money Mischief* (1st edition), Academic Internet Pub Inc. , 2006.

[100] Michael C. Jensen, *Studies in the Theory of Capital Markets*, Praeger Publishers Inc. , 1972.

[101] Milton Friedman, *Monetarist Economics*, Blackwell Pub. , 1991.

[102] Milton Friedman, *The Optimum Quantity of Money*, Transaction Pub. , 2005.

[103] Milton Friedman, *Why Government Is the Problem*, Hoover Inst Pr. , 1993.

[104] Milton Friedman, *Milton Friedman's Monetary Framework: A Debate With His Critics*, Univ. of Chicago Pr. , 1975.

[105] Milton Friedman, *Market Mechanisms and Central Economic Planning*, Unknown Publisher, January 1981.

[106] Milton Friedman, *The Business System: A Bicentennial View*, Unknown Publisher, 1977.

[107] Michael Ericson Ahern, *Design and Fabfication of a Compact Specimen for Evaluation of Corrosion Resistance of New Post - Tensioning Systems*, The University of Texas at Austin, 2005, 5.

[108] Oriol Aspachs - Bracons and Pau Rabanal. The Effects of Housing Prices and Monetary Policy in a Currency Union, IMF Working Paper, 11/6.

[109] Shiqing Ling, "Asymprotic Theory for a Vector Arma - Garch Model", *Econometric Theory*, 19, 2003, 280 -310.

[110] Simo Gilchrist, John V. Leahy, Monetary Policy and Asset Prces, *Journal of Monetary Economics*, 2002, 49, 75 -97.

[111] Tobin, J. , "A General Equilibrium Approach to Monetary Theory", *Journal of Money, Credit and Banking*, Vol. 1, 15 -29, e index; Money Supply.

[112] Bank for International Settlements: "78th Annual Report", Basel, 2008, June.

[113] International Monetary Fund, Global Financial Stability Report, October, 2009, Washington, D. C.

[114] Hart, Oliver, Zingales, Luigi, A New Capital Regulation for Large Financial Institutions, (NBER), 2009.

[115] B. Bernanke, Financial Reform to Address Systemic Risk. Council on Foreign Relations, Washington, DC March, 2009 – gees. org.

后　　记

当我一次次对书稿反复修改字斟句酌的时候，常让我感怀人生的坚韧与守望的珍贵，“书山有路勤为径，学海无涯苦作舟”这一至理名言，此时此刻是如此的感同身受。

岁月悠悠，光阴似箭，转眼间，已人到中年。回首走过的岁月，心中备感充实，本书即将完成之日，感慨良多。常常扪心自问，为何坚持自己的学术道路，只因为保持心灵的干净、淡定与从容。

回首云山几千重，情义最珍重！我始终要感恩我人生道路上的良师益友，他们是博士生导师彭星闾教授、博士后指导老师杨华教授、浙江财经大学校长王俊豪教授，中国社会科学院博士后指导老师王松奇教授，他们以严谨的治学之道、深厚渊博的学识、宽厚仁慈的胸怀、积极乐观的人生态度，为我树立了人生与学术的典范，他们像人生的灯塔，照亮我前行的道路。

另外，我还要感谢刘煜辉博士，王擎博士、刘灿辉博士、黄溪博士、袁闯博士、孙巍博士、龙靓博士、李峰博士、周琼博士，从研究的选题、研究思路、研究路径到研究所需要的文献与数据，他们对本书的形成做出了贡献，他们真诚的帮助是我这一阶段学术力量的源泉。

本书得到了国家社科基金的后期资助（13FJY001）和浙江省社科基金的后期资助（13HQZZ030），以及聘我任研究员的浙江财经大学，一并表示感谢！

我要借此机会，感谢一路走过的中南财经政法大学、北京大学—深圳证券交易所、美国沃顿班、财富证券、湖南省金融办等同事、同学和朋友们，在此过程中形成和完善了对金融的理解。

特别地，我要感谢我的妻子吴少意，多年来对我事业的支持，也将此书献给我的女儿周墨哲以及辛勤养育我的含辛茹苦的母亲和早已远去的父亲。

最后，我还要特别感谢中国社会科学出版社的卢小生老师和刘晓红编辑，感谢他们对我的关心与鼓励，本书的出版也凝聚着他们的心血。

周　晖

2015 年 2 月